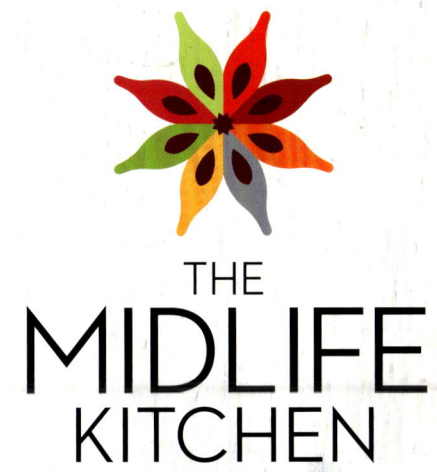

THE MIDLIFE KITCHEN

RECETAS PARA ESTIMULAR LA SALUD A PARTIR DE LOS 40

MIMI SPENCER & SAM RICE

BLUME

CONTENIDO

4	Bienvenidos a *The Midlife Kitchen*
16	40+ para 40+ Ingredientes básicos para la salud en la mediana edad
22	Imprescindibles para la mediana edad
36	Desayuno y *brunch*
84	Ensaladas y sopas
136	Platos principales
186	Guarniciones y picoteo
216	Extras
246	Dulces saludables
282	Bebidas
298	Índice
303	Agradecimientos
304	Acerca de las autoras

¿Se encuentra en un momento de su vida en que la salud empieza a ser una prioridad? ¿Le confunden los titulares contradictorios que logran que el simple acto de comer parezca más un riesgo que un placer? A nosotras también nos pasaba. *The Midlife Kitchen* es nuestra respuesta.

Bienvenidos a *The Midlife Kitchen*

Creemos que la mediana edad no es una etapa para preocuparse por modas y manías alimentarias, sino una magnífica oportunidad para recuperar el control de la alimentación en favor de la salud, la felicidad y una vida longeva. Sin duda, el sabor es lo más importante, pero seguido muy de cerca por la salud y apuntalado por el sentido común en lo que a nutrición se refiere. También tenemos en cuenta la falta de tiempo: nuestras vidas ajetreadas requieren recetas sencillas y nutritivas con ingredientes saludables y sin demasiadas complicaciones.

De eso trata *The Midlife Kitchen*: de consumir ingredientes maravillosos en las combinaciones más deliciosas para aumentar las posibilidades de disfrutar de un futuro saludable. Las recetas están pensadas para renovarse, rejuvenecer y reactivarse, un modo de asegurarse de disfrutar de una madurez, e incluso de una vejez, sanas.

Aquí no encontrará restricciones. Creemos firmemente en la integración. Si no padece alergias o intolerancias, la incorporación del mayor número posible de ingredientes de todos los grupos alimentarios resulta esencial para mantener una buena salud. Tampoco encontrará seudociencia. Nos centramos en alimentos con valores nutricionales ampliamente demostrados; cada ingrediente está seleccionado por los beneficios que ofrece en esta etapa de la vida.

Esperamos que encuentre inspiración en estas páginas para comenzar un nuevo capítulo en su relación con la comida, un capítulo en el que podrá cocinar platos sabrosos con el conocimiento de que además resultan beneficiosos para la salud.

NUESTRA HISTORIA

La idea de *The Midlife Kitchen* surgió durante unas vacaciones en Bali, donde Sam vive actualmente. Nos conocimos hace años en el colegio, y desde entonces somos muy buenas amigas. Siempre supimos que estábamos destinadas a colaborar en algún proyecto, pero el trabajo, la familia y el ajetreo de nuestras respectivas vidas se pusieron en medio… hasta ahora. Planteamos y rechazamos muchos planes, pero cuando surgió la idea de *The Midlife Kitchen* supimos que teníamos que seguir adelante.

Sabíamos que hay muchísimas personas maduras que, como nosotras, querían mejorar su dieta. Las dos pasamos una juventud despreocupada en lo que respecta a la nutrición; nos alimentábamos, como muchas personas, sin pensar en el futuro. Cuando teníamos veinte y treinta años, épocas en las que nos saltábamos desayunos, comíamos sobre la marcha y recurríamos a carbohidratos refinados y comida rápida para salir del paso, la nutrición tampoco estaba entre nuestras prioridades (y, si llegaba a estarlo, solo era porque queríamos perder peso de cara al verano). Cuando tuvimos hijos (entre las dos sumamos cuatro), les dedicamos nuestras energías en detrimento de la cocina. Ahora que nuestros hijos son más independientes disponemos de un poco de tiempo para nosotras. Parece un momento adecuado para reunirnos y crear estrategias para esta etapa de nuestras vidas.

LA LLEGADA A LA MEDIANA EDAD

Esta etapa de la vida está llena de sorpresas, y no todas positivas. Como afirma la actriz Gillian Anderson, «Creemos que, de algún modo, somos invencibles, que la edad no nos afectará, así que cuando te das cuenta de que la piel de las manos y los brazos ha cambiado, dices: "Oh, ¿qué es esto?"».

El lado positivo es que todos pasamos por eso (o pasaremos en breve). Es posible que estén empezando a aparecer las canas, o que haya notado que ya no metaboliza el alcohol como antes. Puede que no duerma tan bien como antes, o que sus niveles de energía hayan caído porque su metabolismo es más lento. Muchos de nosotros, nos guste o no, vemos el rostro de nuestra madre o nuestro padre al mirarnos en el espejo. Además, nuestros padres también habrán perdido energía o habrán muerto; tenemos un amigo que se ha llevado un susto por un posible diagnóstico de cáncer, o un compañero al que le sale el colesterol alto en un análisis rutinario. Palabras como «perimenopausia» y «terapia de sustitución hormonal» empiezan a aparecer en nuestras conversaciones. Es posible que los cambios hormonales hayan provocado una redistribución de la grasa corporal, que pasa a acumularse en la tripa. Lo habitual es aumentar uno o dos kilos cada cuatro años en la mediana edad (las mujeres aumentan una media de 4,5 kilos durante la menopausia). Se disparan las alarmas y algo nos dice que ha llegado el momento de actuar.

Y podemos hacerlo. Un sabio dijo que a los veinte años tenemos la salud y el aspecto que hemos heredado, y que a partir de los cincuenta tenemos el rostro y el cuerpo que nosotros mismos hemos creado. De hecho, en lo que respecta a las principales causas de muerte, los genes solo son responsables de un 20 % del riesgo; el resto está bajo nuestro control directo. Merece la pena tomarse un momento para asimilar este dato: los alimentos que elegimos suponen una diferencia. La nutriepigenética es un campo al que se le está dedicando una gran atención científica. Se ha descubierto que determinadas vitaminas, minerales y químicos vegetales poseen un enorme potencial para reducir el riesgo de enfermedades relacionadas con el envejecimiento. El servicio público de salud de Inglaterra ha afirmado recientemente que llevar una vida sana en la mediana edad puede duplicar las posibilidades de mantenerse en forma y con buena salud hasta más de los setenta años.

Por suerte, el estilo de vida actual no supone la carga que era antes para la mediana edad. Hoy, esa etapa representa más una época de oportunidades que de pérdidas. La propia edad ha logrado reivindicar su espacio de manera orgánica y gradual. Nos gusta la actitud de Sharon Stone: «No tengo absolutamente ninguna objeción al hecho de envejecer. Soy superviviente de un derrame cerebral, así que me siento muy agradecida por envejecer. No tengo más que gratitud por los años que van pasando. Estoy envejeciendo, ¡qué suerte la mía!». La mediana edad tiene algo que exige que nos alegremos, no que nos lamentemos.

Actualmente, la crisis de la mediana edad se expresa más con una bicicleta de fibra de carbono que con un Porsche rojo. Muchos de nosotros ya respondemos a los mensajes sobre salud que sabemos que son ciertos, porque al seguirlos nos sentimos… mejor. Reducimos sin esfuerzo el consumo de carne, de alimentos procesados y de hidratos de carbono refinados, y comemos de manera sostenible y consciente para proteger nuestro organismo y el entorno. Nos interesamos cada vez más por los nuevos ingredientes que aportan un toque fresco y vital a nuestros platos. *The Midlife Kitchen* aprovecha al máximo un proceso que ya está en marcha, que se ha inspirado principalmente en tradiciones culinarias

> Un sabio dijo que a los veinte años tenemos la salud y el aspecto que hemos heredado, y que a partir de los cincuenta tenemos el rostro y el cuerpo que nosotros mismos hemos creado.

de todo el mundo (Bali, Japón, Perú, India y el Mediterráneo, por ejemplo) y que reconoce la potente simbiosis entre salud y nutrición.

Por supuesto, no existen alimentos con propiedades «antienvejecimiento» demostradas. No podemos dar marcha atrás en el tiempo, pero sí podemos (con pequeños cambios y el mínimo esfuerzo) conservar una buena salud durante más tiempo. *The Midlife Kitchen* trata más de «vida saludable» que de esperanza de vida, de aumentar los años «funcionales» y en forma. Como escribe la doctora Marion Gluck, experta en hormonas, «La realidad inevitable es que todos lo hacemos. La auténtica cuestión es *cómo* envejecemos». Con esa idea en mente, *The Midlife Kitchen* es categóricamente proenvejecimiento, no antienvejecimiento. No tememos envejecer. Queremos hacerlo sabiendo que estamos todo lo sanas que podemos estar.

Sin embargo, cuando llegamos a los cuarenta y los superamos, las cosas cambian. Las dos hemos descubierto que nos ha cambiado el paladar. Ya sea por los cambios en el sentido del gusto, porque ahora entendemos en qué consiste comer bien, o simplemente porque nuestros cuerpos intentan decirnos que necesitan determinados nutrientes para funcionar correctamente, nos hemos dado cuenta de que si antes nos encantaba la pasta ahora preferimos una ensalada interesante, que la parte golosa de la juventud ha disminuido y, en cambio, ha aumentado la necesidad de alimentos sabrosos y de texturas ricas.

Lo cierto es que las necesidades nutricionales en la mediana edad son muy distintas a las de los veinte y los treinta años: necesitamos más alimentos ricos en vitaminas y minerales para protegernos frente a la pérdida de masa muscular y densidad ósea (especialmente las mujeres). También precisamos más proteínas magras (para la salud celular), una cantidad moderada de carbohidratos «buenos» lentos y abundantes probióticos para los intestinos. Las mujeres nos beneficiamos del consumo de alimentos ricos en fitoestrógenos, como las semillas de lino (el grano sagrado para esta etapa de la vida), las verduras de hoja verde y las legumbres. También podemos permitirnos consumir menos calorías (la Organización Mundial de la Salud calcula que el metabolismo basal desciende un 2 % cada década), y deberían ser calorías buenas, ricas en nutrientes y saciantes.

Gran parte de lo que encontrará en estas páginas podría describirse como «salud sigilosa»: alimentos frescos y tan sabrosos que apenas notará sus credenciales protectoras y saludables. El truco consiste en tomar esas piezas fundamentales de la manera más sabrosa posible, en recetas que le hagan sentir bien al comerlas, sin negación, sin privación y sin grandes aspavientos. Al fin y al cabo, no sirve de nada obligarse a comer algo de lo que no disfrutamos. Es mucho mejor elegir alimentos que realmente nos gustan. Ese es nuestro compromiso en cada página de este libro.

Para nosotras, *The Midlife Kitchen* es una especie de ITV, un momento para revisar y ajustar la dieta con el fin de lograr el máximo rendimiento en los años que están por venir. Es posible que su objetivo sea una salud óptima, pero también puede que esté cansado de comer siempre lo mismo y busque inspiración con recetas que aportarán nueva vida a su cocina. En cualquier caso, esperamos que estas páginas despierten su apetito.

Manifiesto de la mediana edad

Como sabe cualquiera que lee el periódico o está al día de las noticias, los consejos sobre nutrición pueden resultar confusos y controvertidos, sobre todo los más innovadores. En lugar de promover el enfoque de «alimentación limpia» que se ha puesto de moda, queremos ofrecer consejos sensatos y recetas que le permitan saber lo que come y por qué. Huimos de las expresiones de moda, de manera que aquí no encontrará referencias a superalimentos, *detox*, «sin» ni restricciones. En lugar de promesas exageradas, preferimos un enfoque sencillo, seguro y adulto, como corresponde a nuestra edad. Así, hemos elaborado el siguiente conjunto de principios básicos que aplicamos en la creación de nuestras recetas:

1.
LA VARIEDAD ES FUNDAMENTAL

Las dietas restrictivas, además de aburridas, reducen la diversidad de microorganismos en el intestino y puede provocar todo tipo de problemas de salud. En Occidente, el habitante medio consumía alrededor de 150 alimentos distintos; hoy, esa cifra se ha reducido a 20 productos presentados de muchas maneras diferentes. Nuestra bandera es la inclusión, no la exclusión; un cartel de bienvenida, no una señal de «prohibido el paso».

2.
TODA LA VERDAD

Una dieta equilibrada, rica en productos frescos y baja en alimentos procesados y azúcares refinados, parece ser el seguro de salud más eficaz a largo plazo y el mejor consejo actual. Así, pretendemos maximizar el uso de productos vegetales naturales y sin procesar en todas nuestras recetas.

3.
MENOS AZÚCAR, GRASAS MEJORES, HIDRATOS DE CARBONO BUENOS

Todos sabemos que encadenar dietas bajas en grasas no nos lleva a ninguna parte. La obesidad, las cardiopatías, los infartos y los casos de cáncer no responden, de modo que buscamos pistas en otra parte. Las grasas buenas (los omega 3 insaturados, los aceites de oliva y de coco, y algunas mantequillas) son muy bienvenidas en la mesa de *The Midlife Kitchen*. Lo único que limitamos es el azúcar. Existen pruebas que sugieren que reducir la ingesta de azúcares refinados y consumir carbohidratos integrales de absorción lenta pueden ayudarnos a controlar los niveles de azúcar en sangre y mejorar la resistencia a la insulina, lo que reduce el riesgo de desarrollar diabetes de tipo 2. Esta es una de las razones por las que nuestras recetas incluyen granos beneficiosos y cereales de absorción lenta como arroz integral y negro, quinoa y avena. Para endulzar intentamos recurrir exclusivamente a productos frutales, sirope de dátiles, miel y sirope de arce.

4.
LO PRIMERO ES EL SABOR

Una alimentación sana debe basarse, en última instancia, en productos que nos gusten. El objetivo de cada receta de este libro (mejoradas a través de la experiencia, la experimentación y muchas pruebas) consiste en lograr que desee repetir. (Lo sabemos. A nosotras nos ocurrió).

5.
SIN PRESIÓN

Nuestra intención es que las recetas tengan un aspecto y un sabor estupendos, pero también queremos que sean totalmente factibles. No pretendemos añadir presión a la que ya existe en torno al tema de la alimentación, de modo que nuestras recetas son sencillas, rápidas y prácticas. En esta etapa de la vida no estamos para poner judías en remojo, pelar uvas y rellenar champiñones. Tenemos cosas mejores que hacer.

6.

PEQUEÑOS CAMBIOS, UNA ENORME DIFERENCIA

En la elaboración de las recetas de este libro hemos tenido en cuenta la importancia de los «retoques» (la incorporación de buenos productos en recetas familiares para realzar sus propiedades saludables). Encontrará 12 imprescindibles para la mediana edad en las páginas 22-35. Es nuestra cocina básica, un conjunto de esenciales de despensa para preparar con antelación y guardar a fin de lograr que nuestra comida sea muy sencilla, rápida y sabrosa. Cuando empiece a utilizarlos, aparecerán en numerosos platos y obtendrá una enorme inyección de salud con cada bocado.

7.

ALGO VIEJO, ALGO NUEVO

En estas páginas no encontrará nada raro ni complicado. De hecho, nos hemos asegurado de que las recetas sean totalmente accesibles, con la mayoría de ingredientes básicos, disponibles y aprobados en el «test del supermercado». Queremos que estas recetas se conviertan en parte de su vida cotidiana, en un hábito y no una excepción, que los ingredientes no desaparezcan en el fondo de la despensa. No obstante, si creemos que un ingrediente inusual supondrá una diferencia, lo incluimos junto a una explicación clara de por qué está ahí. La mayoría de los productos son fáciles de conseguir, y los menos comunes se explican en Despensa para la mediana edad, en la página 14.

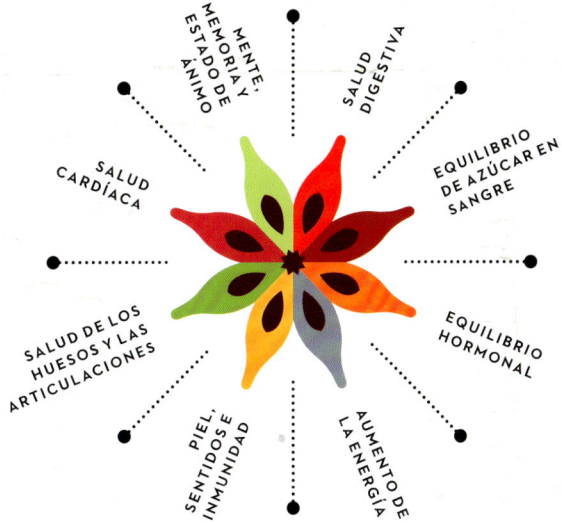

ASÍ ES COMO...

En la mediana edad, la salud deja de ser algo secundario que damos por supuesto y pasa a ser fundamental para nuestra calidad de vida. Queremos que todas nuestras recetas sean deliciosas y llenas de bondades, de modo que trabajamos prestando atención sobre todo a los ingredientes. Hemos investigado las propiedades saludables de muchísimos alimentos conocidos y de algunos recién llegados, y hemos elegido los mejores para que constituyan la base de nuestras recetas. Encontrará la lista de los ingredientes básicos en 40 + para 40 +, en las páginas 16-21.

Los consejos nutricionales tienden a cambiar; aparecen nuevas teorías, descubrimientos y opiniones que conspiran para enturbiar la visión (en ocasiones depende de quién financia el estudio). En The Midlife Kitchen también estamos abiertas a los consejos guiados por la experiencia: por ejemplo, en el caso de ingredientes determinados utilizados como remedios tradicionales durante generaciones. Adoptamos el enfoque pragmático de la «mayor probabilidad» basado en el «peso de la evidencia»: si existe abundante información que sugiere que un ingrediente posee determinados beneficios para la salud y un sabor estupendo, creemos que es razón suficiente para consumirlo.

Nuestro icono de salud para la mediana edad es el anís estrellado, una especia maravillosa utilizada en la cocina asiática por sus propiedades saludables. Hemos creado un sistema de codificación por colores para fomentar y mejorar la salud y el bienestar en ocho categorías, cada una representada por una semilla de anís estrellado. Si una receta muestra un determinado color, significa que posee beneficios demostrados en esa categoría. Las semillas hacen referencia para toda la receta, no a una ración individual.

MANIFIESTO DE LA MEDIANA EDAD

Nuestra clasificación del anís estrellado

SALUD DIGESTIVA

El intestino no es precisamente glamuroso, pero entre sus innumerables deberes figura el de controlar la absorción de nutrientes vitales. Además, regula la función inmune. Por tanto, mantener sano el bioma intestinal requiere una gran variedad de alimentos. En *The Midlife Kitchen* adoramos nuestros intestinos, y por eso encontrará muchas recetas que incorporan fibra soluble de legumbres, semillas y avena; especias para favorecer la digestión como el jengibre; abundantes verduras de hoja repletas de vitaminas y minerales; enzimas y probióticos bioactivos presentes en el yogur, y prebióticos procedentes de legumbres y tubérculos.

La semilla roja indica las recetas que favorecen la digestión.

EQUILIBRIO DE AZÚCAR EN SANGRE

Todos sabemos que la diabetes se ha convertido en uno de los grandes problemas de salud de nuestro tiempo. Por tanto, conviene consumir alimentos que nos ayuden a regular el azúcar en sangre y a mejorar la resistencia a la insulina. Entre esos alimentos figuran los carbohidratos de absorción lenta (con índice glucémico bajo) de los frutos secos y las legumbres; la fibra soluble de los cereales integrales, la avena y las semillas; especias con propiedades antiglucémicas como la canela, el comino y la cúrcuma, y nuestro favorito: el vinagre de sidra de manzana, capaz de evitar que los niveles de azúcar en sangre se disparen después de una comida.

Busque la semilla de color rojo ladrillo.

EQUILIBRIO HORMONAL

Las hormonas ejercen un efecto de largo alcance en la salud: entre muchas otras cosas, mantienen la piel tersa, los huesos fuertes y la mente alerta. El desequilibrio hormonal relacionado con la edad puede provocar problemas de salud habituales en esta etapa de la vida: falta de energía y de libido, sueño de mala calidad o piel seca. *The Midlife Kitchen* incorpora abundantes ayudas hormonales: los fitoestrógenos de alimentos como la soja y las semillas de lino; el triptófano de la avena y las legumbres, y las abundantes grasas buenas de los aguacates y el pescado azul. Las mujeres en particular necesitamos buenos hidratos de carbono sin refinar procedentes de cereales integrales y legumbres para mantener el equilibrio endocrino.

La semilla naranja indica las recetas especialmente útiles para el equilibrio hormonal.

AUMENTO DE LA ENERGÍA

Aunque el metabolismo se ralentiza a medida que envejecemos, si comemos bien no existe motivo para sentirnos «siempre cansados». La relación entre la dieta y la energía es directa: la comida es combustible y, por tanto, resulta lógico que consumir alimentos como almendras, semillas de calabaza, avena, quinoa, legumbres, boniatos, yogur y pescados azules (que proporcionan una energía lenta y nutritiva) nos ayude a sentirnos con las pilas cargadas. También necesitamos una hidratación adecuada para mantener los niveles de energía; así, beber abundante agua resulta esencial para sentirnos más despejados y más vivos.

La semilla azul nos indica dónde podemos conseguir más energía.

PIEL, SENTIDOS E INMUNIDAD

Un sistema inmune robusto es vital para prevenir enfermedades. Podemos reforzar las defensas tomando alimentos frescos ricos en vitaminas, minerales y antioxidantes. Una piel, un cabello y unas uñas sanas también dependen de la ingesta adecuada de vitaminas: A (para la renovación y la reparación celular), presente en zanahorias, boniatos y espinacas; C (para la formación de colágeno) en bayas, pimientos rojos y col rizada (*kale*) y E (para defendernos de los radicales libres) en almendras, semillas y brócoli. Además, debemos sumar los importantes ácidos grasos esenciales de alimentos como el aguacate y el pescado azul. Dos grupos de químicos vegetales (los flavonoides y los carotenoides) resultan útiles para mantener una piel elástica, los sentidos agudizados y un cabello sano. Los encontrará en frutas y verduras de colores vivos.

La semilla amarilla indica las recetas especialmente beneficiosas para la piel, los sentidos y la inmunidad.

SALUD DE LOS HUESOS Y LAS ARTICULACIONES

En la mediana edad, la densidad ósea puede disminuir debido a los inevitables cambios hormonales. Por tanto, parece lógico que *The Midlife Kitchen* incluya alimentos con nutrientes beneficiosos para los huesos. Todos sabemos que el calcio (presente en los lácteos, las verduras de hoja, frutos secos como las almendras y el pescado en conserva con la espina) es el pilar de la estructura de los huesos, pero también necesitamos vitamina D (en el pescado azul, la mantequilla, las yemas de huevo y las setas) para favorecer su absorción. Las articulaciones también podrían empezar a darnos problemas, y es fundamental mantener a raya la inflamación. Semillas, brócoli, jengibre, cúrcuma y las proteínas magras del pollo, el pescado y las legumbres son importantes para disfrutar de unas articulaciones sanas.

Busque la semilla de color verde intenso.

SALUD CARDÍACA

La presión sanguínea y los niveles de colesterol son indicadores de salud, sobre todo a medida que cumplimos años. Podemos reforzar el corazón con alimentos con un perfil nutritivo que ayude a reducir esos dos valores. En *The Midlife Kitchen* recomendamos cereales integrales, frutos secos (nueces y nueces de Brasil o coquitos), legumbres, avena, pescado azul, aguacates, bayas oscuras, cúrcuma y verduras de hoja.

La semilla de color rosa oscuro indica las recetas cardiosaludables.

MENTE, MEMORIA Y ESTADO DE ÁNIMO

Resulta esencial mantener la función cognitiva a medida que envejecemos, y existen numerosos alimentos que ayudan con la memoria, el estado de ánimo, la lucidez y la concentración. Nuestras recetas incorporan muchos ingredientes ricos en ácidos grasos omega 3 o con vitaminas, minerales y antioxidantes específicos para mantener el cerebro en perfectas condiciones. Entre esos ingredientes figuran la avena, los frutos secos, las semillas, las bayas oscuras, las verduras de hoja, el pescado azul, el aceite de oliva virgen extra, la cúrcuma y el chocolate negro (¡sí!).

Busque la semilla de color verde claro.

NUESTRA CLASIFICACIÓN DEL ANÍS ESTRELLADO

¿POR QUÉ NOSOTRAS?

Mimi: empecé trabajando como periodista de moda para *Vogue* e *Evening Standard* en Londres, y después fui editora de *ES Magazine*. Cuando tuve a mis hijos, me trasladé a Brighton y empecé a trabajar como autónoma para periódicos y revistas nacionales, sobre todo como columnista para *You Magazine*, *Observer Food Monthly* y *Waitrose Kitchen*. No obstante, el público me conoce sobre todo por ser la coautora de *La dieta de los dos días*, que introdujo el concepto del ayuno intermitente 5:2, y por los libros de cocina *Las recetas de la dieta de los dos días* y *Fast Cook*. Estos libros me ayudaron a desarrollar un auténtico interés por la nutrición y la salud, sobre todo en lo que respecta a las necesidades cambiantes a medida que transcurren los años.

Como la mayoría de personas, he tenido mis altibajos en lo que respecta a la salud: depresión posparto, el temor ante un posible diagnóstico de cáncer de mama, un accidente de esquí que me hizo darme cuenta de que no era invencible y, más recientemente, una molesta intolerancia al alcohol. Todavía sigo la dieta de los dos días de vez en cuando, cuando necesito perder algo de peso, pero ahora me preocupa mucho más lo que como durante los días sin dieta. Mis preocupaciones han pasado del deseo básico de vigilar mi peso a algo más sólido y, en realidad, más vital: el deseo de estar sana a medida que cumplo años. David Bowie lo explicó mejor que nadie: «Creo que envejecer es un extraordinario proceso mediante el cual te conviertes en la persona que siempre deberías haber sido». Realmente, la mediana edad es nuestro momento. Amémosla y vivámosla bien.

Sam: hasta el momento, mi carrera me ha llevado desde la consultoría de dirección y la propiedad de una empresa de viajes hasta las compras de vino y, más recientemente, la literatura gastronómica. Desde mi escritorio, en Bali (donde vivo desde hace cinco años), sé que debo sentirme muy agradecida. Por supuesto, la vida me ha puesto algunas dificultades en el camino: mi padre murió en 2008 debido a un infarto fulminante cuando solo tenía 59 años; mi hermano menor murió cuatro años después, con 27, por las complicaciones surgidas de la diabetes de tipo 1.

A los cuarenta y pocos me di cuenta de que mi herencia genética combinada con la falta de atención a mi salud general no era precisamente la receta ideal para la longevidad. Así, después de una operación menor en 2012, llegué a la conclusión de que mi alimentación era fundamental para mi salud futura. Quería mejorar mi relación con la comida, y me puse a ello. Escribí acerca del proceso en *The Happy Eater*, un programa de 4 semanas dirigido a aquellos que desean mejorar su salud y lograr una pérdida de peso sostenible.

The Midlife Kitchen es la continuación de ese viaje alimentario. Me he dado cuenta de que comer para cuidar la salud puede ser un fabuloso viaje de descubrimiento y un auténtico placer. Espero que *The Midlife Kitchen* sea exactamente eso para usted: una celebración de alimentos deliciosos y nutritivos que le permitan envejecer de manera dinámica y vital.

No somos médicas, ni chefs ni nutricionistas. Somos dos mujeres normales de mediana edad. Toda la información nutricional que aparece en este libro está acreditada por la doctora Sarah Schenker, dietista y nutricionista. Si padece algún problema de salud o tiene alguna duda, consulte con su médico. De lo contrario, tome un tenedor y empiece a comer. Se estará haciendo todo el bien del mundo.

Despensa para la mediana edad

La mayoría de los ingredientes de nuestras recetas son muy conocidos; lo más probable es que figuren en su lista de la compra habitual, pero existen algunos (que se indican en esta lista) que utilizamos en abundancia o que son un tanto inusuales. Con estos ingredientes en la despensa y sus imprescindibles a mano, no tendrá más que añadir unos cuantos ingredientes frescos.

BOTELLAS

- Aceite de oliva ligero en espray
- Aceite de oliva virgen extra
- Vinagre de sidra de manzana (con la «madre»)
- Vinagre de arroz
- Salsa thai de pescado (*nam pla*)
- Sirope o néctar de dátiles
- Melaza de granada

LATAS

- Garbanzos
- Judías blancas
- Alubias rojas
- Judías negras
- Leche de coco
- Puré de calabaza
- Tomates cereza pelados
- Filetes de anchoa
- Sardinas

LÁCTEOS

- Yogur natural sin edulcorantes (*véase pág. 20*)
- Queso feta
- Queso de cabra
- Ricotta
- Parmesano

SECOS

- Lentejas (verdes, pardas, rojas, de Puy y beluga)
- Quinoa blanca y roja
- Arroz basmati integral
- Cuscús integral
- Arroz glutinoso negro
- Copos de avena
- Coco deshidratado
- Dátiles Medjool
- Higos secos
- Albaricoques
- Arándanos

CONGELADOS

- Cerezas
- Bayas variadas
- Arándanos azules
- Arándanos rojos
- *Edamame* (vainas de soja verdes, peladas)
- Guisantes
- Jengibre

TARROS

- Aceite de coco prensado en frío
- Jalapeños
- Pepinillos
- Alcaparras
- Arroz integral
- *Miso* en pasta
- *Tahini*
- *Harissa* en pasta
- Mostaza de Dijon

VARIOS

- Limones
- Leche de almendras sin edulcorantes (7 %+), *véase pág. 296*
- Agua de coco
- Chocolate negro (mínimo un 70 % de cacao)
- Chips de chocolate negro o nibs de cacao crudo
- Azúcar de dátiles
- Xilitol
- Miel clara de acacia
- Alga nori en láminas
- Jengibre encurtido
- Obleas vietnamitas de papel de arroz
- Sal marina en escamas
- *Matcha* (té verde) en polvo
- Flores de hibisco secas
- Bolsitas de té chai

PAQUETES

- Semillas de lino
- Semillas de calabaza
- Semillas de girasol
- Semillas de chía
- Semillas de sésamo
- Almendras (enteras, con piel, peladas, en láminas y en polvo)
- Nueces
- Nueces de Brasil
- Anacardos
  Compre los frutos secos crudos y sin sal

PREPARADOS (COCIDOS)

- Lentejas
- Quinoa
- Cereales mixtos
- Arroz integral o rojo

ESPECIAS

- Canela (en polvo y en rama)
- Comino (en polvo y semillas)
- Cilantro (en polvo y semillas)
- Semillas de hinojo
- Semillas de mostaza
- Vainas de cardamomo
- Anís estrellado
- Jengibre (fresco y en polvo)
- Nuez moscada
- Cúrcuma (fresca y en polvo)
- Chile seco en copos
- *Garam masala*
- Vainas de vainilla (o un molinillo de granos de vainilla)
- Extracto de vainilla
- *Ras el hanout*
- Hierbas de Provenza
- Pimienta negra en grano

40+ para 40+

FRUTA

INGREDIENTES BÁSICOS PARA LA SALUD EN LA MEDIANA EDAD

Piense que esta es su lista para comer sano en la mediana edad: aproximadamente 40 ingredientes (o grupos de ingredientes) que debe recordar cuando vaya a hacer la compra, en la cocina o para elegir menús. Hemos seleccionado los ingredientes por los beneficios que aportan, con una referencia especial a las categorías designadas con nuestra clasificación de las semillas de anís estrellado. Por supuesto, la lista no es exhaustiva, pero le brindará la base para disfrutar de una dieta muy variada y llena de vitalidad.

ARÁNDANOS Y OTRAS BAYAS OSCURAS

En *The Midlife Kitchen* apostamos por estos frutos. Los arándanos (de todos los colores), las moras y las cerezas (y las bayas de goji y las grosellas negras) contienen antocianinas, que protegen contra las enfermedades cardiovasculares, reducen la presión sanguínea, mejoran la función cognitiva y la memoria, y favorecen la salud ocular. Además, poseen una buena cantidad de vitamina C, beneficiosa para el sistema inmune. Puede conservar las bayas en el congelador y disfrutar de ellas durante todo el año.

DÁTILES

Los dátiles, imprescindibles en una cocina para la mediana edad (y en especial los de la variedad Medjool, gruesos y pegajosos), aportan un dulzor natural pero poseen un IG bajo, de modo que no disparan los niveles de azúcar en sangre como el azúcar refinado. Todavía mejor es que los dátiles son ricos en fibra insoluble (estupenda para el intestino) y magnesio, beneficioso para el corazón y el sistema nervioso.

GRANADAS

¿A quién no le gustan las semillas de granada en una ensalada? Sin embargo, son algo más que una bonita decoración: contienen vitamina K, beneficiosa para los huesos, y folato, para una sangre saludable. Los componentes vegetales de las granadas combaten el daño oxidativo de las células y podría ayudar a reducir el riesgo de padecer diabetes.

HIGOS

No solo tienen un aspecto precioso: los higos están repletos de propiedades beneficiosas, entre otras el calcio saludable para los huesos y la fibra, que favorece la digestión. Tómelos frescos y rosados en una ensalada, o pruebe a hornearlos hasta que queden blandos y pegajosos.

LIMONES Y OTROS CÍTRICOS

En nuestra cocina, junto a la sal y la pimienta hay un cuenco de limones (sin tratar). Para nosotras, los limones son el tercer condimento; muchas de nuestras recetas llevan limón. Los limones son ricos en vitamina C, sus abundantes fitonutrientes benefician al corazón, el sistema inmune y la salud de la piel; protegen contra la osteoartritis y favorecen la absorción del hierro. La cáscara de limón contiene tangeretina, un fitonutriente que podría ser beneficioso para tratar trastornos cerebrales como la enfermedad de Parkinson. Añada un poco de ralladura de limón a sus platos siempre que pueda.

MANZANAS

Una manzana al día... Es cierto: las manzanas, crudas o cocidas, constituyen una excelente fuente de antioxidantes y pectina, una fibra hidrosoluble que mejora la salud digestiva, reduce el colesterol y contribuye a equilibrar el nivel de azúcar en sangre. Además, son cardioprotectoras y ayudan a prevenir la osteoporosis gracias a su contenido en boro.

VERDURAS Y HORTALIZAS

AGUACATES

Los aguacates son indispensables en nuestra cocina. Son ricos en grasas cardiosaludables y facilitan la absorción de nutrientes de otros alimentos. Además, favorecen el sistema inmunológico y el equilibrio hormonal, rejuvenecen la piel y protegen la vista.

AJO

La alicina es la maravilla del ajo. Favorece el sistema inmunológico, protege contra las cardiopatías y mejora la circulación sanguínea. Además, el ajo posee vitamina B6, que estimula el metabolismo y beneficia al sistema nervioso.

BERROS

Entre las plantas más ricas en nutrientes del planeta, y disponibles (por suerte) en todos los supermercados, se encuentran los berros. Ofrecen una gran protección contra la osteoporosis y son beneficiosos para el cerebro; reducen la presión sanguínea, mejoran la salud de la piel y la vista, e incluso pueden incrementar la libido.

BRÓCOLI

Si tuviésemos que elegir, optaríamos por el brócoli como nuestro ingrediente número uno por su increíble perfil en cuanto a fitonutrientes: vitaminas C y K, folato, betacarotenoides, sulforafano, lignanos, hierro, zinc, fósforo, calcio, potasio e indol-3-carbinol. Existen estudios que demuestran que esta impresionante lista protege los huesos, las articulaciones, la vista, la piel y el cabello. Además, el brócoli mejora la función cerebral, la digestión, la inmunidad y los niveles de energía; favorece la producción de glóbulos rojos y reduce la presión sanguínea y el riesgo de padecer numerosas enfermedades crónicas relacionadas con el envejecimiento.

CALABAZA

El betacaroteno de la calabaza naranja se convierte en vitamina A en el cuerpo, lo que resulta beneficioso para la vista y la piel. Además, la calabaza protege contra las cardiopatías y es beneficiosa para la circulación. Buenas propiedades para esta etapa de la vida.

CEBOLLA ROJA

Elegimos específicamente la cebolla roja frente a la blanca porque contiene más flavonoides, que contribuyen a reducir el riesgo de padecer todo tipo de enfermedades relacionadas con el envejecimiento. Además, diluye la sangre de forma natural, lo que supone una protección frente a las cardiopatías y la hipertensión.

CHILES

Los chiles no solo aportan un delicioso picor a muchas de nuestras recetas; además, pueden mejorar el estado de ánimo gracias a la capsaicina, que estimula la producción de endorfinas. Los chiles poseen otras cualidades: ayudan a reducir el colesterol, estabilizan los niveles de azúcar en sangre y favorecen la inmunidad.

COL LOMBARDA

De nuevo, la pista es el color: la col lombarda resulta especialmente beneficiosa, gracias a su abundancia en antocianinas, para el cerebro, la piel y la vista. Las múltiples vitaminas, minerales y fibra de esta verdura protegen los sistemas inmune y digestivo y favorecen la salud de los huesos.

COL RIZADA (*KALE*)

Si está cansado de la col rizada, dele otra oportunidad: es barata y fácil de preparar, y se trata de una auténtica fuente de salud. La col rizada puede ayudar a reducir el colesterol y la presión sanguínea, y es excelente para la piel, el cabello y el hígado.

ESPÁRRAGOS

Los espárragos son unos de nuestros favoritos no solo por su sabor único, sino también porque constituyen una gran fuente de vitaminas C y K, que favorecen la salud de la piel y de los huesos. Son buenos para el intestino y ayudan a equilibrar los niveles de azúcar en sangre.

ESPINACAS

Las espinacas representan un auténtico regalo en nuestra cocina. Son muy ricas en vitaminas (C, E, K y B) y en importantes minerales como hierro, calcio, magnesio y zinc. Así, esta humilde verdura de hoja tiene un gran peso: protege la salud de huesos y tejidos; mejora la memoria, el estado de ánimo y la agilidad mental, y su rico contenido en fibra es beneficioso para el intestino. Además, contiene carotenoides, que protegen la vista y la piel.

VERDURAS CONTINUACIÓN

HINOJO

El sabor anisado del hinojo procede del anetol, un compuesto aromático que ejerce un potente efecto antiinflamatorio. Y eso no es todo: el hinojo, además, es excelente para el corazón, los huesos, la digestión, la inmunidad, el funcionamiento del cerebro y la vista.

PIMIENTO ROJO

La vitamina C, el betacaroteno y el licopeno son los pesos pesados del pimiento rojo: protegen la vista, la piel y el corazón, y contribuyen a regular el nivel de azúcar en sangre y la presión sanguínea.

REMOLACHA

La remolacha, con su intenso color, aparece una y otra vez en este libro. Es beneficiosa para los sistemas cardiovascular y nervioso; reduce la presión sanguínea; cuida la piel, los ojos y los huesos, y facilita la función digestiva. Además, protege el cerebro porque mejora la oxigenación.

TOMATES

Los tomates, uno de los pilares de la dieta mediterránea, poseen numerosas propiedades beneficiosas. Contienen licopeno en abundancia, además de vitamina C y mucha fibra. Y todo ello es bueno para el corazón, los huesos, el intestino y la piel.

ZANAHORIAS

Muchas veces las pasamos por alto, pero las zanahorias son muy ricas en betacaroteno, luteína, licopeno, potasio y fibra, lo que significa que resultan beneficiosas para el corazón, el sistema digestivo, la piel y la vista.

LEGUMBRES

GARBANZOS

Ricos en proteínas y fibra, los garbanzos son un ingrediente esencial (y barato) de nuestra cocina. Su contenido en minerales hace que sean beneficiosos para el cabello, las uñas y los niveles de energía. Además, contribuyen a estabilizar los niveles de azúcar en sangre.

JUDÍAS

Las judías son buenas para el corazón, la digestión y la regulación de azúcar en sangre. Constituyen un alimento fundamental en lo que respecta a las proteínas vegetales y son una excelente fuente de energía prolongada. Sus abundantes vitaminas del grupo B mejoran el estado de ánimo y la memoria. En conjunto, las judías son indispensables en esta etapa de la vida. Nosotras utilizamos judías blancas, alubias rojas, pintas y judías negras: cuanta más variedad, mejor. Las más oscuras contienen antocianinas antioxidantes, un punto añadido a sus credenciales saludables.

LENTEJAS

Podríamos vivir solo a base de lentejas. Constituyen una excelente fuente de proteínas y favorecen la digestión, el sistema hormonal, el cerebro y la función nerviosa. Ayudan a reducir el colesterol y regulan los niveles de azúcar en sangre. Estupendas en *dhals* y sopas, también nos gustan frías, en ensaladas. ¿Nuestras favoritas? Las lentejas beluga negras (de nuevo, por las antocianinas).

SOJA

La soja, una proteína vegetal completa, es conocida por sus propiedades protectoras del corazón y los huesos, y por su eficacia equilibrando los niveles hormonales. Contiene triptófano, que favorece la producción de serotonina y, con ella, mejora el estado de ánimo, reduce la ansiedad y favorece el sueño reparador. El tofu, el *tempeh*, el *miso* y el *edamame* forman parte de nuestra cocina.

CEREALES, FRUTOS SECOS Y SEMILLAS

ARROZ
(integral, rojo, negro y salvaje)

Como otros cereales integrales, el arroz es una excelente fuente de vitaminas del grupo B, manganeso, magnesio y fibra. Ayuda a regular los niveles de azúcar en sangre y facilita la digestión. También puede mejorar la memoria y el estado de ánimo, favorece el sueño y reduce la presión sanguínea. No está nada mal para un cereal tan modesto.

AVENA

La avena es tan beneficiosa para la materia gris que se conoce como «el cereal para el cerebro». Además, es cardiosaludable, estimula la inmunidad y es una excelente fuente de hidratos lentos. Encontrará numerosas maneras de empezar el día con avena en nuestro capítulo dedicado al desayuno y el *brunch*.

FRUTOS SECOS

Las vitaminas, los minerales, las proteínas, la fibra y las grasas buenas de los frutos secos los convierten en una solución sencilla para mantener la energía y un nivel óptimo de nutrición. Los frutos secos contienen triptófano, un aminoácido esencial necesario para el crecimiento y el desarrollo, y para la producción de serotonina, un neurotransmisor que favorece el sueño y estabiliza el estado de ánimo.

Almendras Proporcionan fibra y proteínas, así como vitamina E, estupenda para la piel y la reparación celular. Representan una importante fuente no láctea de calcio, necesario para mantener la densidad ósea.

Anacardos Estimulan el sistema inmunológico y mantienen la salud de la vista, la piel y el cabello. Como ocurre con la mayoría de frutos secos, también son estupendos para el corazón.

Nueces de Brasil Favorecen la salud del corazón porque reducen los niveles de colesterol al tiempo que estimulan el sistema inmunológico, el estado de ánimo y la memoria. Beneficiosas para el cabello, las articulaciones, la piel y las uñas, también incrementan la libido.

Nueces y pacanas Protegen frente a las cardiopatías y el declive cognitivo relacionado con la edad. Son beneficiosas para la piel, mejoran el estado de ánimo y cuentan con propiedades antiinflamatorias.

QUINOA

Nos gusta mucho la quinoa por un buen motivo: es muy rica en vitaminas del grupo B, hierro, magnesio, zinc, fibra y proteínas. Por tanto, no es de extrañar que posea múltiples beneficios para la salud (el cerebro, la digestión, los huesos y las articulaciones). Además, equilibra los niveles de azúcar en sangre y puede ayudarnos a dormir bien.

SEMILLAS

Son pequeñas, pero las semillas suponen una potente adición a la dieta debido a la fibra, las vitaminas, los minerales y los ácidos grasos omega 3 que aportan, además del triptófano. Utilícelas en ensaladas, sopas y gachas, con yogur, en tartas y pudines... o simplemente abra una bolsita y tome unas cuantas.

Calabaza Aportan energía y un efecto antidiabético. Favorecen la inmunidad y la salud del corazón y la próstata, la relajación y el sueño reparador.

Chía Protege la piel de los daños del sol y contribuye a regular la presión sanguínea. Las semillas de chía contienen calcio, beneficioso para la salud de los huesos, y fibra, que facilita la digestión.

Girasol Protegen contra las cardiopatías, reducen el colesterol LDL («malo») y estabilizan los niveles de azúcar en sangre.

Lino Las semillas de lino son maravillosas para esta etapa de la vida: alivian los síntomas de la posmenopausia gracias a los fitoestrógenos que contienen. También protegen contra las cardiopatías, la diabetes de tipo 2 y el riesgo de infarto; favorecen la salud digestiva, la función nerviosa y la producción de colágeno.

Sésamo Excelentes para la salud de las células, una piel sana y unos huesos y dientes fuertes.

HUEVOS, PESCADO Y LÁCTEOS

HIERBAS

HUEVOS

En lo que respecta a su valor nutritivo, los huevos no tienen comparación. Proporcionan vitaminas A, D y B, además de minerales esenciales, colina, lecitina y proteínas de fácil asimilación. Este catálogo de cualidades hace que los huevos sean excelentes para la reparación de tejidos, la digestión y la salud del corazón, además de estimular la salud de la piel y la vista. Proporcionan energía sostenida e incluso mejoran la función cerebral, la concentración y el estado de ánimo.

PESCADO AZUL

Los ácidos grasos omega 3 de la caballa y las sardinas hacen que sean especialmente beneficiosas para la salud del corazón; reducen la acumulación de grasa en las arterias y la presión sanguínea. El pescado azul también ayuda a mantener la salud de las articulaciones, la piel, el cabello y la vista; protege contra la pérdida de masa ósea, estimula la función cerebral y mejora la circulación. Es una excelente fuente de proteínas magras y puede ayudar a estabilizar los niveles de azúcar en sangre. Una simple lata de sardinas sería, probablemente, lo que elegiríamos para una isla desierta.

YOGUR

Muchos platos se benefician de una dosis generosa de yogur, y existen razones convincentes para utilizar este producto. Una investigación reciente demostró que las personas que toman yogur natural sin azúcar cada día presentan menos riesgos de desarrollar diabetes de tipo 2; también se ha demostrado que el yogur contribuye a reducir la hipertensión. El yogur elaborado con leche entera proporciona proteínas; vitaminas A, E y B, y minerales esenciales como el calcio (tan importante para la salud de los huesos). El yogur vivo, que recomendamos encarecidamente, también contiene bacterias probióticas (que no están presentes en los yogures tratados con calor) que estimulan la inmunidad, mejoran la síntesis de las vitaminas y facilitan la función digestiva.

En *The Midlife Kitchen* utilizamos abundantes hierbas frescas: ofrecen una manera sencilla de añadir sabor a los platos, y su contenido en fitonutrientes y aceites volátiles representa una estupenda aportación saludable.

Albahaca Contiene vitamina K, beneficiosa para los huesos y el corazón.

Cilantro Favorece la digestión y reduce el nivel de azúcar en sangre y el colesterol LDL.

Eneldo Refuerza los huesos y facilita la digestión.

Menta Excelente ayuda digestiva y descongestionante con propiedades antialérgicas.

Perejil Facilita la oxigenación de la sangre, lo que ayuda a reducir la fatiga. Su vitamina K resulta beneficiosa para los huesos.

Romero Mejora la inmunidad y la digestión; además, favorece la salud del cerebro.

Salvia Estupenda para la memoria a corto plazo, protege el cerebro y es beneficiosa para la circulación y la digestión. También puede reducir los niveles de glucosa y colesterol en sangre, y ayuda a aliviar los síntomas de la menopausia, sobre todo los sofocos.

ESPECIAS

Las especias, uno de los pilares de nuestra cocina, aportan calor, color y sabor a los platos. Y también poseen propiedades beneficiosas para la salud.

Anís estrellado Antiinflamatorio y antioxidante, también es estrogénico (es decir, que estimula la producción de estrógenos) y estupendo para la digestión.

Canela Ayuda a regular los niveles de azúcar en sangre al tiempo que facilita la función del hígado y el intestino; es beneficiosa para la salud del corazón y la densidad ósea. Reduce el colesterol y el dolor articular y facilita el sueño.

Cardamomo Potencia la digestión y estimula el sistema inmunológico y el estado de ánimo. También se conoce por reducir la presión sanguínea y favorecer la salud de los huesos y las células.

Comino Excelente para la digestión. También puede ayudar a controlar el nivel de azúcar en sangre.

Cúrcuma Antiinflamatoria y antioxidante, la cúrcuma resulta especialmente beneficiosa para el cerebro y el corazón. Ayuda a prevenir dolencias relacionadas con el envejecimiento, como la artritis, y regula los niveles de azúcar en sangre. Mantenga la cúrcuma fresca en el congelador hasta que vaya a utilizarla, igual que el jengibre.

Jengibre Favorece la digestión y reduce la infamación (una de las principales causas de artritis). También reduce el riesgo de sufrir cardiopatías y diabetes de tipo 2.

DESPENSA

ACEITE DE OLIVA

Todos sabemos que la dieta mediterránea presenta beneficios significativos para la salud, y se debe en parte al uso del aceite de oliva, que beneficia al corazón porque reduce el colesterol y ayuda a controlar la presión arterial. También beneficia a los huesos y el sistema nervioso. Para preparar una vinagreta, seleccione aceite virgen extra, con más sabor, nutrientes y antioxidantes que el aceite refinado. Consérvelo en un lugar fresco y oscuro para mantener sus propiedades. Para cocinar, pruebe a utilizar un espray de aceite de oliva ligero.

CHOCOLATE NEGRO

Pocos necesitamos una excusa para tomar chocolate, pero el negro (70 % de cacao) tiene abundantes propiedades saludables: es rico en minerales y antioxidantes, bueno para el cerebro, el sistema nervioso y el corazón, y levanta el ánimo (algo que ya sabíamos todos).

TÉ VERDE (*MATCHA*)

Se ha demostrado que el consumo de té verde reduce el riesgo de padecer cáncer de mama en la posmenopausia; además, es beneficioso para el corazón y favorece la salud del cerebro porque estimula la memoria y reduce la ansiedad. Es antiinflamatorio, puede mejorar la resistencia a la insulina y estimula el metabolismo. Razones excelentes de sobrà para tomar té verde.

VINAGRE DE SIDRA DE MANZANA

Los estudios demuestran que el vinagre de sidra de manzana puede ayudar a controlar los niveles de azúcar en sangre, además de facilitar la absorción de calcio y actuar como tónico digestivo. Lo hemos convertido en la estrella de nuestro aliño de la página 33, pero también se puede tomar incluso como bebida (pruebe nuestro *switchel* de la página 294). Le sorprenderá gratamente...

IMPRESCINDIBLES PARA LA MEDIANA EDAD

POR QUÉ NOS GUSTA

Creemos que las especias merecen un papel mucho más destacado en nuestra cocina, pero en muchas casas quedan olvidadas al fondo de un armario y solo se utilizan de manera ocasional. La solución consiste en preparar nuestra mezcla de especias con antelación y tenerla a mano para aportar sabor, intensidad y un toque de salud al instante a todo tipo de platos. Comprobará que esta deliciosa mezcla aparece en muchas de nuestras recetas.

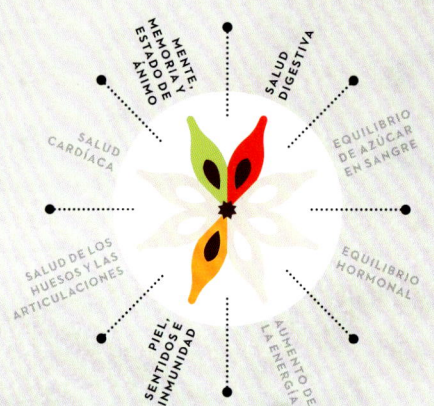

Mezcla de especias

PARA 5 CUCHARADAS APROXIMADAMENTE

1 cucharada de semillas de hinojo en polvo

1 cucharada de semillas de cilantro en polvo

1 cucharada de comino en polvo

1 cucharada de cúrcuma en polvo

2 cucharaditas de cardamomo en polvo

Mezcle todos los ingredientes y consérvelos en un recipiente hermético hasta 6 meses.

Consejo: las especias pierden su intensidad (y parte de sus beneficios saludables) con el tiempo; no las conserve más de 6 meses.

Información nutricional
Esta mezcla de especias se basa en los principios ayurvédicos. La cúrcuma, el comino, el cilantro, el hinojo y el cardamomo facilitan la digestión y estimulan el metabolismo. Recientemente se ha demostrado que las especias poseen propiedades antioxidantes y antiinflamatorias.

IMPRESCINDIBLES PARA LA MEDIANA EDAD

POR QUÉ NOS GUSTA

Los beneficios de las semillas para la salud están fuera de toda duda: son ricas en grasas cardiosaludables, fibra beneficiosa para el intestino, minerales fundamentales, vitaminas imprescindibles y proteínas que aportan energía (de las semillas surgen las plantas, de modo que no es de extrañar que se trate de un alimento tan completo). Sin duda, estas pequeñas maravillas poseen una importancia nutricional considerable, pero muchas veces se quedan en la despensa y nos olvidamos de ellas. Hemos descubierto que el mejor modo de introducir más semillas en la cocina consiste en tener a mano una mezcla como la siguiente. Añádala a burritos, huevos, sopas, ensaladas, pudines, panes y horneados en general.

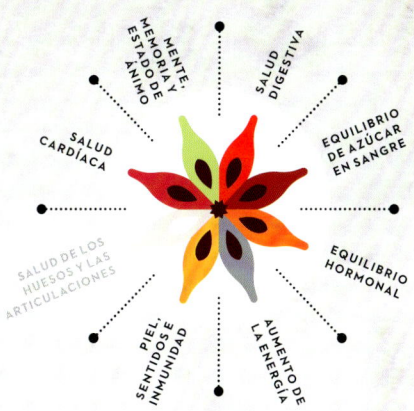

Mezcla de semillas crudas

PARA 9 CUCHARADAS APROXIMADAMENTE

3 cucharadas de semillas de calabaza

2 cucharadas de semillas de lino

2 cucharadas de semillas de girasol

2 cucharadas de semillas de sésamo

Mezcle las semillas y consérvelas en un recipiente hermético hasta 2 meses.

Consejo: debido a su elevado contenido en grasas, las semillas absorben los pesticidas. Conviene comprarlas orgánicas.

Información nutricional
Las semillas de lino constituyen una fuente de lignanos vegetales, fitoestrógenos que ayudan a regular la producción de estrógenos. Por eso representan un importante ingrediente en nuestra cocina (se ha demostrado que incluso ayudan a reducir los sofocos durante la menopausia).

POR QUÉ NOS GUSTA

Esta mezcla es una auténtica maravilla de sabor, salud y textura para animar una ensalada, una sopa o un burrito. Consiste en una preparación a base de las dos mezclas anteriores, la de semillas crudas y la de especias. Aunque parezca que contiene muchos ingredientes, solo le llevará unos minutos prepararla y transformará un aburrido cuenco de hojas en un plato espectacular. Pruebe a utilizar esta mezcla en lugar de picatostes en sopas y ensaladas.

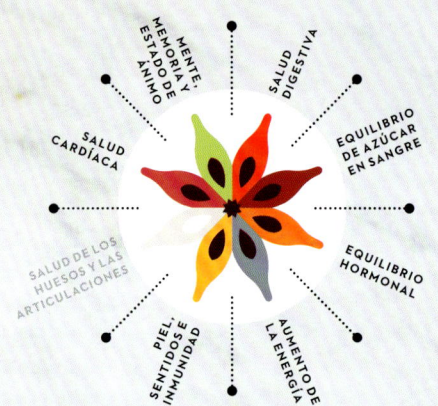

Mezcla de semillas y especias

PARA 8 CUCHARADAS APROXIMADAMENTE

- 4 cucharadas de mezcla de semillas crudas (véase pág. 25)
- 2 cucharaditas de semillas de *nigella*
- 2 cucharaditas de semillas de mostaza
- 2 cucharaditas de semillas de amapola
- 2 cucharaditas de aceite de oliva virgen extra
- 2 cucharadas de mezcla de especias (véase pág. 24)
- 1 cucharadita de chile en copos o pimentón ahumado/dulce
- sal marina en escamas y pimienta negra recién molida

Ponga la mezcla de semillas crudas en una sartén grande y poco honda y saltee a fuego medio durante unos minutos, hasta que empiecen a tomar color y explotar. Añada el resto de semillas y saltee 1 minuto más con cuidado para que no se quemen.

Ponga las semillas en un cuenco y añada el aceite, la mezcla de especias y los copos de chile o el pimentón (más o menos cantidad según sus preferencias). Salpimiente.

Conserve la mezcla en un recipiente hermético un máximo de 2 semanas.

Información nutricional
Las semillas de calabaza y de girasol contienen ácidos grasos saludables que ayudan a combatir la depresión y mejoran el estado de ánimo.

IMPRESCINDIBLES PARA LA MEDIANA EDAD

POR QUÉ NOS GUSTA

Los australianos tienen fe ciega en esta mezcla casera de semillas de lino, semillas de girasol y almendras en polvo, y con razón. El LSA ofrece una manera sencilla y versátil de incrementar el contenido en omega 3, proteínas, minerales, vitamina E y fibra de las recetas, de modo que conviene tenerlo siempre a mano. Utilícelo para cubrir el falafel o añádalo sin más a horneados, *smoothies*, gachas, yogur... lo que quiera.

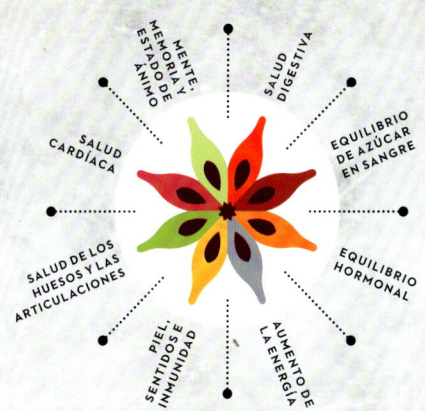

LSA

PARA 12 CUCHARADAS APROXIMADAMENTE

6 cucharadas de semillas de lino

4 cucharadas de semillas de girasol

2 cucharadas de almendras enteras (con la piel)

Utilice una proporción 3-2-1 de lino, girasol y almendras. Con un molinillo de café o de especias, muela las semillas y las almendras por tandas hasta que tengan una textura fina.

Pase la mezcla a un tarro hermético y consérvela en la nevera un máximo de 2 meses.

Consejo: conviene preparar esta mezcla en casa (en muchos países no se comercializa), ya que los aceites no deberían ser tratados con calor (que podría destruir sus propiedades). Debido al elevado contenido en aceites de las semillas de lino molidas, el LSA debe conservarse en un tarro oscuro, en la nevera, para evitar que la preparación se ponga rancia.

Información nutricional
Esta combinación es rica en antioxidantes, vitamina E y minerales beneficiosos. Las semillas de lino resultan duras; se recomienda consumirlas molidas porque de ese modo se rompe la cáscara y se liberan los nutrientes del interior.

POR QUÉ NOS GUSTA

Estas son unas gachas con alas: obtenemos los hidratos lentos de la avena, pero con el extra añadido de las semillas de lino, las almendras, las semillas de girasol y el salvado de avena, lo que convierte algo muy bueno en algo realmente excepcional. Prepare una cantidad generosa con antelación y la tendrá a mano en un momento de prisa en que necesita tomar algo saciante y rápido. Esta es la esencia de nuestra cocina: acumular la máxima cantidad de beneficios para la salud con el mínimo esfuerzo y el máximo sabor.

Gachas energéticas

PARA 600 G

PARA LA MEZCLA BÁSICA

400 g de copos de avena
100 g de LSA (*véase pág. 27*)
100 g de salvado de avena

PARA SERVIR

125 ml de la leche que prefiera (de vaca, almendras, soja o avena), o agua de coco (las gachas serán más ligeras)

sal marina en escamas (opcional)

Incorpore bien los ingredientes de la mezcla básica y consérvelos en un recipiente hermético hasta 3 semanas.

Para preparar unas gachas sencillas, ponga 30 g de la mezcla básica en un cazo, añada la leche o el agua de coco (también nos gusta agregar una pizca de sal) y deje cocer a fuego lento durante 5 minutos, aproximadamente. Remueva con frecuencia hasta que la preparación se espese a su gusto.

Pruebe esto...
Con la mezcla se obtienen unas gachas cremosas, con un suave toque a frutos secos, que funcionan como la base ideal para todo tipo de extras:

* Manzana picada o rallada y canela; incrementarán la cantidad de antioxidantes de su desayuno.
* Plátano y edulcorante casero (*véase pág. 31*).
* Frutas secas (arándanos rojos, pasas negras y doradas, orejones de albaricoque, ciruelas o bayas de goji).
* Fruta fresca (pera picada, arándanos azules, frambuesas, fresas, kiwi, mango o cerezas).
* Fruta en conserva (piña, albaricoques o melocotones).
* Compota de ruibarbo o salsa de manzana (*véase pág. 244*).
* Mermelada rápida (*véase pág. 242*).
* Frutos secos tostados y picados.
* Especias (nuez moscada, vainilla, jengibre fresco rallado, canela o cardamomo y unas gotas de agua de rosas).
* Nibs de cacao crudo.

Información nutricional
La avena es muy rica en fibra dietética, posee propiedades que reducen el colesterol y es una excelente fuente de energía de liberación lenta. Así, las gachas ofrecen una solución perfecta para empezar la jornada.

POR QUÉ NOS GUSTA

Tenemos una relación de amor-odio con la granola. Nos encanta el delicioso toque crujiente y a frutos secos que aporta al desayuno, pero odiamos el hecho de que la mayoría de versiones comerciales abusen del azúcar. Así, cuando creamos nuestra propia versión, prescindimos por completo del azúcar (una granola adulta, por así decirlo). Esta granola conserva el crujiente imprescindible, pero en lugar de lograrlo con mucho aceite y azúcar, esa tarea la realizan las claras de huevo de un modo mucho más ligero y sano. Sírvala con yogur y añada unas cucharaditas de mermelada rápida o fruta seca y obtendrá todo el dulzor que necesita.

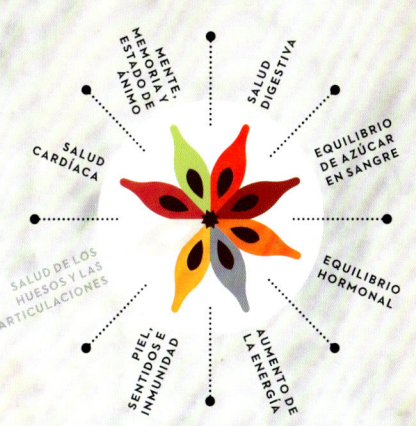

Granola sin azúcar

PARA 300 G

- 50 g de anacardos sin sal
- 100 g de copos de avena
- 50 g de nueces de Brasil picadas
- 50 g de almendras laminadas
- 25 g de semillas de lino
- 25 g de amaranto
- 1 cucharadita de canela en polvo
- una pizca generosa de sal marina en escamas
- 3 claras de huevo

Precaliente el horno a 150 °C. Forre una bandeja de horno con papel sulfurizado.

Aplaste ligeramente los anacardos con una cuchara y mezcle con el resto de ingredientes secos.

Bata las claras de huevo a punto de nieve, incorpórelas a los ingredientes secos y remueva bien hasta que todo esté completamente cubierto.

Reparta la preparación en la bandeja y hornee durante 40 minutos; remueva a los 20 minutos para romper un poco la granola. Deje enfriar por completo.

Pase la granola a un recipiente hermético; se conservará hasta 3 semanas.

Información nutricional
Similar a la quinoa, el amaranto (que significa «eterno» en griego) era un alimento básico de los aztecas. Más rico en proteínas que la mayoría de cereales, también está repleto de fibra, vitaminas del grupo B, hierro, calcio, magnesio, zinc y omega 3.

POR QUÉ NOS GUSTA

Muy sabroso y nutritivo, y ligeramente exótico, este *dukkah* egipcio resume el ideal de este libro, ya que aporta sabor, textura y versatilidad con el mínimo esfuerzo. Consérvelo en la nevera y utilícelo cada vez que desee un toque de sabor y salud.

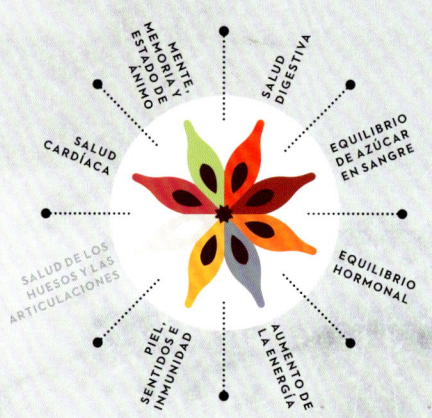

Dukkah

PARA 10 CUCHARADAS APROXIMADAMENTE

- 2 cucharadas de almendras enteras peladas o con piel
- 2 cucharadas de pistachos
- 2 cucharadas de semillas de sésamo
- 1 cucharadita de semillas de comino
- 1 cucharadita de semillas de cilantro
- 1 cucharadita de semillas de hinojo
- 10 granos de pimienta negra
- 10 granos de pimienta rosa
- 1 cucharadita de sal marina en escamas

Ponga todos los ingredientes en una sartén grande y poco honda, y saltee a fuego medio durante unos minutos, hasta que los frutos secos y las semillas empiecen a tomar color y explotar. Tenga cuidado de que no se quemen. Deje enfriar.

Ponga la mezcla en un molinillo de café o de especias y muela hasta obtener una textura granulada e irregular. También puede moler la preparación en un mortero.

Vierta el *dukkah* en un recipiente hermético y consérvelo en la nevera un máximo de 1 mes.

Pruebe esto...
* Espolvoreado sobre huevos pasados por agua o fritos, en una mayonesa o para cubrir huevos duros.
* Para decorar ensaladas y sopas.
* Con espárragos, coliflor, espinacas o brócoli al vapor, o sobre verduras a la plancha.
* Para cubrir pollo, carne o falafel; mezclado con hummus o sobre un boniato asado cubierto con yogur natural.

Información nutricional
Añadimos pimienta negra recién molida a la mayoría de nuestros platos salados. No solo realza el sabor; además, facilita la absorción de los nutrientes del resto de alimentos a los que acompaña.

POR QUÉ NOS GUSTA

Todos necesitamos un poco de dulzor, pero tendría que vivir en una cueva para no saber que el exceso de azúcar refinado es malo para la salud. Esta es nuestra solución. Sí, los dátiles contienen azúcares naturales, pero con muy poca cantidad hay suficiente. Y dado que se trata de un edulcorante vegetal, nuestro sirope de dátiles está repleto de antioxidantes y fibra. Mejor todavía: se prepara en unos minutos y aguanta en la nevera hasta 3 semanas.

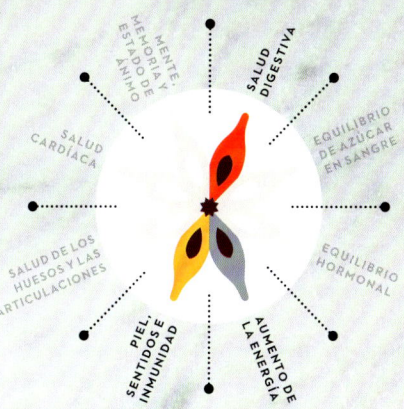

Edulcorante casero

PARA 10 CUCHARADAS APROXIMADAMENTE

200 g de dátiles Medjool deshuesados

2 cucharaditas de zumo de limón

300 ml de agua (un poco más si fuera necesario)

Ponga todos los ingredientes en un robot de cocina o una batidora y mezcle hasta obtener una consistencia totalmente homogénea. Si es necesario, añada un poco más de agua (buscamos una consistencia parecida a la de la salsa de manzana).

Ponga el edulcorante en un tarro hermético y consérvelo en la nevera un máximo de 3 semanas.

Información nutricional
Los dátiles constituyen una excelente fuente de fibra dietética, que aunque no se considera un nutriente es necesaria para que el sistema digestivo funcione adecuadamente. La fibra protege contra el estreñimiento y puede ayudar a reducir el colesterol.

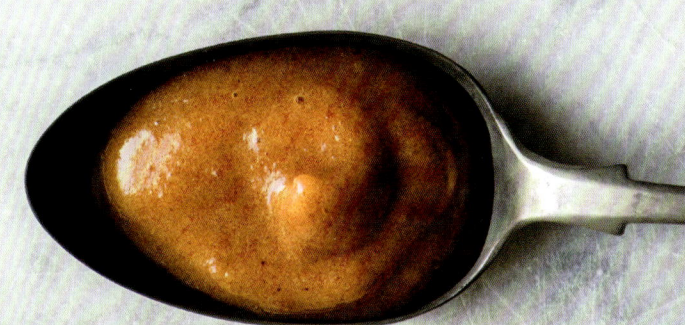

POR QUÉ NOS GUSTA

Este excelente aderezo «semisalado» incluye semillas de sésamo, que aportan fibra, vitaminas, minerales y ácidos grasos omega 3. Se trata de una combinación sencilla basada en una proporción 1:10 y que representa los ideales de nuestra cocina: incrementar los beneficios para la salud, intensificar el sabor y probar algo nuevo que se prepara en un momento. Los japoneses llaman *gomashio* a este aderezo. Pruebe a añadir láminas molidas de alga nori si le gusta el sabor umami.

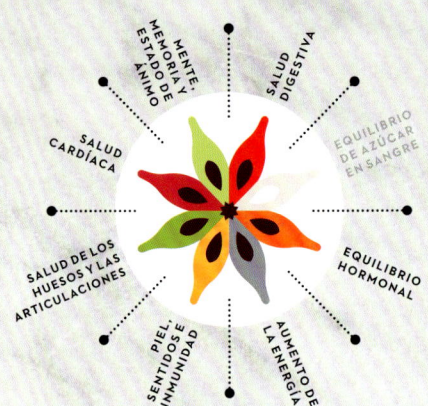

Aderezo de sésamo

PARA 4 CUCHARADAS APROXIMADAMENTE

10 cucharaditas de semillas de sésamo negro (o blanco)

1 cucharadita de sal marina en copos

Muela las semillas con un mortero de manera que queden ligeramente machacadas (también puede utilizar la batidora). Mézclelas con la sal.

Pase la preparación a un tarro y utilícela como alternativa a la sal.

Pruebe esto...
* Con ensaladas verdes.
* Con judías verdes.
* Espolvoreado en una tortilla o huevos revueltos.

Consejo: los semisalados ayudan a reducir el consumo de sal al tiempo que aportan sabor y nutrientes a todo tipo de platos.

Información nutricional
Para ser una semilla tan humilde, el sésamo aporta mucho a la cocina: proteínas, fibra, vitaminas del grupo B, calcio y hierro son solo algunos de sus nutrientes. Protege frente a problemas como el colesterol elevado y la osteoartritis. Además, es una fuente de fitoestrógenos, que fomentan la salud cardiovascular durante la menopausia.

POR QUÉ NOS GUSTA

Nuestra vinagreta es imprescindible: el aceite de oliva es el rey indiscutible de las grasas. Es cardiosaludable y puede aumentar el colesterol bueno al tiempo que reduce el malo. Elija aceite virgen extra, que tiene más sabor, más nutrientes y más antioxidantes que el refinado (además, su sabor resulta más interesante, más vegetal e intenso, lo que lo convierte en la opción perfecta para una vinagreta). En cuanto al vinagre de manzana, conviene que sea puro, sin filtrar, con los posos (denominados «madre»): son enzimas y bacterias vivas y beneficiosas.

Aliño para ensaladas

PARA 10 CUCHARADAS APROXIMADAMENTE

4 cucharadas de aceite de oliva virgen extra

2 cucharadas de vinagre de sidra de manzana

1 cucharada de zumo de limón

1 cucharada de mostaza de Dijon

2 cucharaditas de miel clara

2 cucharaditas de tomillo seco

sal marina en escamas y pimienta negra recién molida

Ponga todos los ingredientes en un tarro, cierre bien y agite para emulsionar.

El aliño se conserva hasta 2 semanas en la nevera.

Pruebe esto...
Nuestro aliño es una estupenda base para otros sabores:

* Un puñado de perejil muy picado y otro de estragón, un estupendo aliño verde.
* Un diente de ajo machacado, una cebolleta muy picada y unos copos de chile para obtener una versión picante.
* Sustituya la mostaza y el tomillo por 1 cucharada de *tamari* y 2 cucharaditas de jengibre fresco rallado; tendrá una versión asiática.
* Sustituya la mostaza y el tomillo por 1 cucharada de *tahini*, 2 cucharaditas de semillas de sésamo y 2 cucharadas de yogur natural; obtendrá un aliño más cremoso.

Consejo: conserve el aceite de oliva virgen extra y el vinagre de manzana en un lugar fresco y oscuro para evitar que pierdan propiedades.

Información nutricional
Se ha demostrado que el vinagre de sidra de manzana ejerce un efecto antiglicémico, lo que significa que evita los picos de azúcar en sangre después de las comidas (motivo suficiente para que sea protagonista en nuestro aliño).

IMPRESCINDIBLES PARA LA MEDIANA EDAD

POR QUÉ NOS GUSTA

Esta pasta de curri se llama *bumbu kuning*, o «especia amarilla», en indonesio debido a la cantidad de cúrcuma fresca que contiene. La cúrcuma, con impresionantes propiedades beneficiosas para la salud, se utiliza tradicionalmente en India para calmar el hígado y en China para tratar la depresión. A nosotras nos gusta, además, por su maravilloso color dorado y por su sutil sabor terroso. Esta estupenda pasta aromática constituye la base de varias de nuestras recetas, de modo que merece la pena tomarse el tiempo necesario para preparar los ingredientes. Como cabría esperar, la pasta posee un toque más del Sudeste asiático que de India (lleva jengibre y citronela, no comino y curri en polvo).

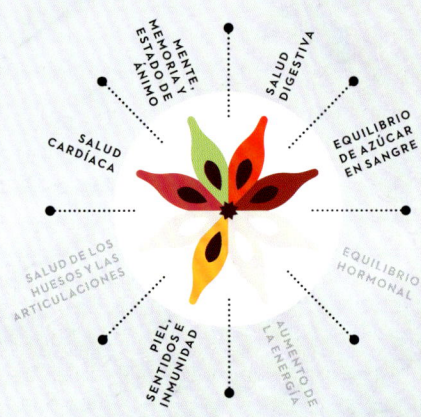

Pasta de curri

PARA 10 CUCHARADAS APROXIMADAMENTE

- 1 anís estrellado
- 3 clavos
- 10 escalonias pequeñas picadas
- 15 dientes de ajo picados
- 5 cm de raíz de cúrcuma fresca pelada y troceada
- 5 cm de jengibre fresco pelado y troceado
- 5 cm de galanga pelada y troceada
- 1 tallo de citronela sin las capas exteriores duras cortado en rodajas finas
- 3 hojas de lima *kaffir* cortadas en juliana
- 2-3 chiles picantes, sin semillas y cortados en rodajas, al gusto
- 1 cucharadita de mezcla de especias (véase pág. 24)
- 4 cucharadas de aceite de coco (líquido si está sólido)
- ½ cucharadita de sal marina en escamas
- pimienta negra recién molida

Ponga el anís estrellado y los clavos en un molinillo de café o de especias y redúzcalos a un polvo fino. También puede utilizar un mortero.

Ponga las especias molidas en un robot de cocina o una batidora, añada el resto de ingredientes y mezcle hasta obtener una pasta no muy homogénea.

Consérvela en un recipiente hermético en la nevera hasta 2 semanas.

Información nutricional
La cúrcuma es una de las grandes estrellas de nuestra cocina por su enorme lista de beneficios para la salud. Uno de los compuestos activos de la cúrcuma, la curcumina, apunta como tratamiento prometedor contra la enfermedad de Alzheimer.

POR QUÉ NOS GUSTA

El yogur es el alimento saludable por excelencia; de hecho, el de leche entera contiene casi todos los nutrientes que necesita el ser humano. Lo que buscamos, no obstante, son las bacterias tan listas que existen en el cultivo vivo. *Probiótico* significa literalmente «para la vida»: estos microorganismos ayudan a reducir el colesterol, mejoran la función inmune y refuerzan el sistema digestivo. El consumo de antibióticos puede alterar el equilibrio normal de bacterias en el intestino, igual que la menopausia o el estrés. Por tanto, tomar suficiente yogur vivo nos ayudará a reequilibrar y restaurar nuestro interior. Los probióticos tienen una vida corta, por lo que es preciso reponerlos de forma regular. Merece la pena considerar la posibilidad de invertir en una yogurtera.

Yogur

PARA 1 LITRO APROXIMADAMENTE

1 l de leche entera UHT

2 cucharadas de leche desnatada en polvo

2 cucharadas de yogur vivo de una remesa anterior o comprado

½ cucharadita de semillas de vainilla de una vaina o vainilla molida (véase consejo, pág. 211)

Ponga todos los ingredientes en una jarra grande y mezcle bien. Vierta el contenido en un tarro esterilizado de 1 litro o en varios tarros pequeños y cierre bien.

Ponga el tarro o los tarros en una yogurtera y deje incubar durante 8-12 horas, o lo que indique el fabricante.

Refrigere el yogur en la nevera durante unas horas o toda la noche antes de servir.

Algunos consejos para preparar yogur:
* Utilice tarros sacados directamente del lavavajillas para asegurarse de que estén muy limpios.
* Si utiliza leche entera y añade leche en polvo obtendrá un yogur muy cremoso (aunque más calórico). También será más rico en vitamina A.
* Los probióticos son delicados y solo prosperan a la temperatura adecuada (aquí es donde la yogurtera resulta práctica).
* Si prepara el yogur por la mañana, lo incuba durante el día y lo pone a enfriar por la noche, estará listo para el desayuno al día siguiente.
* No olvide reservar un poco de yogur de cada tanda para preparar la siguiente.
* Después de unas semanas reciclando, el sabor del yogur podría empezar a resultar un poco agrio y desagradable; es el momento de empezar de cero con yogur vivo comprado.

Información nutricional
Una investigación reciente muestra que las personas que toman yogur todos los días presentan menos riesgo de desarrollar diabetes de tipo 2. También se ha demostrado que el yogur contribuye a reducir la presión sanguínea.

DESAYUNO Y *BRUNCH*

POR QUÉ NOS GUSTA

La idea de escribir *The Midlife Kitchen* se nos ocurrió en The Yoga Barn, en Ubud, mientras tomábamos un cuenco de estas gachas densas de arroz negro. Sentimos un gran aprecio por esta receta. Conocida como *bubur injin* en Bali, posee una textura sedosa única, combina las maravillas de lo dulce y lo salado, y ofrece un aspecto espectacular, sobre todo si se mezcla con el blanco de las virutas de coco fresco y el naranja intenso de alguna fruta tropical.

Arroz negro balinés dulce y salado

4 RACIONES

- 400 ml de leche de coco (lata)
- 150 g de arroz negro glutinoso, en remojo toda la noche, lavado y escurrido
- 400 ml de agua
- 2 cucharadas de sirope de dátiles
- ½ cucharadita de extracto de vainilla
- sal marina en escamas al gusto

PARA SERVIR

- 1 mango (u otra fruta tropical) pelado, deshuesado y picado
- 1 cucharada de coco fresco o deshidratado muy picado

Reserve 2 cucharadas de leche de coco.

Ponga todos los ingredientes en un cazo y lleve a ebullición, baje el fuego y deje cocer durante 30 minutos, aproximadamente. Remueva con frecuencia hasta que el arroz esté tierno e hinchado, y haya absorbido casi todo el líquido.

Sirva caliente con la leche de coco reservada y la fruta picada por encima.

Pruebe esto...

* Con arándanos e higos frescos en lugar de la fruta tropical y el coco.
* Con yogur natural para crear una combinación en blanco y negro.

Consejo: no permita que la preparación de esta receta le desanime; puede comprar arroz negro glutinoso en Amazon y en otros proveedores en internet, y el remojo no es esencial (simplemente, reduce el tiempo de cocción). Elabore suficiente cantidad y tendrá el desayuno del día siguiente.

Información nutricional

El arroz negro, como seguramente habrá imaginado, contiene altos niveles de antioxidantes beneficiosos para la salud llamados antocianinas. Combaten los radicales libres y protegen la salud de las células.

POR QUÉ NOS GUSTAN

El punto fuerte de las gachas es que podríamos definirlas como un gran abrazo en un cuenco: nutritivas, saciantes y tan reconfortantes como un cuento de hadas en una noche oscura. Esta versión cumple todos esos requisitos, y además aporta una caricia otoñal. Como cabría esperar por lo intenso de su color, las moras y las ciruelas negras son dos de las frutas con más poder antioxidante. Prepare esta receta con avena o con nuestras gachas energéticas si desea algo más intenso.

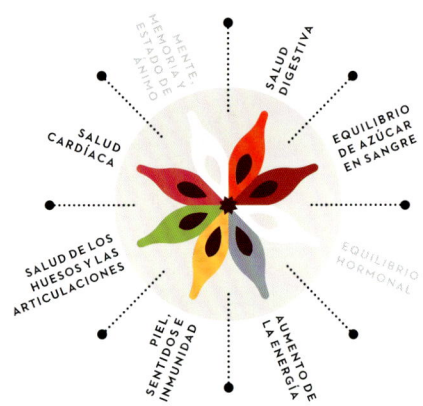

Gachas especiadas

CON MORAS, CIRUELAS, HIGOS Y AVELLANAS

2 RACIONES

50 g de gachas energéticas (*véase pág. 28*) o copos de avena

250 ml de leche de almendras comercial o casera sin azúcar (*véase pág. 296*), o la leche que prefiera

una pizca de sal marina en escamas

½ cucharadita de extracto de vainilla

1 cucharada de edulcorante casero (*véase pág. 31*) o 2 cucharaditas de sirope de dátiles y un poco más para servir (opcional)

¼ de cucharadita de canela molida

¼ de cucharadita de jengibre molido

nuez moscada rallada

40 g de higos secos picados

40 g de moras frescas o congeladas, y algunas más para servir

PARA SERVIR

2 higos frescos en cuartos

2 ciruelas negras deshuesadas y picadas

20 g de avellanas troceadas

Ponga todos los ingredientes de las gachas, excepto los higos secos y las moras, en un cazo. Deje cocer a fuego lento durante 3 minutos, removiendo con frecuencia, hasta que la mezcla empiece a espesar.

Añada los higos secos y las moras y deje cocer 2-3 minutos más. Abra las bayas para que liberen los jugos y continúe la cocción hasta que las gachas espesen a su gusto.

Sirva con los higos frescos, las ciruelas y las avellanas, más moras y un chorrito de edulcorante casero o sirope de dátiles al gusto.

Consejo: las bayas congeladas son casi tan buenas como las frescas y mucho más baratas. En la mayoría de supermercados tienen bolsitas de «frutos del bosque» congelados.

Información nutricional
Las antocianinas moradas son las que dotan a las moras de su puesto de honor en nuestro libro. Las bayas oscuras son especialmente ricas en antioxidantes cardiosaludables.

GACHAS DE TARTA DE ZANAHORIA

GACHAS CON CEREZAS Y CHOCOLATE

GACHAS CON CALABAZA Y ESPECIAS

GACHAS SALADAS CON ALMENDRAS

SUPERGACHAS VERDES

POR QUÉ NOS GUSTAN

¿A quién no le encanta el sabor reconfortante de la tarta de zanahoria? Esta maravillosa versión de desayuno basada en un clásico es muy sana y no lleva azúcar añadido. El dulzor procede del plátano, la zanahoria y las pasas sultanas. Las especias aumentan la proporción de antioxidantes.

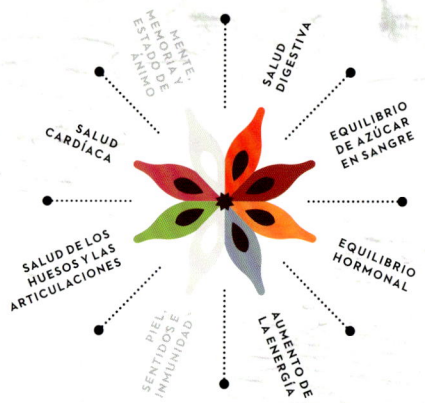

Gachas de tarta de zanahoria

2 RACIONES

50 g de gachas energéticas (véase pág. 28) o de copos de avena

250 ml de leche entera (o la leche que prefiera)

1 cucharadita de semillas de lino

1 zanahoria pequeña, de aproximadamente 50 g, pelada y rallada

½ cucharadita de canela en polvo

½ cucharadita de nuez moscada en polvo

½ cucharadita de pimienta de Jamaica

½ cucharadita de jengibre fresco pelado y rallado o jengibre en polvo

2 vainas de cardamomo

1 cucharadita de extracto de vainilla

½ plátano maduro triturado

20 g de pasas sultanas

20 g de bayas de goji (opcional)

una pizca de sal marina en escamas

PARA SERVIR

1 cucharada de mezcla de semillas crudas (véase pág. 25)

un puñado de nueces picadas (opcional)

Ponga todos los ingredientes en un cazo y deje cocer a fuego lento durante 5 minutos, aproximadamente. Remueva con frecuencia, hasta que las gachas espesen a su gusto.

Retire las vainas de cardamomo y sirva con la cucharada de mezcla de semillas crudas y/o nueces por encima.

Esta receta también queda bien si deja la mezcla en remojo toda la noche y prepara un desayuno superrápido de estilo *bircher* por la mañana.

Véase *fotografía pág. 42*.

Información nutricional

Las zanahorias tienen un color naranja tan intenso porque son ricas en betacaroteno, un pigmento que se convierte en vitamina A en el cuerpo y que protege la vista y la función inmune. Su absorción mejora (hasta 6,5 veces) si las zanahorias se consumen cocinadas.

POR QUÉ NOS GUSTAN

El maravilloso color naranja de la calabaza es una señal inequívoca de su contenido en carotenoides. Si la añade a sus gachas, su desayuno será todavía más rico en propiedades saludables. Piense en esta receta como un plato especial de otoño, deliciosamente reconfortante para los días fríos. Y los hidratos de carbono le mantendrán saciado durante horas.

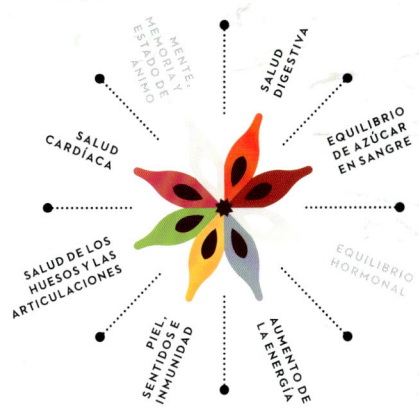

Gachas con calabaza y especias

2 RACIONES

50 g de gachas energéticas (véase pág. 28) o copos de avena

200 ml de leche semidesnatada (o la leche que prefiera)

100 g de puré de calabaza en conserva

1 cucharadita de miel clara, y un poco más para servir (opcional)

1 cucharadita de ralladura muy fina de naranja

½ cucharadita de canela en polvo

¼ de cucharadita de nuez moscada rallada

una pizca de sal marina en escamas

PARA SERVIR

1 cucharada de nueces o pacanas picadas

1 cucharada de semillas de calabaza

1 cucharadita de ralladura muy fina de naranja

Mezcle todos los ingredientes en un cazo. Deje cocer a fuego lento durante 5 minutos, removiendo con frecuencia, hasta obtener el espesor deseado.

Sirva con los frutos secos, las semillas y la ralladura de naranja por encima, y añada un chorrito de miel si lo desea.

Véase *fotografía pág. 43*.

Consejo: la calabaza en conserva da tan buenos resultados como la fresca y nos ahorra la molestia de prepararla. Utilice la que sobre para espesar una sopa de tubérculos o consérvela en la nevera (hasta 1 semana).

Información nutricional
La calabaza es increíblemente rica en vitamina A, necesaria para la salud de la piel y la vista.

DESAYUNO Y *BRUNCH*

POR QUÉ NOS GUSTAN

Las almendras y las cerezas forman una pareja perfecta, y ambas son ingredientes indispensables de nuestra cocina. Las almendras vuelven a estar de moda, y estas gachas suaves pero potentes las emplean en cuatro formas distintas (leche, mantequilla, extracto y láminas) que cubren todas las posibilidades. La mantequilla de almendras es muy calórica y conviene utilizarla con moderación. Las cerezas, por su parte, son ricas en antioxidantes. Consérvelas en el congelador y las tendrá a mano siempre que las necesite.

Gachas saladas con almendras
CON MERMELADA CALIENTE DE CEREZAS Y CHÍA

2 RACIONES

50 g de gachas energéticas (*véase* pág. 28) o copos de avena

250 ml de leche de almendras comercial o casera sin azúcar (*véase* pág. 296), o la leche que prefiera

1 cucharada de mantequilla de almendras

1 cucharadita de extracto de vainilla

1 cucharadita de extracto de almendras

una pizca de sal marina en escamas

1 cucharada de almendras en láminas para servir

PARA LA MERMELADA CALIENTE

50 g de cerezas congeladas (descongeladas)

1 cucharadita de semillas de chía

Empiece preparando la mermelada. Ponga las cerezas y las semillas de chía en un cuenco apto para el microondas y tritúrelas. Introdúzcalas en el microondas a potencia máxima durante 2 minutos en el microondas para obtener una mermelada cruda caliente. Deje que se asiente mientras prepara las gachas.

Ponga todos los ingredientes para las gachas en un cazo y deje cocer a fuego lento durante 5 minutos, removiendo con frecuencia, hasta obtener el espesor deseado.

Sirva las gachas con un poco de mermelada y las almendras laminadas por encima.

Véase *fotografía* pág. 43.

Información nutricional
Las almendras son ricas en nutrientes y vitamina E. Contribuyen a controlar los niveles de azúcar en sangre, mejoran la presión sanguínea y reducen los niveles de colesterol. Un currículum impresionante para un fruto tan pequeño.

POR QUÉ NOS GUSTAN

Definitivamente, esta receta es un comodín, pero merece una oportunidad: está repleta de bondades y resulta inesperadamente deliciosa. El plátano maduro debería aportar suficiente dulzor, pero si el sabor del té verde le resulta un poco fuerte, puede moderarlo con una cucharadita extra de miel.

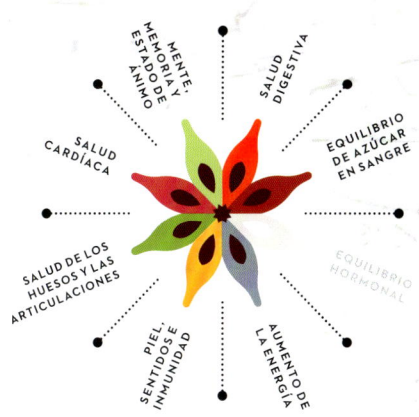

Supergachas verdes

2 RACIONES

50 g de gachas energéticas (véase pág. 28) o copos de avena

2 cucharaditas de miel clara y 1 más para servir (opcional)

1 calabacín pequeño, de unos 40 g, rallado

una pizca de sal marina en escamas

250 ml de agua

1 cucharadita de *matcha* puro en polvo

1 plátano pequeño maduro, triturado

un puñado de arándanos para servir

Ponga todos los ingredientes, excepto el *matcha* y el plátano, en un cazo. Deje cocer a fuego lento durante 5 minutos, aproximadamente. Remueva con frecuencia hasta que la mezcla empiece a espesar.

Disuelva el *matcha* en polvo en un poco de agua hirviendo y remueva bien. Incorpórelo a las gachas con el plátano triturado y deje que la mezcla se caliente.

Sirva las gachas con los arándanos por encima y un chorrito de miel al gusto.

Véase *fotografía pág. 43*.

Consejo: merece la pena buscar el *matcha* japonés «ceremonial», que es la forma más pura y más intensa. Cuesta un poco acostumbrarse al sabor, ¡insista!

Información nutricional
El *matcha* está repleto de potentes antioxidantes que pueden ayudar a reducir el riesgo de infarto y de diabetes de tipo 2. Para nosotras es la bebida más sana del planeta. Se cree que el té verde mejora la memoria y reduce la ansiedad.

POR QUÉ NOS GUSTAN

Si tiene problemas para conseguir que sus hijos tomen gachas, pruebe con esta versión de chocolate inesperadamente sana. Ni siquiera tiene que explicarles que es muy rica en fibra, beneficiosa para el intestino, y en resveratrol. Por supuesto, usted también puede tomarla por sus beneficios.

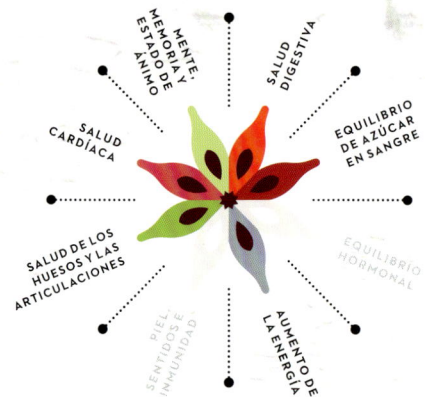

Gachas con cerezas y chocolate

2 RACIONES

50 g de gachas energéticas (véase pág. 28) o copos de avena

250 ml de leche de avena (o la leche que prefiera)

1 cucharadita de cacao en polvo sin azúcar

1 cucharada de edulcorante casero (véase pág. 31) o sirope de dátiles

50 g de chocolate negro en trozos pequeños

50 g de cerezas frescas o congeladas sin hueso

nibs de cacao crudo para servir (opcional)

Ponga la avena, la leche, el cacao en polvo y el edulcorante casero o el sirope de dátiles en un cazo y deje cocer a fuego lento durante 5 minutos. Remueva con frecuencia hasta obtener el espesor deseado.

Incorpore el chocolate y las cerezas, y deje cocer 3 minutos más, o hasta que las cerezas y el chocolate se ablanden.

Sirva las gachas con los nibs de cacao por encima.

Véase *fotografía pág. 42.*

Información nutricional
El resveratrol, presente en el chocolate negro, es un potente antioxidante. Se cree que posee efectos cardioprotectores. Las investigaciones continúan, pero no necesitamos excusas para consumirlo.

POR QUÉ NOS GUSTA

Los colores intensos indican el poder antioxidante de cualquier fruta o verdura. Basta mirar este combinado con yogur para saber que está repleto de propiedades saludables. La melaza de granada está a medio camino entre dulce y ácida, lo cual resulta muy adecuado en esta receta (por supuesto, puede utilizar sirope de dátiles, miel o sirope de arce si no dispone de melaza).

Yogur con higos y melaza de granada

2 RACIONES

100 g de yogur natural

4 higos frescos maduros cortados en cuartos

semillas de 1 granada (*véase consejo, pág. 98*; se explica un método rápido para separar las semillas de una granada)

1 cucharada de melaza de granada

Reparta el yogur en 2 cuencos y disponga encima los higos y las semillas de granada.

Rocíe con la melaza de granada y sirva con una cuchara dentro del cuenco.

Véase *fotografía pág. 50*.

Información nutricional
Se ha demostrado que las punicalaginas de la granada reducen la inflamación, una de las principales causas de numerosas enfermedades relacionadas con el envejecimiento.

DESAYUNO Y *BRUNCH*

YOGUR CON HIGOS Y MELAZA DE GRANADA

YOGUR CON *STRUDEL* DE MANZANA

YOGUR DE SAN CLEMENTE

YOGUR CON SALSA DE BAYAS CALIENTE

YOGUR TROPICAL

POR QUÉ NOS GUSTA

Con esta receta disfrutamos del delicioso sabor de un buen *strudel*: manzanas tiernas, sultanas carnosas y abundante canela. Nosotras añadimos frutos secos y dátiles, lo que incrementa el contenido en nutrientes y la energía para aguantar hasta la hora de comer.

Yogur con *strudel* de manzana

2 RACIONES

100 g de yogur natural

4 cucharadas de salsa de manzana (véase pág. 244) o 1 manzana pequeña rallada

1 cucharada de edulcorante casero (véase pág. 31) o sirope de dátiles

1 cucharadita de canela en polvo y un poco más para servir

2 cucharadas de nueces picadas

1 cucharada de almendras laminadas

1 cucharada de pasas sultanas

1 cucharada de dátiles Medjool deshuesados y picados

Ponga el yogur en un cuenco y mézclelo con la salsa de manzana o la manzana rallada, el edulcorante casero o el sirope de dátiles y canela.

Reparta la preparación en 2 cuencos, decore con los frutos secos y la fruta seca, y espolvoree con un poco de canela para servir.

Véase *fotografía pág. 50*.

Información nutricional
Todos queremos reducir el consumo de azúcares refinados y añadidos, y las compotas de fruta como la salsa de manzana nos ofrecen un gran método para aportar dulzor de un modo saludable. Las manzanas son ricas en fibra y vitamina C, pero también contienen potasio cardiosaludable y antioxidantes beneficiosos.

POR QUÉ NOS GUSTA

Esta es una receta estimulante, fresca y fabulosa para empezar el día, muy rica en vitamina C y en calcio del yogur y las nueces. Puede utilizar pomelo rosa en conserva en lugar de naranja (o además) para disfrutar de un desayuno todavía más intenso.

Yogur de san Clemente

2 RACIONES

1 naranja grande

100 g de yogur natural

1 cucharadita de ralladura muy fina de limón

1 cucharada de pistachos ligeramente machacados

unas hebras de azafrán (opcional)

1 cucharadita de miel clara

Ralle la naranja y reserve. Con un cuchillo afilado, pele la naranja (retire también la membrana interior blanca), córtela en gajos y retire las pieles entre los gajos.

Reparta el yogur en 2 cuencos y corone con los trozos de naranja, las ralladuras de naranja y limón, los pistachos y el azafrán.

Rocíe con la miel y disfrute.

Véase *fotografía pág. 51*.

Consejo: los cítricos se pueden congelar enteros para tener ralladura siempre a mano.

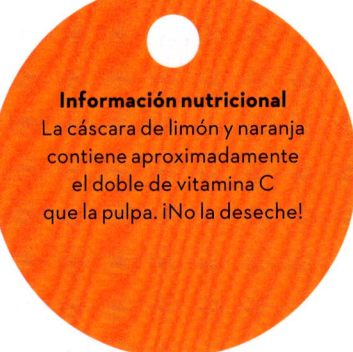

Información nutricional
La cáscara de limón y naranja contiene aproximadamente el doble de vitamina C que la pulpa. ¡No la deseche!

POR QUÉ NOS GUSTA

Hay algo completamente irresistible en la combinación de fruta tropical, coco y lima; es como unas vacaciones exóticas en un cuenco. Aquí, simplemente añadimos estas glamurosas frutas a nuestro yogur espeso y cremoso. Cierre los ojos y casi podrá sentir el sol en su rostro.

Yogur tropical

2 RACIONES

100 g de yogur natural

1 mango pelado, deshuesado y troceado

1 papaya pelada, sin semillas y troceada

1 cucharada de coco fresco o deshidratado picado

1 cucharadita de ralladura muy fina o cáscara de lima en juliana fina

2 cucharaditas de miel clara

Disponga todos los ingredientes, excepto la miel, en 2 vasos. Corone con una capa de fruta, coco y ralladura de lima.

Rocíe con la miel y disfrute.

Véase *fotografía pág. 51*.

Información nutricional
Las papayas contienen una enzima llamada papaína que favorece la digestión. Además, son bajas en calorías en comparación con la mayoría de frutas tropicales (solo 39 por cada 100 gramos).

POR QUÉ NOS GUSTA

Esta es una forma excepcional de tomar yogur, con una maravillosa salsa de bayas caliente repleta de propiedades saludables. La melaza de granada, el sirope de dátiles y el anís estrellado oscuro aportan a la salsa un estupendo sabor con un toque especiado. Aunque se trata de una receta sencilla, es perfecta como postre en una cena con amigos debido a la complejidad de los sabores y a su precioso color.

Yogur con salsa de bayas caliente

2 RACIONES

100 g de yogur natural

PARA LA SALSA

un puñado de moras, otro de arándanos y otro de cerezas deshuesadas (frescos o congelados)

1 cucharada de melaza de granada

1 cucharada de sirope de dátiles

1 cucharadita de agua

1 anís estrellado

Ponga todos los ingredientes de la salsa en un cazo pequeño y caliente hasta que las bayas se abran y liberen sus jugos.

Reparta el yogur en 2 cuencos, añada la salsa, mezcle y sirva un poco más de salsa por encima.

Tome el resto de la salsa con una cuchara directamente del cazo.

Véase *fotografía pág. 51*.

Información nutricional

Un estudio realizado con más de 16 000 mujeres demostró que las que consumían una ración de arándanos azules por semana mostraban menos pérdida de agudeza mental. Puesto que además son deliciosos, ¡no se nos ocurre ningún motivo para no tomar arándanos!

DESAYUNO Y *BRUNCH*

POR QUÉ NOS GUSTA

La avena preparada la noche anterior es perfecta para un desayuno si no tiene mucho tiempo, y es un gran ingrediente en nuestra cocina. Aquí, la combinación clásica de cerezas y chocolate da lugar a un desayuno exquisito (y antioxidante) preparado en un momento.

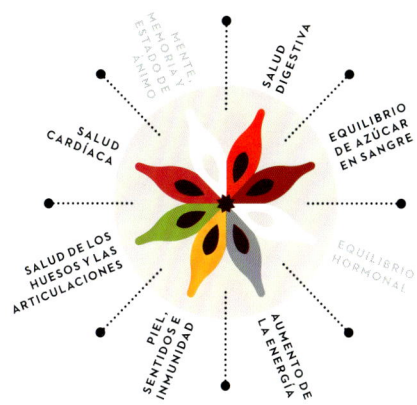

Avena Selva Negra preparada la noche anterior

2 RACIONES

100 g de gachas energéticas (véase pág. 28) o copos de avena

2 cucharaditas de semillas de chía

2 cucharaditas de cacao en polvo sin azúcar

½ cucharadita de canela en polvo

½ cucharadita de sal marina en escamas

300 ml de leche de almendras casera o comercial, sin azúcar (véase pág. 296) o la leche que prefiera, y un poco más para servir (opcional)

½ cucharadita de extracto de vainilla

2 cucharaditas de sirope de dátiles

100 g de picotas congeladas deshuesadas

un puñado grande de pistachos picados para servir

Mezcle todos los ingredientes secos en un tarro hermético de vidrio o en un recipiente de plástico. Añada la leche, el extracto de vainilla y el sirope de dátiles, remueva y corone con las cerezas. Tape el recipiente y deje reposar en la nevera durante 8 horas o toda la noche.

Por la mañana, vierta un poco más de leche si lo considera necesario hasta que adquiera la consistencia deseada. Incorpore los pistachos y sirva.

Puede preparar estas gachas con 3 días de antelación y conservarlas en la nevera.

Consejo: muchos supermercados venden cerezas congeladas, bastante más baratas que las frescas. En muchos casos ya están deshuesadas, de modo que resultan muy cómodas.

Información nutricional
Las cerezas son muy ricas en antioxidantes (por ejemplo, antocianinas y catequinas), que ayudan a combatir la inflamación.

DESAYUNO Y *BRUNCH*

POR QUÉ NOS GUSTA

El *bircher* se conserva durante toda la noche en la nevera; sus sabores y sus texturas se mezclan y se desarrollan en un desayuno sensacional y rápido a la mañana siguiente. Los *birchers* tradicionales incluyen yogur, que aportan algo más de cuerpo, pero nuestra versión tropical emplea agua de coco para que resulte realmente ligera.

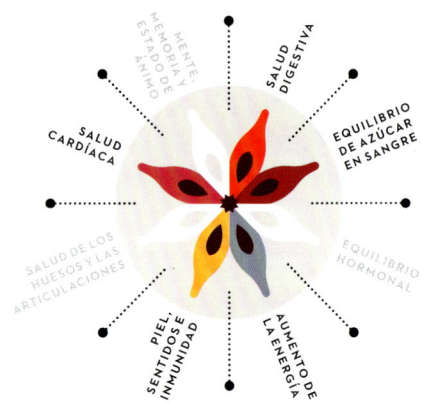

Bircher nutritivo

2-3 RACIONES

100 g de gachas energéticas (véase pág. 28) o copos de avena

250 ml de agua de coco

2 cucharadas de coco deshidratado

1 cucharadita de ralladura muy fina de limón

1 manzana pequeña rallada

5 dátiles deshuesados picados

1 cucharada de almendras laminadas

1 anís estrellado

1 cucharadita de jengibre fresco pelado y rallado muy fino

PARA SERVIR

fruta de la pasión u otra fruta tropical picada (mango, piña, melón o papaya)

Ponga todos los ingredientes, excepto la fruta tropical, en un recipiente hermético de plástico y mezcle bien. Selle y deje en remojo toda la noche en la nevera.

Por la mañana, sirva con la fruta tropical que prefiera por encima.

Información nutricional
El agua de coco es estupenda para hidratarnos (de hecho, se la conoce como la «bebida isotónica de la naturaleza»). Aporta nutrientes vitales, entre ellos potasio, que contribuye a mantener el equilibrio saludable de fluidos en el cuerpo.

POR QUÉ NOS GUSTA

¿A quién no le gusta una tostada con aguacate? Es nuestro desayuno alternativo (y nuestra comida… y cena). El truco consiste en que los acompañamientos sean sencillos pero muy sabrosos, un telón de fondo para el suave aguacate que se oculta debajo. Esta versión es exquisita, con el toque especiado y crujiente de los frutos secos y el sabor intenso del queso de cabra o el feta desmenuzado.

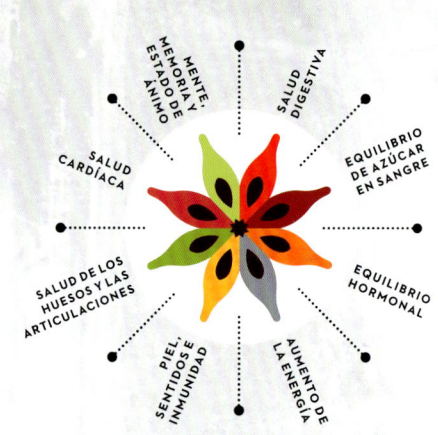

Tostada con aguacate, frutos secos y queso

2 RACIONES

aceite de oliva ligero en espray

1 cucharadita de mezcla de especias (*véase* pág. 24)

½ cucharadita de chile en copos

50 g de almendras crudas ligeramente machacadas

sal marina en escamas y pimienta negra recién molida

4 rebanadas de pan con semillas (*véase* pág. 209) tostado o pan de centeno o multicereales

1 aguacate maduro pelado, deshuesado y ligeramente triturado

100 g de queso de cabra o feta desmenuzado

Caliente una sartén antiadherente pequeña y rocíela con un poco de aceite de oliva. Añada la mezcla de especias, los copos de chile, las almendras, sal y pimienta, y saltee durante unos minutos hasta que los frutos secos empiecen a tomar color (con cuidado de que no se quemen).

Corone cada tostada con el aguacate triturado, la preparación anterior y el queso.

Este plato queda muy bien con nuestro *zehug* (salsa de cilantro, chile y tomate; *véase* pág. 238).

Véase *fotografía pág. 62*.

Información nutricional
El aguacate contiene ácidos grasos cardiosaludables, mucha fibra y más de 20 nutrientes esenciales. Además, estos pequeños frutos son capaces de estimular la capacidad de absorción de los nutrientes liposolubles de otras frutas y verduras.

POR QUÉ NOS GUSTA

Esta tostada con queso fundido aporta muchas menos grasas saturadas que otras versiones. Elija un pan de semillas de calidad (pruebe nuestra versión de la página 209) para disfrutar de un gran sabor sin sentimiento de culpa. Como ocurre con cualquier tostada con aguacate, la base de esta receta es un aguacate perfectamente maduro, imprescindible para disfrutar de un bocado maravilloso.

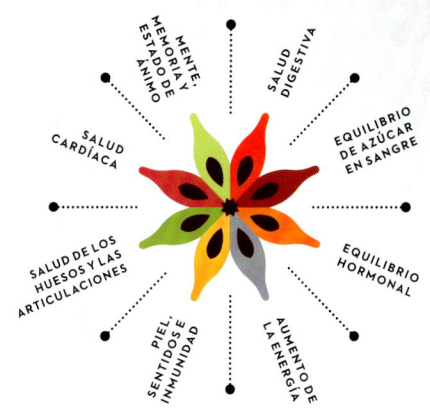

Tostada con aguacate y queso fundido

2 RACIONES

100 g de queso cheddar curado rallado

2 cucharaditas de mostaza de Dijon

1 cucharadita de leche

un buen chorro de salsa Worcestershire

4 rebanadas de pan con semillas (*véase pág. 209*), o de centeno o multicereales, tostadas

1 tomate cortado en rodajas finas (opcional)

1 aguacate maduro pelado, deshuesado y ligeramente triturado

nuez moscada rallada

Mezcle el cheddar, la mostaza, la leche y la salsa Worcestershire para obtener una pasta espesa.

Corone cada tostada con un par de rodajas de tomate, si lo utiliza, seguidas de un cuarto del aguacate triturado.

Reparta la mezcla de queso sobre el aguacate y ralle encima un poco de nuez moscada.

Pase las tostadas por el grill caliente durante 3 minutos, aproximadamente, o hasta que el queso empiece a burbujear y a dorarse, y sirva.

Véase *fotografía pág. 62*.

Consejo: conserve los aguacates a temperatura ambiente, no en la nevera. Si quiere que maduren rápidamente, introdúzcalos en una bolsa de papel marrón con un plátano: ambos desprenden gas etileno, que acelera el proceso de maduración.

Información nutricional
Los aguacates contienen vitaminas B, C y K, además de abundante potasio, que ayuda a conseguir una presión sanguínea saludable. Los estudios demuestran que el consumo de aguacate mejora los niveles de colesterol de manera significativa.

DESAYUNO Y *BRUNCH*

TOSTADA CON AGUACATE Y QUESO FUNDIDO

TOSTADA CON AGUACATE, FRUTOS SECOS Y QUESO

TOSTADA CON AGUACATE
BARRIO SÉSAMO

JUDÍAS EN TOSTADA
(CON AGUACATE)

POR QUÉ NOS GUSTA

Con esta receta llevamos la tostada de aguacate a un viaje por Japón, y creemos que la combinación es todo un acierto. El sésamo y el aguacate conforman una pareja excelente; los brotes de soja y las cebolletas en rodajas muy finas aportan un acertado toque crujiente. Si le gusta el tofu, puede incluir un poco para obtener un aporte extra de proteínas. Y con nuestro aderezo de sésamo conseguirá un desayuno fabuloso y rico en umami para empezar el día.

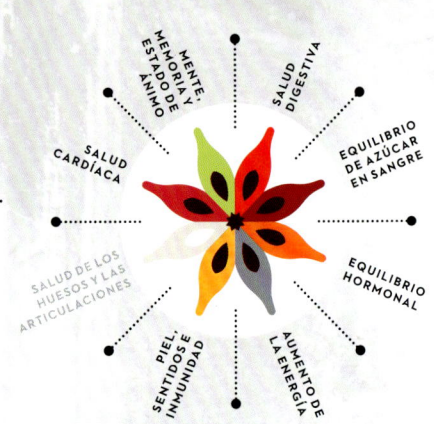

Tostada con aguacate Barrio Sésamo

2 RACIONES

¼ de cucharadita de pasta de wasabi

1 cucharada de *tahini*

1 cucharadita de aceite de sésamo o aceite de oliva virgen extra

4 rebanadas de pan con semillas (*véase pág. 209*), o de centeno o multicereales, tostadas

1 aguacate maduro pelado, deshuesado y ligeramente triturado

el zumo de 1 lima

100 g de tofu en dados (opcional)

2 cebolletas cortadas en rodajas finas

un puñado de brotes de soja

4 cucharaditas de aderezo de sésamo (*véase pág. 32*) o semillas de sésamo

jengibre encurtido para servir (opcional)

Forme una pasta con el wasabi, el *tahini* y el aceite, y úntela en las rebanadas de pan.

Reparta por encima el aguacate triturado, rocíe con el zumo de lima y añada el tofu (si lo utiliza), la cebolleta y los brotes de soja.

Espolvoree cada tostada con el aderezo o las semillas de sésamo y sirva con jengibre encurtido.

Véase *fotografía pág. 63*.

Información nutricional
El *tahini* se elabora con semillas de sésamo y es una fuente de vitaminas del grupo B, que estimulan la función cerebral.

POR QUÉ NOS GUSTAN

Hemos descubierto que la clave de las tostadas con aguacate es la sencillez: tiene que ser un bocado sabroso y rápido para esas ocasiones en las que disponemos de poco tiempo. Esta versión de inspiración mexicana cuenta con la magia añadida de los tomates frescos y las judías pintas. El sombrero es opcional.

Judías en tostada (con aguacate)

2 RACIONES

200 g de judías pintas en conserva enjuagadas y escurridas

2 tomates maduros cortados en dados

10 rodajas de jalapeño en conserva cortadas en dados

4 rebanadas de pan con semillas (véase pág. 209), o de centeno o multicereales, tostadas

1 aguacate maduro pelado, deshuesado y ligeramente triturado

2 cucharadas de yogur natural

sal marina en escamas y pimienta negra recién molida

Ponga las judías pintas en un cuenco y tritúrelas ligeramente con un tenedor. Añada los tomates y los dados de jalapeño y mezcle bien.

Cubra cada tostada con el aguacate triturado, la preparación anterior y 1 cucharada de yogur. Salpimiente y sirva.

Véase *fotografía pág. 63*.

Información nutricional
Las alubias rojas, como estas bonitas pintas, son ricas en proteínas, fibra beneficiosa para el intestino, antocianinas antioxidantes y carbohidratos de liberación lenta. Por todo ello resultan especialmente eficaces en la regulación de los niveles de azúcar en sangre.

DESAYUNO Y *BRUNCH*

POR QUÉ NOS GUSTAN

Las semillas de chía, diminutas, insípidas y tan de moda, son también excepcionalmente sanas. Aportan proteínas, fibra, minerales que protegen los huesos y los importantes ácidos grasos omega 3. Son capaces de absorber (casi de manera milagrosa) hasta diez veces su peso en líquido y producen una textura gelatinosa que combina a la perfección con fruta fresca o compota. El resultado es un desayuno rápido y saciante.

Vasitos de chía

PARA 4 VASITOS

2 plátanos pequeños maduros

300 ml de leche de almendras casera sin azúcar (*véase* pág. 296) o leche de coco

50 g de semillas de chía

1 cucharadita de extracto de vainilla

Ponga los plátanos en un cuenco y tritúrelos con un tenedor. Añada la leche y remueva. Incorpore las semillas de chía y la vainilla, y mezcle bien.

Reparta la preparación en 4 cuencos, vasos o moldes pequeños hasta la mitad.

Refrigere en la nevera hasta que estén completamente fríos, a ser posible toda la noche (puede conservarlos hasta 3 días).

Pruebe esto...
Corone los vasitos de chía con:

* Fresas, fruta de la pasión o kiwi picados y ralladura de naranja (en la imagen).
* Mango, fresas y kiwi picados, y hojas de menta.
* Salsa de manzana (*véase* pág. 244).
* Arándanos frescos y granola sin azúcar (*véase* pág. 29).
* Frambuesas y hojas de menta.
* Rodajas de plátano y pacanas picadas.
* Coco deshidratado, piña y dátiles picados.

Información nutricional
Las semillas de chía eran apreciadas por los aztecas y los mayas como fuente de energía sostenible (de hecho, *chía* significa «fuerza» en maya antiguo). La ciencia está de acuerdo: un estudio reciente demostró que las semillas de chía ejercen un efecto estabilizador en los niveles de azúcar en sangre de las personas con diabetes de tipo 2.

POR QUÉ NOS GUSTAN

Probamos estos maravillosos burritos después de una clase en el conocido The Yoga Barn de Bali, y supimos de inmediato que tendría un papel protagonista en nuestro libro por su maravilloso sabor y su impresionante lista de bondades nutritivas. Definitivamente, se trata de una opción para el *brunch* porque se requiere algo más de tiempo para prepararlos que el desayuno habitual, pero el esfuerzo merece la pena. No se desanime con la parte de las claras de huevo; una tortilla de claras de huevo combina mejor con el encurtido y las especias. Conviene preparar esta receta con nuestras chapatis fáciles (realmente lo son).

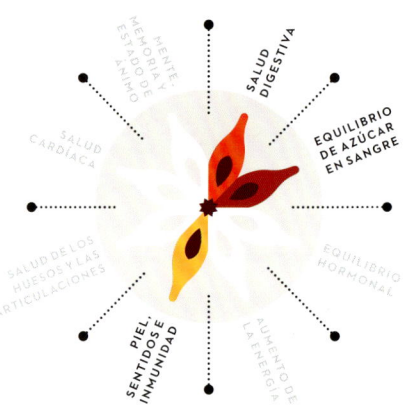

Burritos de The Yoga Barn
CON JENGIBRE ENCURTIDO

2 RACIONES

4 claras de huevo

1 cucharadita de mezcla de especias (véase pág. 24)

una pizca de sal marina en escamas

agua

aceite de oliva ligero en espray

PARA EL JENGIBRE ENCURTIDO

1 zanahoria pequeña pelada y rallada

una pieza del tamaño de un pulgar de jengibre fresco pelado y rallado fino

2 cucharaditas de edulcorante casero (véase pág. 31) o 1 cucharadita de miel clara

½ cucharadita de comino molido

un chorrito de zumo de limón

100 ml de agua

sal marina en escamas y pimienta negra recién molida

PARA SERVIR

2 chapatis fáciles (véase pág. 206) o tortillas comerciales con semillas

2 cucharadas de yogur natural

Ponga los ingredientes del encurtido en un cazo pequeño y deje cocer durante 5 minutos a fuego lento, hasta que adquieran la consistencia de un *chutney*. Deje enfriar durante al menos 5 minutos.

Bata las claras de huevo, la mezcla de especias, la sal y un chorrito de agua en un cuenco hasta obtener una consistencia homogénea.

Caliente una sartén antiadherente mediana y rocíela con un poco de aceite de oliva (lo justo para cubrir la base). Vierta la mitad de la preparación de claras y mueva la sartén para cubrir la base. Deje cocer un par de minutos, hasta que la tortilla esté ligeramente dorada; dele la vuelta y cuézala por el otro lado. Retire de la sartén y reserve. Repita con el resto de la mezcla para preparar una segunda tortilla.

Ponga las tortillas sobre las chapatis o los burritos y enróllelas. Corte cada burrito por la mitad y sirva con jengibre encurtido y yogur.

Información nutricional
En nuestro libro utilizamos mucho jengibre. Entre sus múltiples beneficios para la salud, destaca por facilitar la digestión (lo que explica por qué el jengibre es un remedio natural para el mareo).

POR QUÉ NOS GUSTAN

Siempre nos gustan las nuevas formas de tomar huevos, ya que se trata del mejor alimento posible para empezar el día. En esta receta adoptan la forma de *minimuffins* esponjosos. Dado que la base consiste en huevos batidos, puede añadir lo que más le apetezca (a usted o a sus hijos), aunque sugerimos algunas combinaciones sabrosas, sanas y nutritivas. Elija la que más le guste y agréguela al molde.

Muffins de huevo
CON SALSA DE AGUACATE

PARA 10-12 *MUFFINS*

aceite de oliva ligero en espray

6 huevos

sal marina en escamas y pimienta negra recién molida

PARA LAS COMBINACIONES

feta desmenuzado, aceitunas y chile fresco muy picado o chile en copos

parmesano rallado, cebolleta muy picada y tomate en dados

pescado ahumado (trucha, caballa o salmón) cortado en trozos pequeños, eneldo picado y yogur natural

PARA LA SALSA

1 aguacate maduro grande

1 cebolleta muy picada

un puñado de perejil

2 cucharaditas de zumo de limón

½ cucharadita de miel clara

Precaliente el horno a 190 ºC. Rocíe 10-12 huecos de un molde para *muffins* con aceite de oliva. Reparta el aceite con un pincel para que queden bien cubiertos e introduzca el molde en el horno.

Bata los huevos en un cuenco con un chorrito de agua, sal y pimienta.

Saque el molde del horno y vierta la mezcla de huevo en cada hueco hasta la mitad. A continuación disponga los ingredientes elegidos. Hornee durante 20 minutos, o hasta que los *muffins* estén bien cocidos y dorados.

Mientras, pele, deshuese y corte el aguacate en dados. Incorpórelos bien en un cuenco con la cebolleta y el perejil. Añada el zumo de limón y un poco de miel para compensar la acidez. Salpimiente al gusto.

Retire los *muffins* del horno y deje enfriar durante 1 o 2 minutos. Saque los *muffins* de los moldes (es posible que se peguen un poco; utilice una espátula para soltar los lados). Sirva con la salsa de aguacate.

Información nutricional
Los huevos contienen un poco de casi todos los nutrientes que necesitamos: vitaminas, minerales, proteínas, grasas saludables... Y por solo 75 calorías, lo que los convierte en el alimento perfecto para nosotros.

POR QUÉ NOS GUSTA

Esta es una de esas recetas que representa mucho más que la suma de sus partes. A primera vista se trata de un reconfortante plato tradicional de huevos, tomates y pimentón, pero con algunos toques propios como la adición del pimiento y la cebolla roja se dispara el contenido en antioxidantes. El plato se convierte en un delicioso y nutritivo festín para el *brunch*.

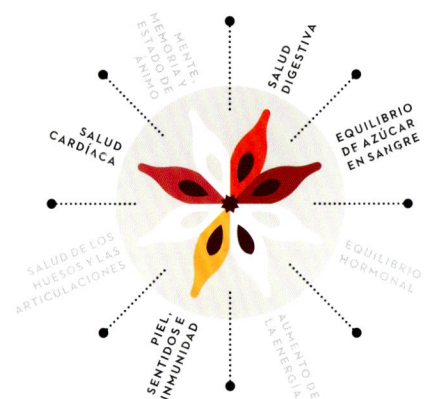

Shakshouka

2 RACIONES

aceite de oliva ligero en espray

1 cebolla roja pequeña picada

1 diente de ajo aplastado

2 pimientos pequeños (1 rojo y 1 amarillo) sin semillas y picados

400 g de tomates en conserva troceados

½ cucharadita de chile en copos (o más cantidad, al gusto)

½ cucharadita de comino en polvo

½ cucharadita de pimentón

½ cucharadita de azúcar moreno

un chorrito de zumo de limón

4 huevos

sal marina en escamas y pimienta negra recién molida

2 cucharadas de yogur natural para servir

un puñado de perejil picado, para servir

Caliente una sartén mediana a fuego medio y rocíela con un poco de aceite de oliva. Añada la cebolla y saltee durante unos minutos, hasta que empiece a ponerse tierna. Incorpore el ajo y continúe salteando 1 minuto. Agregue los pimientos y prosiga la cocción 5 minutos más, hasta que estén tiernos.

Incorpore los tomates, el chile en copos, las especias, el azúcar y el zumo de limón, y deje cocer a fuego lento durante 5-7 minutos, hasta que la mezcla empiece a espesar.

Forme 4 huecos en la preparación de tomate y ponga un huevo en cada uno. Salpimiente y tape la sartén. Deje cocer durante 10 minutos, o hasta que las claras estén firmes y las yemas todavía líquidas.

Sirva con el yogur y espolvoree con perejil.

Información nutricional

Los estudios demuestran que el licopeno, un potente antioxidante presente en los tomates, se potencia con la cocción. Así, con la cocción lenta de esta salsa estará maximizando sus beneficios nutricionales.

POR QUÉ NOS GUSTAN

Todos estamos de acuerdo en que los *muffins* son maravillosos, y estos *muffins* tiernos de salvado son todavía mejores porque combinan lo bueno de la fibra con muy poco azúcar refinado (el dulzor procede del sirope de dátiles, el plátano y la piña). Prepare una tanda generosa de masa y podrá conservarla en la nevera hasta 3 días. Puede añadir diferentes bayas, manzana o pera picada, frutos secos o semillas a la mezcla cada mañana. Hemos descubierto que estos *muffins* están más ricos recién sacados del horno, un domingo por la mañana, con un poco de mantequilla fría.

Muffins de salvado para el desayuno

PARA 12-16

- 100 g de copos de cereales con salvado
- 100 g de harina integral
- 50 g de LSA (véase pág. 27) o de almendras en polvo
- 100 g de pasas sultanas
- 100 g de piña en conserva triturada
- 100 g de yogur natural
- 2 huevos
- 1 cucharadita de canela en polvo
- 1 cucharadita de especias variadas
- 1 cucharadita de jengibre molido
- 1 plátano maduro triturado
- 1 cucharada de aceite de oliva
- 1 cucharada de edulcorante casero (véase pág. 31) o sirope de dátiles
- 1 cucharadita de extracto de vainilla
- 1 cucharadita de levadura en polvo
- una pizca de sal marina en escamas

Precaliente el horno a 170 ºC. Forre 1 o 2 moldes para *muffins* con cápsulas de papel.

Mezcle todos los ingredientes en un cuenco grande y remueva bien (quedarán grumos).

Reparta la preparación en los moldes y hornee durante 20 minutos, hasta que los *muffins* estén firmes. Tome los *muffins* calientes.

Pruebe esto...

* Añada orejones de albaricoque picados, dátiles deshuesados y picados y espolvoree con la mezcla de semillas crudas (véase pág. 25).
* Agregue bayas congeladas y cardamomo molido.
* Incorpore una zanahoria rallada, arándanos rojos secos y espolvoree con avena.

Información nutricional
La fibra puede ayudar a reducir el riesgo de sufrir enfermedades relacionadas con la edad, pero la mayoría de nosotros no consumimos suficiente cantidad. Un *muffin* de salvado es un estupendo modo de tomar la ración recomendada.

POR QUÉ NOS GUSTAN

Cuando prepare estas pequeñas maravillas, se preguntará por qué no las ha descubierto hace años. Las consideramos tortitas sin sentimiento de culpa porque son muy ricas en proteínas y fibra, y además no llevan gluten. Sírvalas con fruta fresca, especias y semillas como un modo ideal de empezar el día; su digestión y sus niveles de energía serán perfectos.

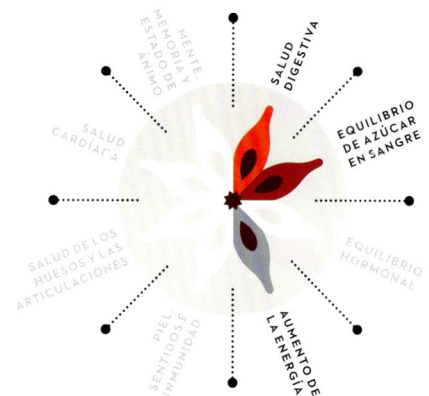

Tortitas de plátano sin harina

PARA 6-8 TORTITAS

2 plátanos maduros grandes

2 huevos grandes

aceite de oliva ligero en espray

EXTRAS OPCIONALES

1 cucharada de mezcla de semillas crudas (*véase pág. 25*) o las semillas que prefiera

1 cucharada de pasas, orejones de albaricoque picados u otra fruta seca

½ cucharadita de canela en polvo

1 cucharada de chips de chocolate negro (¡a los niños les encanta!)

Ponga los plátanos en un cuenco y tritúrelos con un tenedor. Añada los huevos y mezcle bien. Incorpore la combinación de semillas, fruta seca, canela o chocolate que prefiera.

Caliente una sartén antiadherente y rocíe con un poco de aceite de oliva. Agregue cucharadas de preparación a la sartén en una cantidad suficiente para obtener tortitas de unos 8 cm (si son demasiado grandes, le costará darles la vuelta).

Cocínelas durante 3 minutos por cada lado, hasta que estén doradas pero no excesivamente cocidas por dentro.

Pruebe esto...
Sirva las tortitas calientes con las coberturas que prefiera:

* Gajos de naranja, yogur natural y ralladura de naranja (en la imagen).
* Un chorrito de sirope de arce y papaya picada.
* Coco rallado y mango picado.

Información nutricional
Los plátanos son una excelente fuente de potasio, un mineral esencial para la salud del corazón y, en especial, para el control de la presión sanguínea.

POR QUÉ NOS GUSTAN

En realidad son tortitas «elegantes»; ¿por qué, entonces, los llamamos «pastelitos de ángel»? Porque son ligeros y esponjosos, un auténtico capricho. El queso ricotta no aporta tanto sabor como textura, de modo que los pastelitos son deliciosos. Hemos decidido utilizar leche de cáñamo para esta receta solo por probar algo nuevo, pero la leche de vaca semidesnatada funciona igual de bien. Esta es una receta ideal para un domingo sin prisas: café caliente, pastelitos de ángel calientes y fruta fresca: una maravilla.

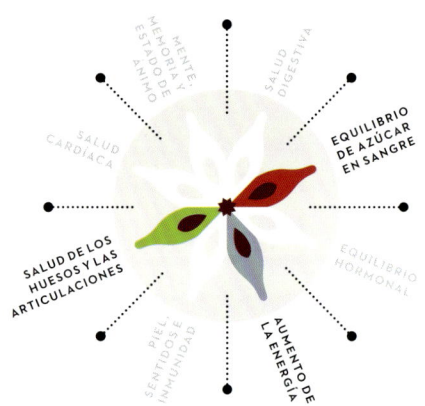

Pastelitos de ángel con ricotta

PARA 12-15 PASTELITOS

4 huevos (claras y yemas separadas)

4 cucharadas de queso ricotta

2 cucharadas de LSA (véase pág. 27) o de almendras en polvo

2 cucharadas de harina

1 plátano maduro triturado

4 cucharadas de leche semidesnatada

1 cucharadita de canela en polvo

1 cucharadita de extracto de vainilla

1 cucharadita de levadura en polvo

1 cucharadita de sirope de arce

una pizca de sal marina en escamas

aceite de oliva ligero en espray

Bata las claras de huevo a punto de nieve.

Mezcle el resto de ingredientes, excepto el aceite de oliva, en otro cuenco (también las yemas). No se preocupe si quedan algunos grumos. Añada las claras e incorpore bien para obtener una textura de suflé.

Caliente una sartén antiadherente o una parrilla y rocíe con un poco de aceite. Vierta cucharadas de la preparación y extienda la masa ligeramente con el dorso de una cuchara (un diámetro de 8 cm por cada pastelito está bien). Cuando empiecen a formarse burbujas, dé la vuelta a los pastelitos y cocínelos por el otro lado hasta que estén dorados y cuajados (deben quedar poco hechos por dentro). Retire los pastelitos de la sartén y manténgalos calientes en el horno a temperatura baja. Repita los pasos con el resto de la masa.

Pruebe esto...
Sirva los pastelitos de ángel con las coberturas que prefiera:

* Fresas frescas laminadas, hojas de menta, un poco más de ricotta y un chorrito de sirope de arce (en la imagen).
* Gajos de naranja fresca y arándanos.
* Rodajas de plátano y mezcla de semillas crudas (véase pág. 25).

Información nutricional
Una ración de queso ricotta semidesnatado proporciona el 67 % de la cantidad diaria recomendada de calcio, excelente para los huesos y los dientes.

POR QUÉ NOS GUSTA

Un verdadero despertador en un cuenco, una estupenda ensalada llena de sol y cosas buenas. Decántese por las frutas de color naranja y rosa para conseguir el efecto más bonito. El jengibre es el as de esta receta, el que la convierte en algo realmente sabroso y con un enorme poder antioxidante. Utilice el aliño con generosidad: la idea es que la fruta quede empapada y el jengibre sea suficientemente fuerte para dejar cierto hormigueo en la lengua.

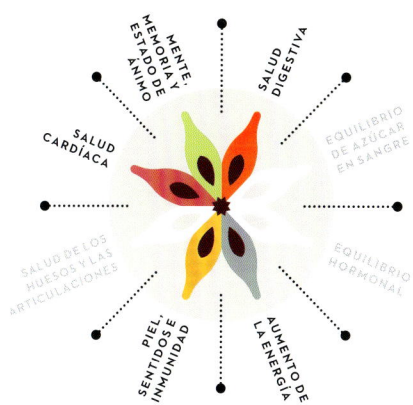

Ensalada de frutas matutina
CON JENGIBRE Y NARANJA

2 RACIONES

frutas naranjas y rosas (suficiente cantidad para 2 personas; elija entre albaricoque, nectarina, melocotón, melón, mango, papaya, guayaba o gajos de naranja o pomelo rosa cortados en dados del tamaño de un bocado)

ralladura de 1 lima o cáscara cortada en juliana muy fina

PARA EL ALIÑO

el zumo de 1 naranja

jengibre fresco del tamaño de un pulgar, pelado y rallado

1 cucharadita de miel clara (opcional)

2 anises estrellados

Ponga todos los ingredientes para el aliño en un tarro, tape y agite bien.

Ponga la fruta en un cuenco, añada el aliño y espolvoree con la ralladura de lima. Sirva inmediatamente.

Información nutricional
El jengibre es un imprescindible de nuestra cocina. Se ha demostrado que no solo favorece la función cerebral en las mujeres de mediana edad, sino que además facilita la digestión y reduce los azúcares en sangre en las personas con diabetes de tipo 2.

POR QUÉ NOS GUSTA

Los *smoothies* están de moda, y existe una buena razón: no solo tienen un aspecto tentador; además, combinan las tres maravillas del yogur natural, la fruta fresca y los hidratos saciantes. El resultado es un desayuno completo. Descubrimos esta versión en un pequeño café de una playa de Bali, y está repleta de energía tropical. Puede utilizar la fruta que tenga a mano, pero incluya los copos de coco y la menta fresca: aportan un toque interesante, sabroso y especial.

Smoothie Bali Beach

2 RACIONES

10 arándanos azules

10 fresas

10 moras

3 cucharadas de yogur natural

hojas de menta para servir

sirope de arce o edulcorante casero (*véase pág. 31*) para servir (opcional)

PARA LA COBERTURA

2 cucharadas de granola sin azúcar (*véase pág. 29*) o de muesli

fruta fresca variada, como plátano, fresas, mango y arándanos

2 cucharaditas de semillas de chía

4 cucharaditas de copos de coco o coco deshidratado

Mezcle las bayas y el yogur con la batidora hasta obtener una consistencia homogénea.

Vierta la preparación en un cuenco dejando espacio para la cobertura. Disponga en hileras la granola o el muesli, la fruta, las semillas de chía y el coco.

Decore con hojas de menta, y si prefiere la receta un poco más dulce, rocíe con un poco de sirope de arce o edulcorante casero.

Información nutricional
El coco deshidratado contiene cobre, beneficioso para la sangre, y manganeso, necesario para la activación de enzimas importantes en el organismo.

ENSALADAS Y SOPAS

POR QUÉ NOS GUSTA

Nos encanta esta sencilla y variada ensalada con toda la ligereza saludable que caracteriza a la cocina japonesa. Perfecta para una comida acompañando a un cuenco de sopa de *miso*. Se sentirá lleno de energía hasta la noche. *Itadakimasu!*

Ensalada Hijuki

2 RACIONES

1 lámina grande o 2 pequeñas de alga nori cortada en tiras de 1 cm

½ pepino sin semillas cortado en tiras finas

1 zanahoria pelada y cortada en tiras finas

2 cebolletas cortadas en rodajas finas

1 pieza de coco fresco del tamaño de la palma de una mano, rallada fina, y un poco más para servir

25 g de anacardos sin sal ligeramente machacados

1 cucharadita de aderezo de sésamo (*véase pág. 32*) o semillas de sésamo para servir

PARA EL ALIÑO

el zumo de ½ limón

1 cucharadita de pasta de *miso*

1 cucharadita de salsa de soja

1 cucharadita de aceite de sésamo

Ponga todos los ingredientes de la ensalada en un cuenco y mézclelos. El aliño ablandará el alga nori, de modo que no es necesario ponerla en remojo.

Emulsione los ingredientes del aliño y vierta sobre la ensalada. Remueva bien.

Reparta la ensalada en 2 cuencos grandes y sirva con el aderezo o las semillas de sésamo y un poco más de coco rallado.

Consejo: merece la pena invertir en un utensilio para cortar las verduras en juliana y preparar ensaladas de estilo asiático (en tiras finas). Además, ahorrará tiempo y los platos quedan muy bonitos.

Información nutricional
Se cree que el consumo diario de algas es uno de los motivos por los que las mujeres japonesas que han pasado la menopausia presentan menos casos de cáncer de mama.

POR QUÉ NOS GUSTA

Este tal vez sea el plato más bonito que prepare en su vida. Elija una buena mozzarella de búfala para obtener los mejores resultados: la combinación de su textura con los melocotones tiernos y dulces es la clave del éxito de este plato. Si dispone de melocotones maduros de temporada, no es necesario hornearlos.

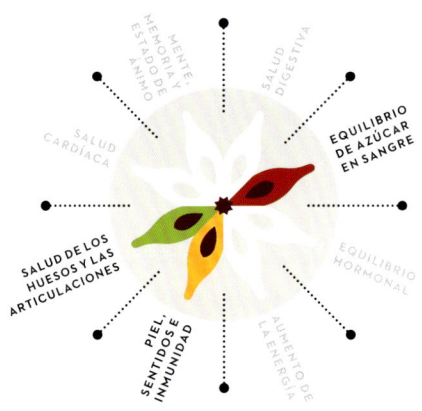

Ensalada de melocotón,
MOZZARELLA Y PESTO DE PISTACHOS

2-3 RACIONES

2 melocotones deshuesados y cortados en 8 cuñas cada uno

100 g de mozzarella de búfala desmenuzada

un puñado de semillas de granada

PARA EL PESTO

un puñado de hojas de albahaca

un puñado de hojas de cilantro, y un poco más para servir

30 g de pistachos ligeramente machacados, y un poco más para servir

la ralladura y zumo de ½ limón

1 diente de ajo pelado y cortado por la mitad

2 cucharadas de aceite de oliva virgen extra

sal marina en escamas y pimienta negra recién molida

Ase las rodajas de melocotón en el grill precalentado durante 5 minutos, hasta que empiecen a ablandarse y tomar color. Deje enfriar.

Ponga todos los ingredientes del pesto en un robot de cocina y mezcle hasta obtener una consistencia casi homogénea. El pesto aguantará en la nevera hasta 2 días.

Disponga la mozzarella desmenuzada y las rodajas de melocotón en una bandeja y rocíe generosamente con el pesto. Reparta las semillas de granada, los pistachos y las hojas de cilantro, y sirva.

Consejo: si le sobra pesto de pistachos, consérvelo en la nevera y utilícelo otro día con espaguetis o como aderezo para verduras asadas o brócoli al vapor.

Información nutricional
Los melocotones son ricos en vitamina C, que combate los daños en la piel provocados por el sol y la contaminación.

POR QUÉ NOS GUSTA

Uno de los lemas de nuestra cocina es la variedad, y la abundancia de sabores, texturas y colores de este plato obra maravillas en el organismo. Es un arco iris de excelencia en crudo con un estupendo y potente aliño que le transportará a una playa de Koh Samui. Necesitará un poco de tiempo para picar y cortar los ingredientes; por lo demás, la preparación es facilísima. Añada dados de tofu o gambas cocidas y tendrá una comida más sustanciosa.

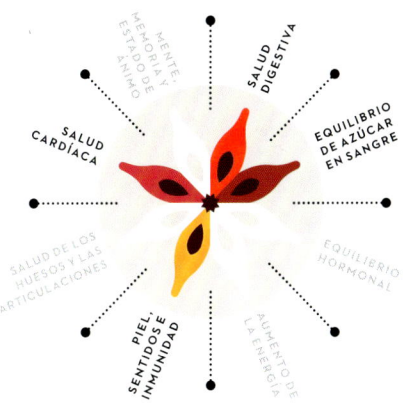

Pad Thai crudo

2 RACIONES

1 zanahoria pequeña pelada y cortada en tiras o láminas finas

1 calabacín pequeño en rodajas o tiras finas

50 g de col lombarda cortada muy fina

50 g de guisantes frescos con la vaina cortados en tiras

½ pimiento (naranja, amarillo o rojo) sin semillas y cortado en tiras finas

2 cebolletas cortadas en rodajas diagonales

1 chile rojo suave sin semillas y cortado en rodajas muy finas

un puñado de brotes de soja

un puñado de hojas de cilantro

un puñado de hojas de menta y algunas ramitas para servir

PARA EL ALIÑO

2 cucharadas de leche de coco

la ralladura muy fina y el zumo de 1 lima

1 cucharada de mantequilla de cacahuete crujiente (100 % cacahuetes, sin azúcar)

2 cucharaditas de salsa de soja

2 cucharaditas de *tahini*

1 cucharadita de salsa Thai de pescado (*nam pla*)

1 cucharadita de aceite de sésamo

1 cucharadita de sirope de arce

1 pieza de 1 cm de jengibre fresco pelado rallado muy fino

1 diente de ajo machacado

1 tallo de citronela sin la capa exterior dura, muy picado

PARA SERVIR

20 g de cacahuetes machacados

2 cucharaditas de aderezo de sésamo (véase pág. 32) o semillas de sésamo

1 cucharadita de mezcla de semillas y especias (véase pág. 26; opcional)

Ponga todas las verduras y las hierbas en un cuenco grande y mezcle bien.

Ponga todos los ingredientes del aliño en un tarro, tápelo y agite bien.

Vierta el aliño sobre la ensalada y remueva. Sirva la ensalada en una fuente con los cacahuetes, las semillas y unas ramitas de menta por encima.

Información nutricional
Los cacahuetes no son un fruto seco, sino una legumbre. Además de su contenido en grasas «buenas», los cacahuetes poseen muchos otros nutrientes cardiosaludables.

ENSALADAS Y SOPAS

POR QUÉ NOS GUSTA

Es más que una ensalada: una auténtica sensación para el paladar gracias a las capas de sabores (dulce, ácido, salado), texturas (cremosa, crujiente) y colores (rojos rubí intensos, rosas claros, verdes vivos). No necesita una gran cantidad de Stilton para esta ensalada; considérelo más como un aliño que como un aporte de proteínas. El aliño fuerte redondea este plato con un aspecto tentador; no necesita nada más para una comida fabulosa.

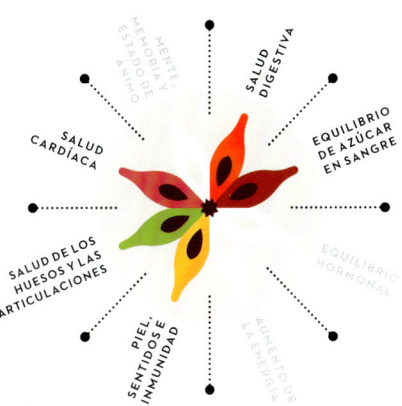

Ensalada rosa
CON STILTON DESMENUZADO Y GLASEADO DE MELAZA DE GRANADA

4 RACIONES

- 2 endivias rojas con las hojas separadas
- 1 achicoria roja pequeña con las hojas partidas
- 2 puñados de brotes de lechuga (por ejemplo, Lollo Rosso) y rúcula
- 2 higos maduros cortados en 8 trozos cada uno
- 1 pera roja madura cortada en cuartos, sin el corazón y cortada en cuñas finas
- 30 g de nueces
- 100 g de Stilton u otro queso azul duro desmenuzado
- un puñado de semillas de granada

PARA EL GLASEADO

- 1 cucharada de melaza de granada
- 1 cucharada de crema balsámica (o vinagre balsámico si desea un aliño más fuerte)
- 1 cucharada de sirope de dátiles
- 1 cucharada de aceite de oliva virgen extra
- 1 cucharada de agua
- sal marina en escamas y pimienta negra recién molida

Disponga los ingredientes de la ensalada de manera decorativa en un plato bonito.

Mezcle todos los ingredientes del glaseado y vierta sobre la ensalada.

Consejo: puede preparar todos los ingredientes con antelación y conservarlos en la nevera. Rocíe las rodajas de pera con zumo de limón para evitar que se oscurezcan si no va a servir la ensalada inmediatamente.

Información nutricional
Tomar un puñado pequeño de nueces cada día proporciona niveles significativos de ácido alfalinoleico, un ácido graso cardiosaludable que ayuda a reducir los niveles de colesterol «malo».

POR QUÉ NOS GUSTAN

Este plato tiene cierto toque francés y un sabor muy contundente. Las hojas funcionan como un transbordador para un carguero de pura exquisitez. Resulta facilísimo de preparar y el sabor es un auténtico capricho, pero sin ingredientes pesados (el aliño de queso azul se modera con un poco de yogur). Necesitará una servilleta porque se ensuciará comiendo este plato.

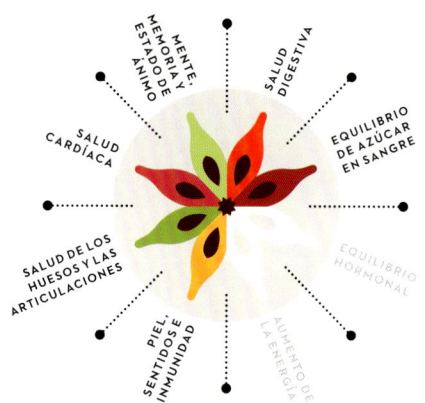

Endivias rojas con nueces
CON ALIÑO CALIENTE DE ROQUEFORT

4 RACIONES

2 endivias rojas con las hojas separadas

30 g de nueces troceadas

100 g de queso roquefort desmenuzado

2 cucharadas de yogur natural

Disponga las hojas de las endivias a modo de barquitas sobre una bandeja y distribuya las nueces por encima.

Ponga el roquefort y el yogur en un cazo pequeño y caliéntelos a fuego lento durante 2 minutos, aproximadamente. Remueva para eliminar los grumos hasta conseguir una consistencia similar a la de una sopa.

Vierta la salsa sobre las barquitas y sirva de inmediato.

Información nutricional
La endivia es rica en fitonutrientes, entre otros folato, fibra y vitaminas A, C y K. La variedad roja posee altos niveles de antocianinas, antioxidantes que protegen las células de las paredes del intestino.

POR QUÉ NOS GUSTA

Este es un matrimonio perfecto: remolacha dulce, berros con un toque picante, queso de cabra cremoso, la explosión de los arándanos y la textura crujiente de las avellanas. Además, el plato queda muy bonito. Al asar la remolacha a temperatura baja se libera su maravillosa viscosidad natural. Nos gusta con un aliño de aceite de nueces y limón, delicado y sabroso a un tiempo.

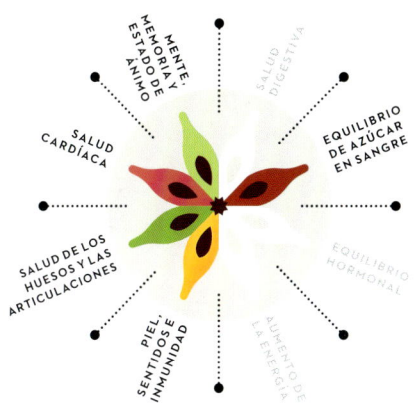

Ensalada de remolacha

CON ARÁNDANOS, AVELLANAS Y QUESO DE CABRA

4 RACIONES

3 remolachas crudas (incluidos los tallos y las hojas)

1 cucharadita de aceite de oliva virgen extra

sal marina en escamas y pimienta negra recién molida

un puñado de berros sin los tallos más gruesos

un puñado de hojas para ensalada (por ejemplo, rúcula, canónigos o brotes variados)

1 cucharada de avellanas ligeramente machacadas

50 g de arándanos azules

50 g de queso de cabra desmenuzado en trozos pequeños

flores comestibles para servir (opcional)

PARA EL ALIÑO

1 cucharada de aceite de nueces o aceite de oliva virgen extra

el zumo de ½ limón

1 cucharadita de sirope de arce

sal marina en escamas y pimienta negra recién molida

Precaliente el horno a 160 ºC. Reserve algunas hojas tiernas de remolacha y corte en rodajas parte de los tallos. Limpie la remolacha y córtela en 8 o 12 trozos (dependerá del tamaño).

Ponga la remolacha en una bandeja refractaria pequeña, rocíela con el aceite de oliva y salpimente. Hornee durante 20-25 minutos, hasta que esté tierna. Reserve y deje enfriar.

Ponga todos los ingredientes del aliño en un tarro pequeño, tápelo y agite bien.

Disponga en una fuente los berros, los brotes y los tallos y las hojas reservadas de la remolacha. Añada las avellanas, los arándanos y el queso, rocíe generosamente con el aliño y decore con flores comestibles.

Información nutricional
No deseche las puntas con hojas y los tallos rojos de la remolacha; puede cocinarlos al vapor, saltearlos o tomarlos crudos, como en esta receta. Son especialmente ricos en vitamina C, necesaria para la salud de las encías. Las hojas de remolacha también contienen hierro, folato y betacaroteno, que se convierte en vitamina A y protege la vista.

POR QUÉ NOS GUSTA

Esta es una ensalada encantadora y delicada, incluso sofisticada, pero se requiere un poco de tiempo y de cuidado para cortar la fruta correctamente. ¿Por qué Pom Pom? Por la granada (*pomegranate* en inglés), por supuesto, aunque la otra estrella de este espectáculo es el pomelo. Su consumo está muy extendido en el Sudeste asiático (casi siempre con un poco de sal y azúcar). En esta receta, el toque cítrico y la intensidad del hinojo y la lima se equilibran de manera brillante con el dulzor del zumo de naranja y las semillas de granada.

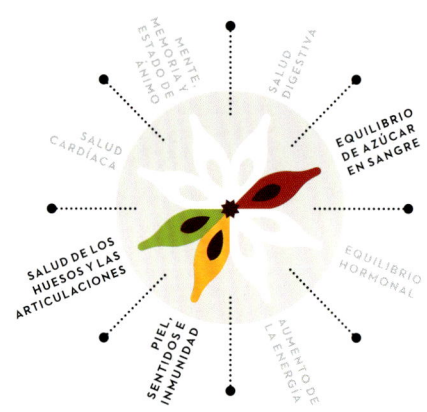

Ensalada Pom Pom

2-3 RACIONES

1 bulbo de hinojo limpio y cortado en rodajas finas
2 cucharaditas de miel clara
2 cucharaditas de aceite de oliva virgen extra
1 pomelo rosa
100 g de brotes para ensalada
un puñado de eneldo picado
semillas de 1 granada (véase consejo)

PARA EL ALIÑO

el zumo de 2 limas
el zumo de 1 naranja pequeña
1 cucharada de aceite de oliva virgen extra
sal marina en escamas y pimienta negra recién molida

Precaliente el horno a 200 ºC. Ponga el hinojo en una bandeja y rocíelo con la miel y el aceite de oliva. Áselo durante 15 minutos, o hasta que esté tierno.

Mientras, con un cuchillo afilado, pele el pomelo (retire también la membrana blanca), córtelo en gajos y retire la piel que hay entre ellos, y colóquelo en un cuenco con los brotes para ensalada y el eneldo.

Ponga todos los ingredientes del aliño en un tarro grande, ciérrelo y agite para mezclarlos bien.

Vierta el aliño sobre la ensalada y remueva. Pase la ensalada a una fuente de servir. Coloque encima el hinojo asado y decore con las semillas de granada.

Consejo: para separar las semillas de una granada, córtela por la mitad (por el centro). Sujete cada mitad sobre un cuenco con el lado cortado tocando la palma de su mano. Golpee el extremo de la granada con una cuchara de madera para separar las semillas. ¡Es mágico!

Información nutricional
Los pomelos son ricos en fibra y vitamina C, beneficiosa para la piel. Tomar medio pomelo antes de la comida se asocia con una mejora de la resistencia a la insulina, un efecto que contribuye a reducir el riesgo de sufrir diabetes de tipo 2.

POR QUÉ NOS GUSTA

El queso halloumi, salado y de textura elástica, resulta exquisito. En esta receta lo cubrimos con semillas de sésamo, lo que lo eleva a otro nivel de exquisitez. Una base de hinojo, lentejas y pera para esta ensalada la convierte en una comida sustanciosa y repleta de propiedades beneficiosas para esta etapa de la vida.

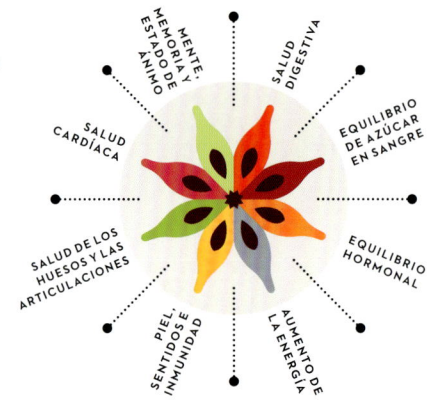

Ensalada Fenneloumi

2 RACIONES

- 50 g de lentejas verdes o pardas secas, o 125 g de lentejas cocidas
- 1 bulbo de hinojo limpio y cortado en tiras de 5 mm
- 1 cucharada de aceite de oliva virgen extra
- 1 cucharadita de mezcla de especias (véase pág. 24) o ½ cucharadita de comino en polvo y ½ cucharadita de cilantro en polvo
- sal marina en escamas y pimienta negra recién molida
- el zumo de ½ limón
- 150 g de queso halloumi cortado en lonchas finas
- aceite de oliva ligero en espray
- una pizca de copos de chile
- 2 cucharaditas de semillas de sésamo
- 1 lechuga romana pequeña cortada en juliana
- ½ ración de aliño para ensaladas (véase pág. 33)
- 1 pera pequeña sin el corazón y cortada en láminas
- ½ cebolla roja pequeña cortada en rodajas muy finas

Si utiliza lentejas secas, póngalas en un cazo con agua y lleve a ebullición. Baje el fuego y deje cocer durante 25 minutos, o hasta que estén tiernas pero firmes. Escúrralas.

Mientras, ponga el hinojo en un cuenco y cúbralo con el aceite de oliva virgen extra, la mezcla de especias o las especias en polvo, sal y pimienta. Deje marinar mientras prepara el resto del plato.

Ponga las lentejas en un cuenco y alíñelas con el zumo de limón, sal y pimienta. Refrigere en la nevera durante 15 minutos.

Rocíe las lonchas de queso con un poco de aceite de oliva y espolvoree con los copos de chile y las semillas de sésamo.

Caliente una sartén y saltee el hinojo marinado durante 5 minutos por cada lado, hasta que se ablande y tome color por los bordes. Reserve.

Limpie la sartén con papel de cocina para eliminar los restos de líquido y fría el halloumi durante unos minutos por cada lado, hasta que las semillas de sésamo estén tostadas y el queso empiece a estar crujiente y dorado.

Para emplatar, aliñe la lechuga con el aliño para ensaladas y póngala en un cuenco para servir. Reparta las lentejas frías sobre la lechuga, continúe con el hinojo, el halloumi, las láminas de pera y las rodajas de cebolla roja. Rocíe con un poco más de aliño y sirva.

> **Información nutricional**
> El consumo de abundantes lácteos en la mediana edad ayuda a proteger los huesos. El halloumi, que se suele elaborar con leche de oveja o de cabra, es una fuente de calcio y proteínas. Sí, también es salado, pero debido a su intenso sabor, con una pequeña cantidad tenemos suficiente.

POR QUÉ NOS GUSTA

Existen ensaladas griegas buenas… y después hay grandes ensaladas griegas. Esta versión está repleta de extras saludables. Hemos añadido pimiento verde, pepinillos y semillas de girasol por el toque crujiente, así como abundantes hierbas frescas para dar a un gran clásico un interesante aire moderno. Asegúrese de cortar la cebolla roja muy fina, en rodajas casi transparentes, para que su presencia resulte muy sutil.

La madre de todas las ensaladas griegas

2 RACIONES

½ lechuga romana troceada

10 tomates cereza cortados por la mitad

1 pieza de 5 cm de pepino cortado por la mitad y en rodajas

½ cebolla roja pequeña cortada en rodajas muy finas

1 pimiento verde sin semillas y cortado en juliana muy fina

10 aceitunas Kalamata deshuesadas

10 pepinillos cortados en rodajas

50 g de queso feta desmenuzado

un puñado de hojas de orégano, otro de menta y otro de cilantro

1 cucharadita de aderezo de sésamo (véase pág. 32) o de semillas de sésamo

2 cucharaditas de semillas de girasol

sal marina en escamas y pimienta negra recién molida

PARA EL ALIÑO

1 cucharada de aceite de oliva virgen extra

1 cucharada de zumo de limón

1 cucharada de vinagre de vino tinto

1 diente de ajo machacado

1 cucharadita de orégano seco

1 cucharadita de miel clara

Ponga todos los ingredientes del aliño en un tarro, ciérrelo con su tapa y agite bien.

Disponga todos los ingredientes de la ensalada en un cuenco y aliñe generosamente, añada abundante pimienta negra y disfrute.

Información nutricional
Las aceitunas contienen compuestos fenólicos, antioxidantes naturales que, además, aportan su característico sabor. Las aceitunas y el aceite de oliva podrían ser uno de los motivos por los que los casos de cardiopatías y algunos cánceres son menores entre la población que sigue una dieta mediterránea.

POR QUÉ NOS GUSTA

Nuestra mezcla de semillas y especias aporta un delicioso toque crujiente y todo un reino de sabor a una ensalada por lo demás sencilla. Si añadimos la explosión de los arándanos y unas almendras laminadas, tenemos un pequeño cuenco de magia para la mediana edad. La ensalada es tan rica por sí sola que apenas necesitamos una vinagreta; basta con un chorrito de limón y unas gotas de aceite de oliva virgen extra.

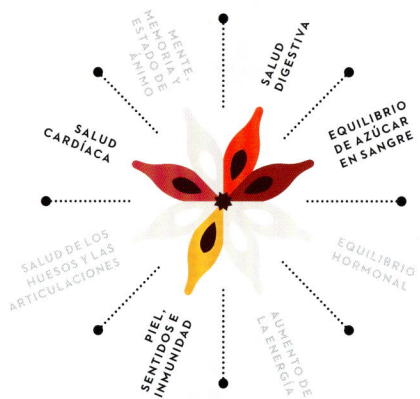

Ensalada variada

CON ARÁNDANOS Y SEMILLAS CON ESPECIAS

2 RACIONES

un puñado de hojas para ensalada, por ejemplo rúcula y espinacas mini

un puñado de arándanos

1 cucharada de mezcla de semillas y especias (*véase* pág. 26)

2 cucharaditas de aceite de oliva virgen extra

el zumo de ½ limón

2 cucharaditas de almendras fileteadas

Ponga las hojas, los arándanos y la mezcla de semillas en un cuenco para ensalada. Aliñe con el aceite de oliva y el zumo de limón, y remueva.

Esparza las almendras, sirva y devore.

Información nutricional
Los arándanos son como comprimidos de vitaminas de la naturaleza: con un puñado realizará una contribución significativa a las cantidades diarias necesarias de vitaminas C y K, además de aportar hierro, calcio, potasio, magnesio, fósforo, sodio, manganeso, zinc, cobre, folato, betacaroteno y colina... ¡Impresionante!

POR QUÉ NOS GUSTA

Si tuviésemos que elegir nuestro mejor ingrediente, un humilde brócoli ocuparía el primer puesto: es el rey de las verduras, rico en poderosas vitaminas, minerales y fibra. Y el brócoli es la legítima estrella de esta ensalada crujiente y colorida (la descubrimos en el Café Batujimbar, cerca de la casa de Sam, en Bali). Es la mezcla la que la hace excepcional, pero también hay magia oculta: las semillas de mostaza realzan los beneficios para la salud del brócoli.

Ensalada brillante de brócoli

2 RACIONES

1 brócoli pequeño cortado en ramitos del tamaño de un bocado; corte también los tallos tiernos

sal marina en escamas

50 g de almendras laminadas

100 g de quinoa cocida fría (véase consejo)

2 cucharadas de arándanos rojos deshidratados

PARA EL ALIÑO

el zumo de 1 lima

1 cucharadita de miel clara

1 pieza de jengibre fresco del tamaño de un pulgar, pelada y rallada fina

2 cucharaditas de aceite de oliva virgen extra

1 cucharadita de vinagre de sidra de manzana

1 cucharadita de semillas de mostaza

Hierva los ramitos y los tallos de brócoli en un cazo con agua hirviendo con sal durante 1-2 minutos. Es preciso que estén crujientes, por lo que hay que tener cuidado de no excederse con la cocción. Refresque con agua fría, escurra bien, seque con papel de cocina y reserve.

Caliente una sartén, añada las almendras y saltéelas hasta que estén ligeramente tostadas (es un proceso muy rápido; no deje de vigilar o acabará teniendo láminas de almendra carbonizadas). Páselas a un plato y déjelas enfriar.

Mezcle todos los ingredientes del aliño en un cuenco pequeño y remueva bien.

Ponga el brócoli y la quinoa en un cuenco para servir y aderece con parte del aliño. Reparta las almendras tostadas y los arándanos, acabe con un poco más de aliño y sirva.

Consejo: esta es una oportunidad ideal para utilizar quinoa precocida. Ahorrará unos 15 minutos de preparación y un cazo menos para fregar.

Información nutricional
Una dieta rica en crucíferas como el brócoli puede ayudar a reducir el riesgo de numerosas enfermedades crónicas relacionadas con el envejecimiento. El consumo de brócoli se relaciona con un riesgo menor de sufrir cáncer y cardiopatías, además de mejorar la salud ocular.

ENSALADAS Y SOPAS

POR QUÉ NOS GUSTA

Esta colorida ensalada es un auténtico festín de sabores. Con el aguacate y sus grasas «buenas», y el arroz negro con sus carbohidratos «buenos», promete saciarle y aportarle energía en la comida. La receta incluye nuestro encurtido de col lombarda con especias, de modo que tendrá que prepararla con antelación, pero se trata de un delicioso básico de nuestra cocina que aguanta varias semanas en la nevera.

Ensalada RVN

ENSALADA ROJA, VERDE Y NEGRA

2 RACIONES

50 g de arroz negro o salvaje, o 150 g de arroz precocido (las marcas Tilda y Lucky Rice son nuestras favoritas)

sal marina en escamas

1 aguacate pequeño deshuesado, pelado y cortado en rodajas

1 bolsa pequeña (aproximadamente 90 g) de rúcula

8 rábanos cortados en rodajas finas

½ ración de aliño para ensaladas (véase pág. 33)

6 cucharadas de encurtido de col lombarda con especias (véase pág. 240)

pimienta negra recién molida

Si no va a utilizar arroz precocido, prepare el arroz en un cazo con agua hirviendo con sal durante 20-30 minutos, hasta que esté tierno. Enjuáguelo bajo el grifo y escúrralo bien. Refrigere en la nevera durante 15 minutos.

Ponga el arroz, el aguacate, la rúcula y los rábanos en un cuenco grande, vierta el aliño y mezcle bien.

Pase la ensalada a una fuente grande para servir y disponga el encurtido de col lombarda con especias y una cantidad generosa de pimienta negra recién molida.

Información nutricional
Los rábanos son sorprendentemente ricos en fibra. La fibra en la dieta reduce el riesgo de padecer diabetes, cardiopatías y diverticulitis.

POR QUÉ NOS GUSTA

Se nos ocurrió la idea de una César con col rizada y, sinceramente, nos encantó el nombre. Sin embargo, la col rizada sola quedaba demasiado oscura, pero funciona como una exquisitez si la mezclamos con lechuga romana. El aliño se utiliza con moderación; hemos incrementado su valor utilizando aceite de semillas de lino (rico en grasas poliinsaturadas), mientras que las anchoas proporcionan más omega 3. En lugar de los picatostes habituales empleamos garbanzos asados: sencillos, novedosos y ricos en fibra insoluble beneficiosa para la salud.

Nuestra ensalada César

4 RACIONES

400 g de garbanzos cocidos, enjuagados y escurridos

sal marina en escamas y pimienta negra recién molida

200 g de col rizada (*kale*) sin los tallos más duros y con las hojas cortadas

200 g de lechuga romana

30 g de queso parmesano en virutas obtenidas con un pelador de verduras

PARA EL ALIÑO

1 yema de huevo

1 cucharadita de mostaza de Dijon

1 diente de ajo pequeño machacado

2 filetes de anchoa picados no muy pequeños

2 cucharaditas de alcaparras picadas

50 ml de aceite de semillas de lino

la ralladura muy fina y el zumo de ½ limón

pimienta negra recién molida

2 cucharaditas de agua y un poco más si es necesario

Precaliente el horno a 200 °C. Ponga los garbanzos en una bandeja y salpimiente. Hornee durante 20 minutos, hasta que estén dorados y crujientes. Deje enfriar.

Mientras tanto, prepare el aliño. Ponga la yema de huevo, la mostaza, el ajo, las anchoas y las alcaparras en un cuenco y mezcle bien; incorpore el aceite gota a gota sin dejar de batir la preparación. Añada el zumo y la ralladura de limón, aderece con pimienta y vierta un poco de agua para obtener una consistencia homogénea.

Ponga la col y la lechuga en un cuenco, rocíe con el aliño y mezcle bien con las manos. Pase la ensalada a una fuente de servir, agregue las virutas de parmesano y los garbanzos crujientes, y sirva. Para obtener una comida más sustanciosa, incorpore huevo duro en cuartos o tiras de pechuga de pollo asada.

Información nutricional
El aceite de semillas de lino aportará a su dieta una buena cantidad de omega 3 en forma de ácido alfalinoleico (ALA). El cuerpo no procesa el ALA de manera tan eficaz como los ácidos grasos presentes en el pescado y los aceites de pescado, pero no por ello deja de ser un ingrediente beneficioso para la dieta.

POR QUÉ NOS GUSTA

El hinojo, a pesar de su aspecto delicado, es una verdura con numerosas propiedades y un imprescindible de nuestra cocina: está repleto de fitonutrientes y vitaminas beneficiosos para los huesos, la presión sanguínea, el corazón y la respuesta inmune. Y eso es solo anecdótico: lo mejor es que las rodajas finas de hinojo crujiente y anisado acompañadas de yogur, limón, parmesano y menta representan una auténtica delicia.

Carpaccio de hinojo
CON LIMÓN, YOGUR Y MENTA

2 RACIONES

½ bulbo de hinojo (con hojas)

un puñado de hojas de menta pequeñas

un chorrito de zumo de limón

1 cucharadita de aceite de oliva virgen extra

2 cucharadas de yogur natural

60 g de queso parmesano en virutas finas obtenidas con un pelador de verduras

sal marina en escamas y pimienta negra recién molida

½ cucharadita de semillas de comino (opcional)

Reserve las hojas del hinojo, limpie el bulbo y córtelo en rodajas muy finas con un cuchillo afilado o una mandolina.

Ponga las rodajas de hinojo en un plato bonito y reparta algunas de sus hojas. Añada las hojas de menta y rocíe generosamente con zumo de limón y aceite de oliva.

Vierta un chorrito de yogur y distribuya las virutas de parmesano. Salpimiente y, si le gusta el sabor, espolvoree con unas semillas de comino.

Información nutricional
Se ha demostrado que el anetol, un componente del hinojo que le aporta su característico sabor, bloquea la inflamación. Además, el hinojo es estupendo para la digestión debido a su contenido en fibra.

POR QUÉ NOS GUSTA

Nos encantan estos relucientes guisantes, judías y espárragos cocidos *al dente* y aderezados con chile rojo, ralladura de limón y cebolla roja. Yotam Ottolenghi es la inspiración para este plato, aunque hemos añadido algunos ingredientes básicos de nuestra cocina (por ejemplo, los espárragos finos, que incrementan el atractivo). Puede preparar los ingredientes con antelación y montar la ensalada en un momento, motivo por el que resulta perfecta para una cena especial. Y dado que no contiene hojas, es la ensalada perfecta para llevar y comer al aire libre, ya que permanecerá perfectamente crujiente incluso después de aliñarla.

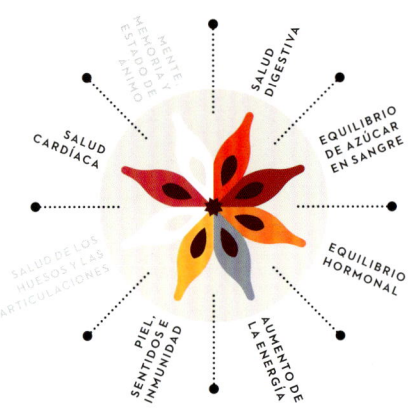

Ensalada de judías verdes y espárragos

CON SEMILLAS Y ESPECIAS, ESTRAGÓN Y CHILE

4 RACIONES

- 250 g de judías verdes finas sin las puntas
- 250 g de guisantes congelados
- 250 g de tirabeques
- 250 g de espárragos finos
- 1 cucharada de mezcla de semillas y especias (véase pág. 26)

PARA EL ALIÑO

- 2 cucharaditas de semillas de cilantro machacadas
- 3 cucharadas de aceite de oliva virgen extra
- 1 cucharadita de semillas de *nigella*
- ½ cebolla roja pequeña picada fina
- 1 diente de ajo machacado
- 1 chile rojo suave sin semillas y cortado en rodajas finas
- la ralladura fina de 1 limón
- un puñado generoso de hojas de estragón picadas
- sal marina en escamas y pimienta negra recién molida

Prepare las verduras en un cazo grande con agua hirviendo; cuézalas hasta que estén tiernas (las judías verdes durante 4 minutos, y añada los guisantes, los tirabeques y los espárragos en el minuto final). Refrésquelas con agua muy fría y escurra bien. Séquelas dando golpecitos con papel de cocina.

Ponga las semillas de cilantro en un cazo pequeño con el aceite de oliva y caliéntelas ligeramente hasta que las semillas empiecen a explotar y a desprender su aroma. Deje enfriar y añada las semillas de *nigella*, la cebolla roja, el ajo, el chile y la ralladura de limón. Deje reposar mientras coloca las verduras en un cuenco.

Agregue el estragón al aliño y remueva bien. Vierta el aliño sobre las verduras, espolvoree con la mezcla de semillas y sirva.

Información nutricional

El espárrago es una excelente fuente de vitaminas del grupo B, que desempeñan un papel fundamental en el metabolismo de los azúcares y los almidones (para el control de los niveles de azúcar en sangre).

POR QUÉ NOS GUSTA

Noche del lunes. Los niños no están y tienes hambre. En la nevera: un trozo de col lombarda y unos rábanos. Higos. Un tarro solitario de remolacha mini encurtida y una rama de eneldo que sobró de la pasta del fin de semana. Tres minutos de preparación, un chorrito de yogur con limón y tienes un cuenco crujiente de una maravillosa ensalada: dulce, salada, de un rosa precioso y repleta de antioxidantes. ¿Lección? Ten a mano cosas buenas, identifica las combinaciones acertadas de sabor y textura, y no lo pienses demasiado.

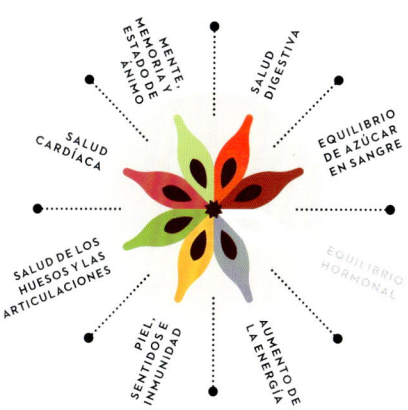

Ensalada de col lombarda
CON REMOLACHA, HIGOS, RÁBANOS Y ENELDO

1 RACIÓN

50 g de col lombarda cortada en juliana fina

8 rábanos alargados cortados en rodajas finas

2-3 remolachas encurtidas cortadas en tiras finas

2 higos maduros cortados en 4 u 8 trozos cada uno

un puñado de eneldo picado no muy pequeño

PARA EL ALIÑO

2 cucharadas de yogur natural

un chorrito de zumo de limón

2 cucharaditas de aceite de oliva virgen extra

sal marina en escamas y pimienta negra recién molida

Mezcle todos los ingredientes del aliño en un cuenco pequeño.

Ponga las verduras, los higos y el eneldo en un cuenco o un plato y aliñe.

Tómese la ensalada delante de la televisión (opcional).

Información nutricional
Los estudios demuestran que la remolacha (o el zumo de remolacha) puede reducir la presión sanguínea hasta 3-10 mm/Hg en solo unas horas. No obstante, no se preocupe demasiado por los números: si la presión sanguínea le da problemas, ¡coma remolacha!

ENSALADAS Y SOPAS

POR QUÉ NOS GUSTA

Chris Salans, el inspirador chef responsable del precioso restaurante Mozaic de Bali, nos dio esta receta después de nuestra visita a su café Spice, en Ubud. Esta ensalada requiere un poco de tiempo de preparación, pero es un plato espectacular y la plataforma perfecta para el *tempeh*, un pariente del tofu con una textura más firme (y, en nuestra opinión, mucho más agradable). En este plato se produce una alquimia que no podemos explicar; tiene que probarlo.

Ensalada con especias de Ubud

2 RACIONES

PARA LA ENSALADA

un puñado grande de hojas variadas para ensalada

un puñado pequeño de hojas de cilantro

1 cebolleta cortada en rodajas finas en diagonal

5 rábanos cortados en rodajas finas

1 mango pequeño pelado, deshuesado y cortado en dados

1 aguacate pequeño pelado, deshuesado y cortado en dados

5 tomates cereza cortados en cuartos

1 cucharada de semillas de sésamo para servir

PARA EL *TEMPEH*

1 cucharada de aceite de coco

100 g de *tempeh* cortado en dados de 2 cm

sal marina en escamas y pimienta negra recién molida

PARA EL ALIÑO

2 cucharadas de salsa Thai de chile dulce

2 tallos de citronela sin las capas exteriores duras cortados muy finos

2 dientes de ajo muy picados

2 cucharaditas de hojas de cilantro picadas (si es posible, incluya las raíces)

1 cucharadita de salsa Thai de pescado (*nam pla*)

un chorrito de zumo de limón

Disponga todos los ingredientes de la ensalada en un cuenco grande.

Caliente el aceite de coco en una sartén, añada los dados de *tempeh* y fríalos durante 5 minutos, aproximadamente. Deles la vuelta de vez en cuando para asegurarse de dorarlos por todos los lados. Salpimiente y deje que se enfríen ligeramente. Incorpore el *tempeh* a la ensalada.

Mezcle los ingredientes del aliño en un cuenco aparte. Aderece la ensalada y remueva para que todos los ingredientes estén bien impregnados (esta ensalada requiere un aliño abundante, no se preocupe si parece excesivo).

Reparta las semillas de sésamo tostadas y sirva.

Información nutricional
El *tempeh* es un producto de la soja muy nutritivo y popular en Indonesia y el resto de Asia. A diferencia del tofu, el *tempeh* está fermentado, lo que facilita la digestión de sus proteínas. Contiene isoflavonas capaces de imitar algunos efectos de los estrógenos, lo que lo convierte en un producto potencialmente beneficioso para combatir los síntomas de la menopausia.

Cuatro aliños para ensalada

Todos tenemos nuestro aliño favorito para el día a día, el que está en la nevera dispuesto a cumplir su deber cada vez que ponemos una ensalada en la mesa. El nuestro lo encontrará en la página 33. En ocasiones, sin embargo, una combinación particular de ingredientes exige algo más cremoso, más picante, más complejo o más exótico. Aquí tiene cuatro aliños muy saludables, cada uno con ingredientes básicos para la mediana edad. Le garantizamos que su ensalada quedará espectacular.

AGUACATE Y CÚRCUMA

PARA 10-12 CUCHARADAS APROXIMADAMENTE

el zumo y la ralladura fina de 1 limón

3 cucharadas de aceite de oliva virgen extra

3 cucharadas de agua y un poco más si fuera necesario

3 cucharaditas de cúrcuma en polvo

½ aguacate maduro pequeño

1 diente de ajo machacado

2 cucharaditas de miel clara

sal marina en escamas y pimienta negra recién molida

Ponga todos los ingredientes en un robot de cocina o una batidora y mezcle hasta obtener un aliño homogéneo y cremoso. Añada un poco de agua si queda demasiado espeso. Se conserva hasta 2 días en la nevera en un tarro hermético.

Pruebe esto...
* En «barquitas» de hojas de cogollo.
* Sobre hojas de lechuga romana.
* Para mojar crudités.

TAHINI, LIMA Y COMINO

PARA 6 CUCHARADAS APROXIMADAMENTE

el zumo y la ralladura fina de 1 lima

2 cucharadas de *tahini* (remuévalo bien antes)

3 cucharadas de agua, y un poco más si fuera necesario

1 cucharadita de miel clara

1 cucharadita de comino en polvo

1 cucharadita de semillas de comino

2 cucharaditas de semillas de sésamo blanco

sal marina en escamas y pimienta blanca

Mezcle el zumo de lima, el *tahini* y el agua en un cuenco y bata hasta obtener una textura homogénea y cremosa. Añada el resto de ingredientes y remueva bien. El espesor es cuestión de gustos; añada un poco más de agua si prefiere un aliño más diluido. Se conserva en la nevera hasta 3 días.

Pruebe esto...
* Vertido sobre medio aguacate.
* Sobre un cuscús con pollo asado.
* Como aliño para un falafel con pan pita.

CHILE Y HIERBAS

PARA 6-8 CUCHARADAS APROXIMADAMENTE

un puñado de hojas de cilantro muy picadas

un puñado de perejil muy picado

1 diente de ajo machacado

1 chile rojo sin semillas y muy picado, o al gusto

3 cucharadas de aceite de oliva virgen extra

el zumo de 1 limón

2 cucharadas de agua

1 cucharadita de miel clara

1 cucharadita de pimentón dulce

sal marina en escamas y pimienta negra recién molida

Ponga todos los ingredientes en un tarro, tápelo y agite bien. Consérvelo en la nevera hasta 3 días.

Pruebe esto...
* Con una ensalada de hojas y hierbas con halloumi a la plancha.
* Para mojar con pan pita tostado.
* Sobre verduras asadas calientes.

MISO, SÉSAMO Y JENGIBRE

PARA 6 CUCHARADAS APROXIMADAMENTE

2 cucharaditas de pasta de *miso*

2 cucharaditas de miel clara

2 cucharadas de vinagre de arroz

2 cucharadas de aceite de sésamo

1 cucharada de salsa de soja

1 diente de ajo machacado

una pieza de jengibre fresco del tamaño de un pulgar, pelado y rallado muy fino

2 cucharaditas de semillas de sésamo negro

1 cebolleta, solo la parte blanca, cortada en rodajas finas

Ponga todos los ingredientes en un tarro, tápelo y agite bien. Consérvelo en la nevera hasta 3 días.

Pruebe esto...
* Con col china, *pak choi*, guisantes, brotes de soja, col blanca y zanahoria rallada.
* Para marinar pescado o pollo.
* Para mojar rollitos de primavera de papel de arroz.

Información nutricional
Un aliño a base de aceite aportará un gran sabor a una ensalada, pero una investigación demuestra que además puede mejorar la absorción de los carotenoides antioxidantes y liposolubles de las verduras. Ese mismo estudio descubrió que picar y trocear las verduras también ayuda.

POR QUÉ NOS GUSTA

Perú se ha revelado recientemente como una capital mundial de la alimentación sana debido a su riqueza en productos únicos y nutritivos (gran parte de ellos procedentes del Amazonas y los Andes). Esta sopa incluye quinoa, la proteica supersemilla de Perú, y pechuga de pollo sin grasa. Con abundante cilantro, un toque de chile y otro de lima, se trata de una minicomida reconfortante.

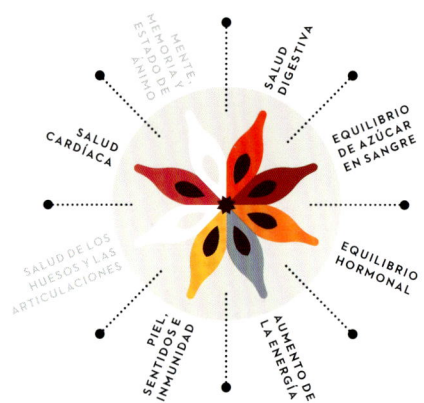

Aguadito
SOPA PERUANA DE POLLO Y CILANTRO

2 RACIONES

50 g de cilantro (hojas y tallos), y algunas hojas más para servir

1 cebolleta pequeña picada en trozos no muy pequeños

1 diente de ajo pelado

1 chile verde sin semillas

1 tallo de apio picado en trozos no muy pequeños

1 cucharada de aceite de oliva virgen extra

500 ml de caldo de pollo

50 g de quinoa bien enjuagada

1 pechuga de pollo sin piel ni hueso, de unos 150 g, cortada en 4 trozos

50 g de guisantes congelados

el zumo de ½ lima

sal marina en escamas y pimienta negra recién molida

cuñas de lima para servir

Ponga el cilantro, la cebolla, el ajo, el chile, el apio y el aceite de oliva en un robot de cocina y mezcle hasta obtener una consistencia similar a la de un pesto.

Vierta la preparación en una cacerola y sofríala a fuego lento durante unos minutos. Incorpore el caldo y la quinoa escurrida. Lleve a ebullición y deje cocer a fuego lento durante 15 minutos.

Añada el pollo y deje cocer 15 minutos más, hasta que este y la quinoa estén listos. Pase el pollo a un plato y desmenúcelo con un tenedor. Vuelva a ponerlo en la cacerola con los guisantes y lleve a ebullición lenta. Vierta el zumo de lima y deje cocer durante unos minutos más, hasta que los guisantes estén tiernos.

Salpimiente y sirva con hojas de cilantro por encima y cuñas de lima a un lado.

Consejo: truco para perezosos: compre cebolla ya cortada y consérvela en el congelador para ahorrar tiempo.

Información nutricional

La quinoa, que técnicamente es una semilla pero se consume como un cereal, es uno de los pocos alimentos vegetales que contienen los nueve aminoácidos esenciales (incluidas la lisina y la isoleucina) de los que carecen la mayoría de cereales. Además, es rica en fibra y se trata de un carbohidrato de digestión lenta, lo que la convierte en una gran opción de IG bajo.

POR QUÉ NOS GUSTA

Olvídese de los zumos verdes o de cualquier cosa que recuerde remotamente a restos de jardinería: *el modo perfecto de consumir las verduras de hoja que necesitamos es una sopa, y esta es la mejor que hemos probado*. Junte las verduras, sumérjalas en agua, páselas por la batidora y listo: un delicioso cuenco de bondades antioxidantes. Añada una cucharada generosa de yogur natural para aportar un cremoso toque ácido.

Sopa verde

4 RACIONES

1 cucharada de aceite de oliva virgen extra

3 dientes de ajo machacados

1 pieza de jengibre fresco de 5 cm, pelada y cortada en rodajas

1 cucharadita de cilantro en polvo

1 pieza de cúrcuma fresca de 5 cm, pelada y rallada, o 1 cucharadita de cúrcuma en polvo

1 anís estrellado

sal marina en escamas y pimienta negra recién molida

500 ml de caldo vegetal

2 calabacines cortados en rodajas

1 brócoli (incluidos los tallos tiernos) troceado

2 puñados grandes de hojas de col rizada (*kale*, sin los tallos más duros) troceadas

el zumo de 2 limas

un puñado de perejil picado no muy fino

2-3 cucharadas de yogur natural para servir

Caliente el aceite de oliva en una cacerola grande, añada el ajo, el jengibre, el cilantro, la cúrcuma, el anís estrellado, la sal y la pimienta, y saltee a fuego medio durante 2 minutos. Incorpore 3 cucharadas de caldo para aportar un poco de humedad a las especias.

Añada los calabacines, remueva bien para cubrirlos con la mezcla de especias y vierta el resto del caldo. Lleve a ebullición lenta y deje cocer 5 minutos.

Agregue el brócoli, la col rizada y el zumo de lima, y deje cocer 3 o 4 minutos más, hasta que todas las verduras estén tiernas (es posible que tenga que añadir un poco de agua; dependerá del volumen de las verduras, pero estas liberarán mucha humedad).

Retire la cacerola del fuego e incorpore el perejil picado. Quite el anís estrellado y utilice la batidora para mezclar los ingredientes hasta obtener una textura casi homogénea. Recaliente la sopa si es necesario.

Reparta la sopa en cuencos y sirva con un remolino de yogur y un poco de pimienta molida.

Información nutricional
Considere la col rizada como un multivitaminas en hojas. Ayuda a reducir el colesterol y el riesgo de enfermedades relacionadas con el envejecimiento. Una ración de 80 g contiene más vitamina C que una naranja y siete veces más la dosis diaria recomendada de vitamina K, un importante nutriente para la salud de los huesos y la coagulación de la sangre.

POR QUÉ NOS GUSTA

Esta sopa posee un sabor muy intenso gracias a los puerros y el parmesano. El LSA espesa y aporta un acertado toque saciante y a frutos secos. Puede pasarla por la batidora o dejarla tal cual si prefiere un buen plato de aire rústico.

Sopa de garbanzos, puerros y parmesano

4 RACIONES

1 cucharada de aceite de oliva

1 cucharadita de mantequilla

2 puerros limpios y cortados en rodajas

1 cebolla roja pequeña picada

2 dientes de ajo picados

sal marina en escamas

400 g de garbanzos cocidos, enjuagados y escurridos

2 cucharadas de LSA (véase pág. 27) o de almendras en polvo

800 ml de caldo de pollo o de verduras

pimienta negra recién molida

70 g de queso parmesano rallado, y un poco más para servir

PARA SERVIR

nuez moscada rallada

un puñado pequeño de perejil picado

Caliente el aceite de oliva y la mantequilla en una sartén grande de fondo grueso. Incorpore los puerros, la cebolla, el ajo y una pizca de sal. Saltee a fuego lento durante 5 minutos, hasta que las verduras estén tiernas.

Añada los garbanzos y saltee 1 minuto más. Incorpore el LSA o las almendras en polvo y el caldo, y deje cocer 15 minutos a fuego lento. Salpimiente e incorpore el parmesano.

Si prefiere una sopa homogénea, pásela por la batidora. Recaliente la sopa si lo considera necesario.

Reparta la sopa en cuencos y espolvoree un poco de nuez moscada, perejil y parmesano rallado.

Consejo: añada la corteza del parmesano al caldo, ya que intensificará el sabor de la sopa. No olvide retirarla antes de pasar la sopa por la batidora o de servir.

Información nutricional

Los puerros contienen cantidades significativas del flavonoide kaempferol, además de abundante folato (vitamina B) y polifenoles antioxidantes. Todo ello protege y estimula el sistema cardiovascular.

POR QUÉ NOS GUSTA

Se cree que Hipócrates utilizaba berros para tratar a sus pacientes, y ahora sabemos que era por una buena razón: esta excelente fuente nutricional con un toque a pimienta contiene más calcio que la leche, más vitamina C que una naranja y más hierro absorbible que las espinacas. He aquí una sopa sencilla y rápida de preparar que aporta todas esas bondades directamente a su cuchara.

Sopa contundente de berros

2 RACIONES

1 cucharadita de mantequilla

1 cebolla picada en trozos no muy pequeños o 1 puerro limpio y cortado en trozos no muy pequeños

1 patata pelada y troceada

1 manojo de berros, aproximadamente 120 g, sin los tallos más grandes

500 ml de caldo de pollo o de verduras

nuez moscada rallada

sal marina en escamas y pimienta negra recién molida

2 cucharadas de yogur natural para servir

Derrita la mantequilla en una cacerola, añada la cebolla o el puerro y saltee a fuego suave durante unos minutos, hasta que la verdura empiece a ablandarse. Agregue la patata y los berros y saltee a fuego lento durante 5 minutos más, hasta que los berros pierdan la firmeza.

Incorpore el caldo y la nuez moscada, salpimiente generosamente, lleve a ebullición suave y deje cocer más o menos 15 minutos más, hasta que la patata esté tierna.

Retire la cacerola del fuego y pase la sopa por la batidora hasta que esté homogénea. Si es necesario, caliéntela.

Reparta la sopa en cuencos y sirva con un remolino de yogur.

Información nutricional
Investigaciones recientes sitúan los berros en lo más alto del Índice de Densidad de Nutrientes Agregados, que mide el contenido en vitaminas, minerales y fitonutrientes en relación con el contenido calórico. Los compuestos que contienen azufre, que aporta a las crucíferas (como los berros) ese toque amargo y picante, también son los que aportan los beneficios protectores de las células.

POR QUÉ NOS GUSTA

Esta sopa es una nueva versión de una receta de *Las recetas de la dieta de los dos días*, el libro de Mimi. Aparecía en ese libro debido a su bajo contenido calórico (aproximadamente 116 calorías por ración), y la hemos incluido en este por sus maravillosos beneficios para la salud. Está repleta de ingredientes beneficiosos (remolacha, manzanas, anís estrellado, yogur y semillas) que se suman y dan lugar a un completo y reconfortante cuenco para combatir el frío.

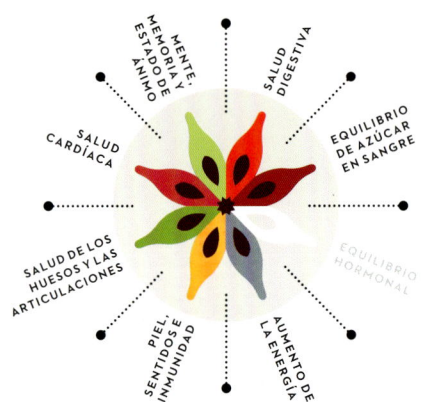

Sopa de remolacha y manzana
CON ANÍS ESTRELLADO

4 RACIONES

500 g de remolacha cruda limpia

1 cucharada de aceite de oliva

2 cebollas picadas en trozos no muy pequeños

1 cucharada de agua

2 manzanas Bramley

1,5 l de caldo de pollo o de verduras

2 anises estrellados

sal marina en escamas y pimienta negra recién molida

PARA SERVIR

1 cucharada de yogur natural

mezcla de semillas y especias (*véase pág. 26, opcional*)

Precaliente el horno a 180 ºC. Ponga la remolacha en una bandeja refractaria con 1 cm de agua. Ásela durante 45 minutos, hasta que esté tierna. Deje enfriar el tiempo suficiente para poder manipularla, pélela y píquela en trozos no muy pequeños.

Caliente el aceite de oliva en una cacerola de fondo grueso, añada las cebollas y la cucharada de agua, y tape. Deje cocer a fuego medio sin que lleguen a tomar color (aproximadamente 5 minutos, hasta que estén tiernas y transparentes).

Pele y corte las manzanas en cuartos, retire los corazones e incorpórelas a la cacerola junto con la remolacha. Vierta el caldo y el anís estrellado, y salpimiente. Lleve a ebullición suave y deje cocer durante 15 minutos, hasta que las manzanas estén tiernas.

Retire la cacerola del fuego y saque el anís estrellado. Pase la sopa por la batidora hasta que esté homogénea. Si es necesario, caliéntela.

Reparta la sopa en cuencos y sirva con un remolino de yogur y un poco de mezcla de semillas y especias. Unos trozos de feta y un poco de perejil de hoja plana picado también quedan bien.

Información nutricional

La remolacha no solo tiene un bonito color: estudios demuestran que ayuda a reducir la presión sanguínea y mejora la oxigenación del cerebro, por lo que resulta estupenda para la mente, la memoria y el estado de ánimo.

SOTO AYAM

POR QUÉ NOS GUSTA

Para Sam, una de las muchas alegrías de vivir en un país tropical es la abundancia de ingredientes frescos y aromáticos a los que damos un estupendo uso en esta sopa de pollo clásica de Indonesia. En Bali se toma al menos una vez por semana, y con la pasta de curri se prepara en un momento una comida rápida o una cena familiar ligera.

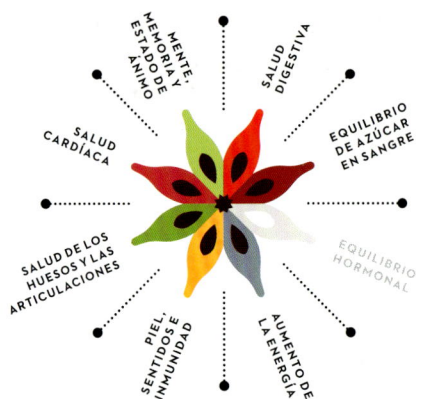

Soto Ayam
CALDO DE POLLO BALINÉS

2-3 RACIONES

- un puñado grande de cilantro (si es posible, con las raíces)
- 1 cucharada de aceite de coco
- 1 cucharada colmada de pasta de curri (*véase pág. 34*)
- 1 pechuga de pollo sin hueso y sin piel cortada en tiras finas
- 1 l de caldo de pollo o de verduras
- sal marina en escamas
- 1 huevo grande
- 100 g de tirabeques o de guisantes
- 100 g de brócoli cortado en ramitos pequeños
- 1 chorrito de zumo de lima

Lave bien el cilantro, pique las raíces (si las utiliza) y reserve. Separe las hojas de los tallos y reserve unas cuantas para servir; pique el resto en trozos no muy pequeños.

Ponga una cacerola a fuego medio y añada el aceite de coco, la pasta de curri y las raíces de cilantro picadas, y saltee durante unos minutos. Agregue el pollo y el caldo, y remueva bien. Lleve a ebullición suave y deje cocer aproximadamente 25 minutos, hasta que el pollo esté tierno y bien cocido. Pruebe la sopa e incorpore una pizca de sal si lo considera necesario.

Mientras, hierva el huevo en un cazo pequeño durante 10 minutos, páselo a un cuenco con agua fría y déjelo enfriar. Pele el huevo y córtelo en cuartos.

Añada las verduras, las hojas de cilantro picadas y el zumo de lima a la sopa, y deje cocer a fuego lento durante 2-3 minutos más. Las verduras deben estar *al dente*, no las cueza en exceso.

Sirva la sopa inmediatamente con el huevo duro, las verduras y las hojas de cilantro reservadas por encima.

Véase *fotografía pág. 130-131*.

Consejo: gran parte del sabor del cilantro fresco se encuentra en las raíces (en las recetas asiáticas se utilizan casi siempre las raíces únicamente). Por tanto, compre la planta entera si tiene posibilidad. Lave bien las raíces y córtelas finas.

Información nutricional
El cilantro es una excelente fuente de vitamina A (esencial para el funcionamiento de los órganos y una visión sana) y vitamina K, importante para la salud de los huesos.

POR QUÉ NOS GUSTA

La sopa de lentejas es un gran clásico saludable. Con nuestros toques, la receta queda todavía más nutritiva. Las lentejas aportan proteínas, vitaminas y minerales, y también son una gran fuente de prebióticos, que alimentan la flora beneficiosa del intestino. Añada zanahorias, cebollas, ajo y especias maravillosas, y no habrá una sola parte de su cuerpo que no sienta el sol en esta sensacional sopa.

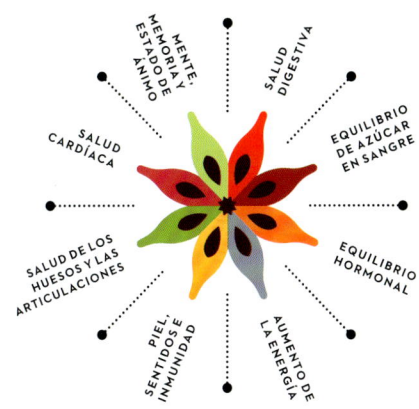

Sopa sol

SOPA DE LENTEJAS CON YOGUR A LA MENTA

2 RACIONES GENEROSAS O 4 COMO ENTRANTE

1 cucharada de aceite de oliva

1 cebolla roja picada

2 dientes de ajo machacados

3 cucharaditas de mezcla de especias (*véase pág. 24*)

2 cucharaditas de pimentón

1 cucharadita de canela en polvo

200 g de tomates troceados en conserva

500 ml de caldo de pollo o de verduras

100 g de lentejas secas verdes o pardas, lavadas

2 zanahorias peladas y ralladas

sal marina en escamas y pimienta negra recién molida

PARA DECORAR

un puñado grande de hojas de menta

3 cucharadas de yogur natural

un chorrito de zumo de limón

Caliente el aceite de oliva en una cacerola grande. Añada la cebolla, el ajo, la mezcla de especias, el pimentón y la canela, y saltee a fuego lento durante 5 minutos, o hasta que la cebolla se ablande.

Incorpore los tomates, el caldo, las lentejas y las zanahorias, lleve a ebullición suave y deje cocer 20-30 minutos, hasta que las lentejas estén tiernas. Dependiendo de la cantidad de líquido que las lentejas absorban, tendrá que añadir agua si espesan mucho. Salpimiente generosamente.

Pase la sopa por la batidora hasta obtener una consistencia bastante espesa e irregular. Si es posible, deje reposar un par de horas para que se desarrollen los sabores (o, todavía mejor, consérvela toda la noche en la nevera).

Para preparar la decoración, ponga todos los ingredientes en un robot de cocina o una batidora y mezcle hasta que la menta esté bien picada y el yogur adopte un bonito color verde claro.

Caliente la sopa, repártala en cuencos y sirva con una cucharada generosa de yogur a la menta por encima.

Información nutricional
Las lentejas poseen un IG bajo, lo que significa que los niveles de azúcar en sangre permanecerán constantes y no tendrá ganas de picar nada durante horas después de tomar esta sopa.

POR QUÉ NOS GUSTA

Si nunca ha preparado sopa de *miso*, ha llegado el momento de probar. Esta infusión humeante, maravillosamente enriquecida con jengibre fresco, está repleta de verduras y salmón rosado cocido. La frescura del pepino encurtido, servido aparte, eleva este clásico japonés a nuevas y estimulantes cotas: cuando nuestra amiga Nicky nos habló de este encurtido de estilo japonés, supimos que tendría un lugar destacado en nuestro libro. El pepino hidratante, el eneldo aromático y el intenso vinagre de arroz se combinan para refrescar el paladar: los compañeros perfectos para cualquier plato de pescado.

Sopa de *miso* con salmón
CON PEPINO ENCURTIDO DE NICKY

4 RACIONES

2 filetes de salmón de aproximadamente 125 g cada uno

2 cucharaditas de salsa de soja

1,5 l de agua

6 cucharadas de pasta de *miso* marrón

1 pieza de jengibre fresco del tamaño de un pulgar, pelado y rallado muy fino

4 cebolletas cortadas en rodajas finas

10 champiñones cortados en cuartos

2 zanahorias peladas y cortadas en rodajas muy finas o en tiras finas

2 *pak choi* mini cortados por la mitad a lo largo

4 cucharaditas de semillas de sésamo para servir

PARA EL PEPINO ENCURTIDO DE NICKY

½ pepino cortado por la mitad, sin semillas y cortado en medias lunas

2-3 hojas de eneldo picadas

100 ml de vinagre de arroz

1 cucharadita de miel clara

una pizca de sal marina en escamas

Información nutricional
Se ha demostrado que el *miso* (habas de soja fermentadas) reduce el colesterol, uno de los motivos dietéticos de la baja incidencia de cardiopatías en Japón.

Para preparar el pepino encurtido, mezcle todos los ingredientes en un cuenco. Consérvelo en la nevera durante 30 minutos antes de servir.

Mientras, pincele los filetes de salmón con la salsa de soja. Lleve a ebullición suave 1 l de agua en una cacerola grande, incorpore los filetes de salmón y deje cocer 10 minutos, hasta que estén listos (deles la vuelta una vez). Retire el salmón de la cacerola y deje enfriar (conserve el agua de cocción). Retire la piel y las espinas del pescado, y desmenúcelo en trozos grandes.

Cuele el agua de cocción en una cacerola grande limpia. Añada la pasta de *miso* y el jengibre, y remueva hasta que se disuelvan los grumos (una minibatidora de mano resulta práctica para este paso). Incorpore el resto del agua (500 ml) y lleve a ebullición.

Agregue las cebolletas, los champiñones, las zanahorias y el *pak choi*, baje el fuego y deje cocer durante 5 minutos más, hasta que las verduras estén tiernas.

Reparta el caldo en cuencos, añada el salmón desmenuzado y espolvoree con las semillas de sésamo. Sirva con el pepino encurtido.

Pruebe esto...
El pepino encurtido también combina bien con:

* *Rösti Swish* con *gravadlax* y yogur al eneldo véase pág. 165.
* *Falafel rápido*, véase pág. 151.
* Burritos de nori con ensalada asiática, véase pág. 182.

ENSALADAS Y SOPAS

PLATOS PRINCIPALES

POR QUÉ NOS GUSTA

Aunque este tajín dulce y salado cuenta con una extensa lista de ingredientes, no podría ser más sencillo: basta con cocerlo a fuego lento durante una hora y después verterlo sobre el cuscús alimonado. Se trata de un gran plato para improvisar un domingo antes de una ajetreada semana, ya que se conserva bien en la nevera (como nos ocurre a todos, mejora con el tiempo). Si le sobra, mézclelo con un poco más de caldo y páselo por la batidora: obtendrá una sopa al estilo moruno.

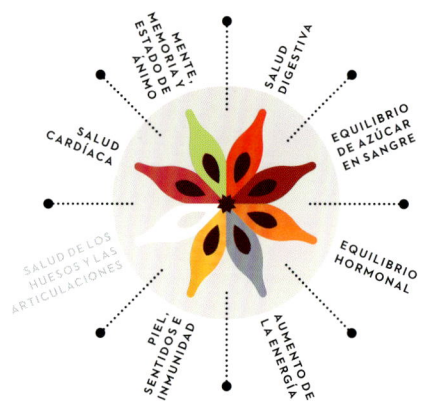

Tajín de garbanzos
CON NARANJA Y OREJONES DE ALBARICOQUE

4 RACIONES

1 cucharada de aceite de oliva

1 cebolla roja en rodajas finas

3 dientes de ajo machacados

2 cucharaditas de cúrcuma en polvo

2 cucharaditas de comino en polvo

1 cucharadita de canela en polvo

1 rama de canela por la mitad

1 cucharadita de pimienta de cayena

1 berenjena pequeña cortada en trozos del tamaño de un bocado

2 zanahorias peladas y cortadas en trozos del tamaño de un bocado

400 g de tomates cereza en conserva pelados

400 g de garbanzos cocidos, enjuagados y escurridos

75 g de orejones de albaricoque cortados por la mitad

la ralladura y el zumo de 1 naranja

zumo de ½ limón

400 ml de caldo vegetal

1 cucharadita de miel o de sirope de dátiles

sal marina en escamas y pimienta negra recién molida

200 g de espinacas

un puñado de perejil de hoja plana picado no muy fino

PARA EL CUSCÚS

200 g de cuscús integral

un puñado grande de perejil picado

PARA EL YOGUR CON *HARISSA*

2 cucharadas de yogur natural

2 cucharaditas de pasta de *harissa*

Caliente el aceite de oliva en una cacerola grande, de fondo grueso y apta para el horno. Añada la cebolla y rehóguela durante unos minutos, hasta que esté tierna. Incorpore el ajo y las especias. Rehogue 2-3 minutos más y vierta un chorro de agua al cabo del primer minuto. Agregue la berenjena y las zanahorias, remueva para impregnarlas bien y saltee 2 minutos más (remueva de vez en cuando).

Incorpore los tomates, los garbanzos, los orejones, el zumo y la ralladura de naranja, el zumo de limón, el caldo y la miel o el sirope de dátiles. Salpimiente y remueva, lleve a ebullición suave y deje cocer durante 45-60 minutos, hasta que las verduras estén tiernas. También puede hornearlo a 160 ºC, durante 1 hora.

Prepare el cuscús siguiendo las instrucciones del paquete y deje reposar. A continuación, ahuéquelo con un tenedor. Salpimiente e incorpore el perejil y el zumo de limón. Espolvoree con la ralladura de limón.

Añada las espinacas y el perejil al tajín 5 minutos antes de finalizar de la cocción. Mezcle el yogur y la pasta de *harissa* en un cuenco.

Sirva el tajín con el cuscús y el yogur con *harissa* aparte.

Información nutricional
Hay mucho que decir sobre los garbanzos: contienen proteínas y fibra insoluble, ideal para el intestino; ayudan a mantener constantes los niveles de azúcar en sangre y el colesterol a raya.

POR QUÉ NOS GUSTA

Las judías son todo un tesoro de bondades: su alto contenido en proteínas y en fibra da como resultado un alimento nutritivo de primera. Las judías negras, además, son mágicas, desconocidas pero las mejores, con toda una serie de singularidades saludables que nos llevan a afirmar que deberían estar mucho más presentes en nuestras vidas. Por si fuera poco, tienen un sabor exquisito, no muy distinto al de los champiñones, y una deliciosa textura aterciopelada que exige el acompañamiento de un burrito de tortilla suave con semillas. Nuestra promesa: no volverá a tener hambre durante horas.

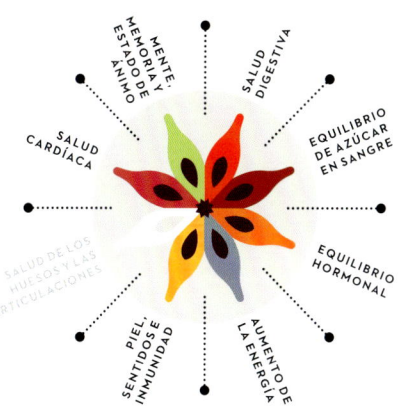

Revuelto de judías negras
CON HUEVOS AL NIDO

2 RACIONES

1 cucharada de aceite de oliva

1 cebolla roja pequeña picada

1 diente de ajo aplastado

1 tallo de apio cortado en dados pequeños

1 pimiento rojo sin semillas y cortado en dados pequeños

1 chile rojo sin semillas y cortado en rodajas finas o al gusto

1 cucharadita de pimentón ahumado

un puñado de cilantro (hojas y tallos) muy picado

400 g de judías negras enjuagadas y escurridas

1 hoja de laurel

400 ml de caldo de verduras o de pollo

sal marina en escamas y pimienta negra recién molida

2 huevos

PARA SERVIR

un puñado de perejil picado

2 tortillas integrales con semillas

Caliente el aceite de oliva en una cacerola mediana, añada la cebolla y saltee a fuego suave durante unos minutos, hasta que empiece a ablandarse. Agregue el ajo, el apio, el pimiento rojo, el chile, el pimentón y el cilantro, y saltee 10 minutos más, hasta que todo esté tierno.

Incorpore las judías, la hoja de laurel y el caldo. Remueva, lleve a ebullición suave y deje cocer durante 30-35 minutos, hasta que espese. Retire la cacerola del fuego y aplaste las judías un poco con un tenedor (buscamos la consistencia de un *dhal* espeso).

Salpimiente y remueva. Forme 2 huecos entre las judías. Casque un huevo sobre cada hueco, tape la cacerola y deje cocer a fuego medio durante 3-4 minutos más, o hasta que los huevos estén al gusto.

Espolvoree con el perejil y sirva con tortillas calientes.

Información nutricional
Las judías negras son ricas en los fitonutrientes antocianinas, esos importantes antioxidantes que nos protegen contra diversas enfermedades. Su actividad antioxidante es mayor que la de otras legumbres.

POR QUÉ NOS GUSTA

La idea de preparar un gran cuenco de *soul food* puede parecer un poco moderna, pero este plato ofrece un estupendo y sencillo modo de obtener un aporte equilibrado de carbohidratos de combustión lenta, muchas verduras y la cantidad suficiente de proteínas en cada bocado. Este primer cuenco nutritivo (hay dos más en las siguientes páginas) lo tiene todo: es dulce, contiene toques a frutos secos y terrosos... Muchas sensaciones y con muy poco esfuerzo. A todos nos falta tiempo, de modo que el método «introdúcelo en el horno» es perfecto para nosotros.

Asado de calabaza, judías blancas y cebolla roja

CON FETA Y PIÑONES

2 RACIONES

350 g de calabaza cacahuete y boniato ya troceados (al vacío)

1 cebolla roja grande cortada en 8 cuñas

6 dientes de ajo pelados

un chorrito de zumo de limón

sal marina en escamas y pimienta negra recién molida

2 cucharadas de aceite de oliva

400 g de judías blancas enjuagadas y escurridas

PARA SERVIR

un puñado pequeño hojas de tomillo picadas

50 g de queso feta desmenuzado

2 cucharadas de piñones tostados

un puñado de semillas de granada

Precaliente el horno a 190 °C.

Ponga la calabaza, el boniato, la cebolla, el ajo y el zumo de limón en una bandeja refractaria, salpimiente y rocíe con el aceite de oliva. Hornee durante 40 minutos, hasta que todo esté tierno y empiece a caramelizarse.

Incorpore las judías y remueva con una cuchara de madera para que se desprenda lo que se haya pegado a la bandeja. Continúe horneando 5-10 minutos más.

Reparta en 2 cuencos y sirva con el tomillo, el queso, los piñones tostados y las semillas de granada por encima.

Consejo: si sobra, este plato resulta ideal para preparar una sopa. Vierta caldo, pase por la batidora, caliente y sirva.

Información nutricional
El ajo posee muchas propiedades beneficiosas para la salud, y en especial para la mediana edad: ayuda a reducir la presión sanguínea y el colesterol, lo que significa un corazón más sano.

REMOLACHA ASADA CON NARANJA ESPECIADA, *RAS EL HANOUT* **Y QUESO DE CABRA**

ASADO DE CALABAZA, JUDÍAS BLANCAS Y CEBOLLA ROJA CON FETA Y PIÑONES

CALABAZA ASADA CON QUINOA Y *LABNEH*

POR QUÉ NOS GUSTA

Ras el hanout significa «cabeza de la tienda» en árabe, lo que sugiere una mezcla de las mejores especias que un vendedor puede ofrecer. Nosotras somos admiradoras de las especias, y esta aromática mezcla antioxidante del norte de África combina de maravilla con la remolacha viscosa, la zanahoria dulce y la cebolla roja asada. Obtendrá unas cuantas proteínas y potencia láctea del queso de cabra. La menta no está solo de adorno: enriquece todavía más el plato.

Remolacha asada

CON NARANJA ESPECIADA, *RAS EL HANOUT* Y QUESO DE CABRA

2 RACIONES

1 zanahoria grande pelada y cortada en bastones

4 remolachas ya cocidas, aproximadamente 250 g en total, cortadas en mitades o en cuartos

1 cebolla roja cortada en 8 cuñas

el zumo de 1 naranja

2 cucharadas de aceite de oliva

sal marina en escamas y pimienta negra recién molida

1 cucharada de *ras el hanout*

1 cucharadita de semillas de comino

PARA SERVIR

1 zanahoria pelada y cortada en virutas

un puñado de hojas de menta

50 g de queso de cabra desmenuzado

Precaliente el horno a 200 °C.

Ponga los bastones de zanahoria, la remolacha y la cebolla roja en una bandeja refractaria. Añada el zumo de naranja y el aceite de oliva. Salpimiente generosamente y espolvoree con *ras el hanout* y las semillas de comino. Hornee durante 40 minutos, hasta que las verduras estén tiernas y pegajosas.

Reparta las verduras, calientes o a temperatura ambiente, en 2 cuencos grandes. Agregue las virutas de zanahoria, espolvoree con la menta y corone con el queso de cabra.

Véase *fotografía pág. 143*.

Información nutricional
Un estudio reciente descubrió que la remolacha puede ayudar a ralentizar el avance de la demencia en los ancianos.

POR QUÉ NOS GUSTA

La calabaza es una gran fuente de vitaminas, minerales, fibra y antioxidantes, de modo que parece lógico asignarle el papel protagonista en este despliegue de lo mejor. Casi todos los ingredientes de este brillante plato son nuestros favoritos. Si nunca ha preparado *labneh*, pruébelo: es un sencillo yogur colado con ajo procedente de Oriente Medio que aporta un toque realmente especial a esta receta. Un poco de ajo machacado con yogur se puede emplear como sustitutivo.

Calabaza asada

CON QUINOA Y *LABNEH*

4 RACIONES

1 cucharada de aceite de oliva

1 pieza de jengibre fresco de 2 cm pelada y rallada

2 cucharaditas de canela en polvo

1 cucharada de chile en copos

500 g de calabaza pelada, sin semillas y cortada en trozos de 3 cm

1 cebolla roja cortada en 8 cuñas

sal marina en copos y pimienta negra recién molida

2 cucharaditas de sirope de arce

un chorrito de zumo de limón

2 cucharaditas de aderezo de sésamo (véase pág. 32) o semillas de sésamo negro

un puñado de espinacas mini y/o berros mini

un puñado de hojas de cilantro picadas en trozos no muy pequeños

un puñado de hojas de menta picadas en trozos no muy pequeños

20 tomates cereza cortados en mitades

250 g de quinoa ya cocida

50 g de nueces picadas

30 g de semillas de calabaza

PARA EL ALIÑO

3 cucharadas de aceite de oliva virgen extra

2 cucharadas de vinagre de sidra de manzana

1 cucharada de melaza de granada

2 cucharaditas de sirope de dátiles

1 cucharadita de mostaza de Dijon

el zumo de ½ limón

PARA EL *LABNEH*

150 g de yogur griego espeso

1 diente de ajo aplastado

2 cucharaditas de semillas de comino

sal marina en escamas y pimienta negra recién molida

Información nutricional
El comino es nuestra especia favorita no solo por su fantástico aroma y su sabor, sino también porque contiene una formidable lista de compuestos bioactivos que facilitan la digestión y ayudan a controlar los niveles de azúcar en sangre.

Para preparar el *labneh*, cuele el yogur con una muselina o un paño nuevo sobre un cuenco (átela con una goma). Consérvelo en la nevera y déjelo toda la noche para que libere el líquido y se ponga firme, con una textura similar a la del queso. Al día siguiente, pase el yogur colado a un cuenco limpio, añada el ajo y el comino, y salpimiente. Consérvelo en la nevera hasta el momento de servir.

Precaliente el horno a 190 °C. Caliente el aceite de oliva en un cazo pequeño y agregue el jengibre, la canela y los copos de chile.

Ponga la calabaza en una bandeja refractaria y pincélela con el aceite caliente. Añada la cebolla roja, salpimiente y rocíe con el sirope de arce y el zumo de limón. Hornee durante 15 minutos, hasta que la calabaza esté tierna y empiece a caramelizarse. Espolvoree con el aderezo de sésamo (o las semillas) y reserve.

Mezcle todos los ingredientes del aliño y bátalos para emulsionarlos.

Antes de servir, monte las espinacas y/o los berros, las hierbas y los tomates en un cuenco grande. Incorpore la quinoa cocida y el aliño. Continúe con la calabaza y la cebolla roja, y añada cucharadas generosas de *labneh*. Reparta las nueces y las semillas de calabaza, y sirva.

Véase *fotografía pág. 143*.

POR QUÉ NOS GUSTAN

Estas increíbles hamburguesas vegetales se inspiraron en una visita al café Soul in a Bowl de Sanur, uno de esos tranquilos lugares de playa que han convertido a Bali en un punto de referencia gastronómico. Si siempre recurre a la carne cuando piensa en hamburguesas y ya le aburre, nuestra versión vegetariana debería convencerle de que ha llegado el momento de cambiar. Todos los ingredientes poseen sus credenciales, desde las lentejas y la calabaza hasta las sutiles especias y el rebozado supercrujiente de *dukkah* y quinoa roja. Ni siquiera necesita panecillos: mejor disponga las hamburguesas sobre un lecho de cogollos y disfrute de estas maravillas.

Hamburguesas divinas
CON REBOZADO DE QUINOA ROJA Y *DUKKAH*

PARA 4 HAMBURGUESAS

- 250 g de calabaza cacahuete pelada, sin semillas y troceada
- 1 cucharadita de aceite de oliva
- 1 cucharadita de semillas de comino
- sal marina en escamas y pimienta negra recién molida
- 100 g de lentejas rojas escurridas
- 300 ml de agua
- 1 hoja de laurel
- 200 g de tofu firme cortado en dados (opcional)
- 2 cebolletas cortadas en rodajas finas
- 1 diente de ajo machacado
- 1 cucharadita de mezcla de especias (*véase pág. 24*) o 1 cucharadita de cilantro en polvo y 1 de comino en polvo
- 1 cucharadita de chile en copos
- un puñado de cilantro (hojas y tallos) muy picado
- 1 huevo batido (si fuera necesario)
- aceite de oliva ligero en espray

PARA EL REBOZADO

- 2 cucharadas de quinoa roja sin cocer
- 2 cucharadas de *dukkah* (*véase pág. 30*) o 1 cucharada de almendras en polvo y 2 cucharaditas de semillas de sésamo

PARA SERVIR

- hojas de lechuga
- *Uchucuta* (*véase pág. 226, opcional*)

Información nutricional
La calabaza cacahuete es muy rica en vitamina A, que desempeña un papel importante en la salud de todos los tejidos corporales, incluidos la piel, el cabello, los dientes y los huesos.

Precaliente el horno a 200 ºC. Ponga la calabaza en una bandeja refractaria pequeña, rocíe con el aceite de oliva, añada las semillas de comino y salpimente. Hornee durante 20-30 minutos, hasta que la calabaza esté tierna y empiece a tomar color en los bordes. Deje enfriar y córtela en trozos pequeños.

Mientras, ponga las lentejas, el agua y la hoja de laurel en un cazo, lleve a ebullición suave y deje cocer 10 minutos, hasta que estén tiernas pero no demasiado cocidas. Retire la hoja de laurel, escurra y deje enfriar.

Ponga las lentejas frías, la calabaza asada, el tofu (si lo utiliza), las cebolletas, el ajo, las especias y el cilantro en un cuenco grande y mezcle bien. Salpimente generosamente y reparta la preparación en 4 partes. Dé forma a las hamburguesas. Si el preparado le resulta demasiado seco, agregue 1 huevo batido para ligarlo.

Incorpore bien los ingredientes del rebozado en un cuenco poco hondo. Cubra cada hamburguesa con la mezcla presionando un poco. Conserve las hamburguesas en la nevera durante un mínimo de 30 minutos.

Caliente una sartén antiadherente grande y rocíe con un poco de aceite de oliva. Fría las hamburguesas durante 5-6 minutos por cada lado, hasta que estén doradas y bien cocinadas por dentro. Sírvalas sobre un lecho de lehuga y, si lo desea, con un poco de *Uchucuta* a un lado.

Consejo: estas hamburguesas están muy buenas frías, lo que las convierte en una opción ideal para llevar. Prepare una tanda generosa y consérvelas en la nevera o en el congelador.

POR QUÉ NOS GUSTA

El *gado gado*, que significa «mezcla», es un plato indonesio muy popular presente en el menú de casi todos los *warungs* («restaurantes»). La base consiste en verduras cocidas *al dente* y servidas con una salsa de cacahuete y chile picante, pero aquí hemos añadido trozos de tortilla: de este modo pasa de ser un simple acompañamiento a un sustancioso (y bonito) plato único. Puede utilizar todas las verduras de la lista o solo una selección.

Gado gado
CON TIRAS DE TORTILLA

2-3 RACIONES

PARA EL GADO GADO

1 zanahoria grande pelada y cortada en bastones finos

100 g de brotes de soja

100 g de judías verdes cortadas en trozos de 3 cm de largo

100 g de tirabeques o guisantes

100 g de maíz dulce mini cortado en mitades

1 col blanca pequeña cortada en juliana fina

1 *pak choi* cortado en juliana

sal marina en escamas

PARA LA SALSA DE CACAHUETE

3 cucharadas de mantequilla de cacahuete con trozos

2 cucharaditas de salsa de soja

2 cucharaditas de azúcar moreno

1 diente de ajo muy picado

1 pieza de jengibre fresco del tamaño de un pulgar, pelada y rallada

el zumo de 1 lima

½-1 cucharadita de chile en copos, al gusto

75 ml de agua hirviendo

PARA LAS TORTILLAS

3 huevos

un chorrito de agua

pimienta negra recién molida

aceite de oliva ligero en espray

PARA SERVIR

2 cebolletas cortadas en rodajas finas

1 chile rojo sin semillas y cortado en rodajas finas

un puñado de cilantro

un puñado de cacahuetes sin sal

cuñas de lima

Para preparar la salsa de cacahuete, ponga todos los ingredientes (excepto el agua hirviendo) en un cuenco. Añada el agua poco a poco, mezclando con un tenedor hasta que todo esté bien ligado. La salsa debe quedar suficientemente líquida para verterla; agregue más agua hirviendo si lo considera necesario. Reserve.

Lleve a ebullición agua con sal en una cacerola grande. Hierva cada verdura por tandas durante 1 minuto, aproximadamente. Retírelas con una espumadera y escúrralas en papel de cocina. Espolvoree con un poco de sal.

Bata los huevos con un chorro de agua y salpimiente. Caliente una sartén antiadherente grande y rocíe con un poco de aceite de oliva. Vierta la mitad de los huevos y mueva la sartén para cubrir la base. Cocine cada lado de la tortilla durante 1-2 minutos. Retire y repita con el resto de huevos. Enrolle las tortillas y córtelas a lo largo para formar tiras alargadas y finas.

Disponga las verduras en un plato para servir y rocíe con la salsa de cacahuete. Reparta las tiras de tortilla y acabe con las cebolletas, el chile, el cilantro y los cacahuetes. Puede servir más salsa de cacahuete aparte junto con las cuñas de lima.

Información nutricional
En estudios recientes se ha descubierto que los cacahuetes son tan eficaces como los frutos secos de árbol en la prevención de las cardiopatías, una buena noticia porque son más baratos que las nueces y las almendras, por ejemplo.

POR QUÉ NOS GUSTA

Hay algo irresistible en el exterior crujiente y el centro tierno de un buen falafel, aunque las versiones compradas no resultan tan inspiradoras. Preparar falafel en casa no tiene ningún secreto: nuestra versión es rápida y fácil, con ingredientes que casi siempre tenemos en la despensa. Los hemos cubierto con algunos de nuestros productos favoritos (*dukkah,* semillas de sésamo, LSA) para darles ese importante toque de nuestra cocina.

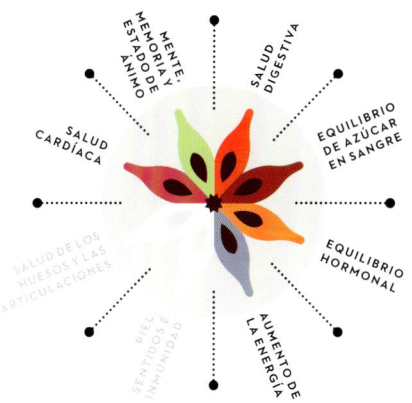

Falafel rápido

PARA 8 FALAFEL PEQUEÑOS O 6 GRANDES

PARA EL FALAFEL

400 g de garbanzos enjuagados y escurridos

1 cucharada de mezcla de especias (véase pág. 24) o 1 cucharadita de cilantro molido y 1 cucharadita de comino molido

1 huevo

un puñado grande de perejil

el zumo de ½ limón

sal marina en escamas y pimienta negra recién molida

1 cucharadita de aceite de oliva

PARA EL REBOZADO

1 cucharada de aderezo de sésamo (véase pág. 32) o semillas de sésamo

o 1 cucharada de *dukkah* (véase pág. 30)

o 1 cucharada de LSA (véase pág. 27) o de almendras en polvo

PARA SERVIR

2 panes pita integrales

2 zanahorias peladas y ralladas

2 cucharadas de hummus

2 cucharadas de *zehug* (véase pág. 238, opcional)

Ponga todos los ingredientes del falafel, excepto el aceite de oliva, en un robot de cocina y mezcle hasta obtener una pasta no homogénea. Forme 8 bolas aplastadas pequeñas o 6 grandes con la pasta. Cubra cada una con el rebozado que elija, con golpecitos para que se adhiera bien. Puede conservarlas en la nevera para prepararlas más tarde.

Cuando llegue el momento de elaborarlas, caliente el aceite de oliva en una sartén grande, añada los falafels y fríalos durante 5-7 minutos por cada lado, hasta que adquieran un tono marrón dorado por fuera y estén bien cocinados por dentro.

Sirva con pitas calientes y con la zanahoria rallada, *zehug* y hummus.

Pruebe esto...
Incorpore cualquiera de los siguientes ingredientes a su mezcla para los falafels:

* 2 cucharaditas de ralladura de limón.
* 1 cucharadita de copos de chile.
* 1 cucharadita de semillas de comino.
* Más hierbas picadas, como menta o cilantro.
* En lugar de *zehug* y hummus, sírvalos con: *raita* de remolacha (véase pág. 230); guacamole completo (véase pág. 220) o hummus de pimiento rojo asado con almendras y pimentón (véase pág. 221).

Información nutricional
Los garbanzos representan una fuente muy asequible de proteínas, carbohidratos lentos, minerales, vitaminas, fibra y ácidos grasos saludables... ¡y además podemos preparar falafel con ellos!

PLATOS PRINCIPALES

POR QUÉ NOS GUSTA

Este plato con proteínas completas, básico en la cocina ayurvédica, nutre y calma el sistema digestivo. Fundamentalmente se trata de una versión del *kitchri*, elaborado solo con arroz, aunque nosotras hemos añadido lentejas rojas para mejorar la textura e incrementar sus credenciales saludables.

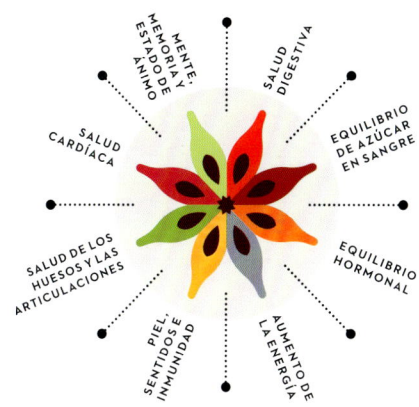

Kitchri de lentejas rojas y caballa ahumada

2 RACIONES

1 cucharada de aceite de oliva o de coco

1 cucharadita de semillas de mostaza

1 cucharadita de semillas de *nigella*

1 cucharada de curri suave en polvo

2 cucharadas de mezcla de especias (véase pág. 24) o 3 cucharaditas de comino en polvo, 2 cucharaditas de cúrcuma en polvo y 2 cucharaditas de cilantro en polvo

1 cebolla roja muy picada

un chorrito de agua

100 g de lentejas rojas escurridas

500 ml de caldo de verduras

1 hoja de laurel

1 ramita de canela partida por la mitad

2 huevos

125 g de arroz basmati cocido o ½ ración ya cocida

150 g de filetes de caballa ahumada desmenuzados

el zumo de ½ limón

sal marina en escamas y pimienta negra recién molida

cilantro para servir

cuñas de limón para servir

Caliente el aceite en una sartén grande, añada las semillas de mostaza y las de *nigella*, y saltee durante un par de minutos con cuidado de que no se quemen. Añada el resto de especias en polvo y la mezcla de especias y saltee durante 30 segundos más. Incorpore la cebolla con un chorro de agua y sofría a fuego suave durante 2-3 minutos, hasta que esté tierna.

Agregue las lentejas y remueva para que se impregnen con la mezcla de especias aromática. Incorpore el caldo, la hoja de laurel y la canela en rama. Lleve a ebullición suave y deje cocer durante 15 minutos, aproximadamente, hasta que las lentejas estén tiernas.

Mientras, cueza los huevos en un cazo pequeño con agua hirviendo durante 10 minutos. Páselos a un cuenco con agua fría y deje enfriar. Pélelos y córtelos en cuartos.

Añada el arroz cocido a las lentejas, seguido del pescado desmenuzado, y caliente todo a fuego suave. Incorpore el zumo de limón y salpimente.

Reparta el *kitchri* en 2 cuencos y decore con los huevos duros. Distribuya las hojas de cilantro, aderece con pimienta y sirva con cuñas de limón.

Información nutricional
Si sustituye la caballa por bacalao, incrementará el contenido en ácidos grasos omega 3 del plato, estupendo para el corazón y las articulaciones.

POR QUÉ NOS GUSTA

Siempre estamos a la búsqueda de cenas rápidas y con un toque especial, y esta receta encaja a la perfección en el perfil. Se trata de uno de esos platos que parece muy elaborado, pero lo cierto es que la preparación no podría ser más sencilla. Y la mayoría de ingredientes (con la excepción del pescado) probablemente ya los tendrá en su nevera. No tiene más que añadir un pescado blanco firme (aquí hemos empleado rape, pero el fletán quedaría igualmente delicioso) o calamares y langostinos, y acompañarlos con un pan de pita integral caliente para rebañar los sabrosísimos jugos. No hay mucho que mejorar, pero Sam asegura que una copa de sancerre muy frío lo borda.

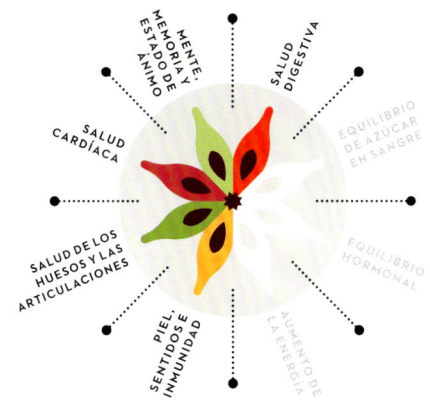

Rape con hinojo
Y HIERBAS, TOMATES Y ANCHOAS

2 RACIONES

2 cucharaditas de aceite de oliva

½ bulbo de hinojo limpio y cortado en rodajas finas

4 tomates maduros cortados en cuartos

4 filetes de anchoa picados

sal marina y pimienta negra recién molida

250 g de rape (filete o cola), sin la membrana y cortado en trozos de 3 cm de grosor

un puñado de aceitunas griegas deshuesadas y picadas

un puñado de hojas de cilantro picadas

un puñado de hojas de albahaca

un puñado de eneldo picado

Caliente el aceite de oliva en una sartén mediana y saltee el hinojo durante varios minutos, hasta que esté tierno. Incorpore los tomates y las anchoas. Salpimiente y sofría a fuego lento durante 10-15 minutos, hasta que los tomates empiecen a estar tiernos (*véase consejo*).

Añada los trozos de rape y las olivas, tape y deje cocer durante 5-10 minutos más, hasta que el pescado esté bien cocinado. Incorpore las hierbas, remueva y sirva.

Consejo: puede preparar la receta hasta este punto, dejarla enfriar y conservarla en la nevera hasta que la necesite.

Información nutricional
Todos los ingredientes de este plato son nuestros favoritos, pero la auténtica superestrella es el hinojo. Sus fitonutrientes contribuyen a mantener unos huesos sanos, reducen la presión sanguínea y favorecen la salud del corazón y el intestino. Incluso ayuda a mejorar la elasticidad de la piel.

POR QUÉ NOS GUSTA

Esta intensa salsa verde rinde homenaje a los fabulosos sabores de Tailandia y es la compañera perfecta para un pescado azul. Nuestro favorito es el filete de trucha, rosa y delicado, salteado a fuego fuerte para que la piel quede crujiente, aunque la salsa combina bien con casi cualquier filete de pescado: salmón, pargo, lubina o besugo son propuestas excelentes. Para obtener la máxima puntuación de *The Midlife Kitchen*, pruébela con caballa o sardinas frescas a la plancha.

Trucha crujiente
CON SALSA ASIÁTICA

2 RACIONES

2 filetes de trucha, de unos 125 g cada uno, con la piel

un poco de aceite de oliva

sal marina en escamas y pimienta negra recién molida

hojas de cilantro para servir

PARA LA SALSA

un puñado de cilantro (hojas y tallos) picado en trozos no muy pequeños

1 pieza de jengibre fresco del tamaño de un pulgar, pelada y picada

1 pieza de cúrcuma fresca del tamaño de un pulgar, pelada y picada

1 diente de ajo pelado y cortado por la mitad

2 cebolletas picadas en trozos no muy pequeños

1 chile rojo grande sin semillas y picado en trozos no muy pequeños, o al gusto

el zumo de 1 lima

2 cucharaditas de aceite de sésamo

2 cucharaditas de salsa de soja

2 cucharaditas de miel clara

1 cucharadita de salsa Thai de pescado (*nam pla*)

Ponga todos los ingredientes de la salsa en un robot de cocina y mezcle hasta obtener una pasta no homogénea.

Caliente una plancha o una sartén grande a fuego fuerte hasta que alcance una temperatura suficiente para dorar la piel de la trucha. Rocíe el pescado con un poco de aceite de oliva y salpimente generosamente. Póngalo en la parrilla o la sartén con la piel hacia abajo y aplástelo ligeramente. Cocínelo durante 3-4 minutos, hasta que la piel esté crujiente. Dé la vuelta a los filetes con cuidado, baje el fuego y continúe con la cocción durante 2-3 minutos más, hasta que estén bien cocinados y opacos (el tiempo dependerá del grosor de los filetes).

Sirva de inmediato con una buena cantidad de salsa por encima.

Información nutricional
Cada vez son más las pruebas que sugieren que el consumo habitual de pescado, y en particular de pescado azul como la trucha, reduce el riesgo de padecer enfermedades cardiovasculares. Además, es una buena fuente de vitamina D, la «vitamina del sol», beneficiosa para los huesos y el sistema inmune.

POR QUÉ NOS GUSTAN

El jengibre es un ingrediente básico de nuestra cocina. Aquí lo utilizamos en su versión encurtida, la que se suele encontrar junto al sushi y el wasabi. Nos encanta su delicado sabor y su elegante color rosa bailarina, un complemento inesperado para el crujiente limpio de los guisantes de este plato rápido y magnífico. Hemos utilizado langostinos, pero también quedaría bien con pollo para una gran comida con pocas calorías y mucho sabor.

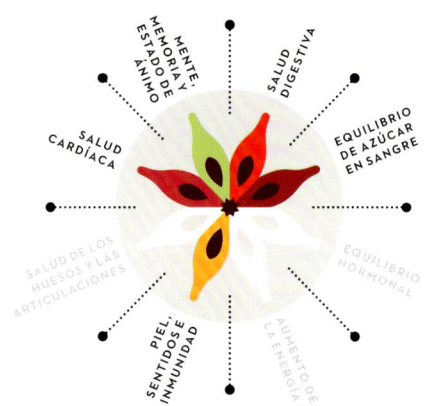

Langostinos con *miso*,
SÉSAMO Y GUISANTES AL JENGIBRE ENCURTIDO

2 RACIONES

8 langostinos grandes pelados
1 cucharadita de aceite de coco
2 cucharadas de vinagre de arroz o mirin

PARA EL ADOBO

2 cucharadas de pasta de *miso* marrón
2 cucharadas de salsa de soja
2 cucharaditas de aceite de sésamo
1 pieza de jengibre fresco de 2 cm, pelada y rallada muy fina
el zumo de 1 lima

PARA LA ENSALADA

100 g de guisantes
100 g de tirabeques
sal marina en escamas
2 cucharadas de jengibre encurtido (de tarro)
2 cucharadas de semillas de sésamo

Mezcle todos los ingredientes del adobo en un cuenco y añada los langostinos. Tape con film transparente y deje marinar en la nevera durante al menos 10 minutos (o varias horas si dispone de tiempo).

Hierva los guisantes y los tirabeques en una cacerola con agua con sal durante 2 minutos, hasta que estén tiernos pero firmes. Escurra y refresque con agua muy fría (ayudará a conservar el color y el crujiente). Escurra bien y seque con papel de cocina, córtelos en diagonal, póngalos en un cuenco y mézclelos con el jengibre encurtido y las semillas de sésamo.

Caliente una parrilla, añada el aceite de coco y los langostinos (incluido el adobo) y fríalos durante 1 minuto, aproximadamente, por cada lado, hasta que adopten un tono rosado y estén cocinados por dentro. Retire los langostinos de la sartén y manténgalos calientes. Vierta el vinagre de arroz o el mirin a la sartén y remueva para desprender lo que haya quedado pegado en la base.

Sirva los langostinos con la ensalada y rocíe con los jugos de la sartén.

Información nutricional
La astaxantina, un pigmento de color naranja rosado presente en numerosos mariscos (langostinos, cangrejos y salmón, por ejemplo), posee potentes propiedades antioxidantes y cardioprotectoras.

POR QUÉ NOS GUSTA

Una sencilla pieza de pescado es maravillosa por sí sola, y todavía es mejor cuando pasa por el filtro de *The Midlife Kitchen* y recibe este aporte de superespecias antioxidantes. Aquí hemos mezclado lomo de bacalao con *sabji*, un salteado de verduras de estilo indio. Hemos elegido espárragos para el *sabji*, una acertada contribución a nuestro menú por sus saponinas antiinflamatorias, su inulina prebiótica beneficiosa para el intestino y sus vitaminas del grupo B, que ayudan a equilibrar los niveles de azúcar en sangre. Prepare los espárragos rápidamente con limón y especias para que estén *al dente*. Los guisantes aportan dulzor.

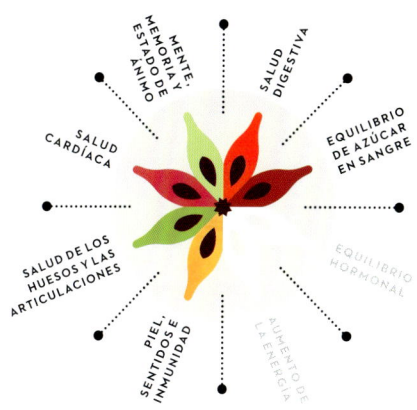

Pescado a las especias indias
CON ESPÁRRAGOS Y *SABJI* CON GUISANTES

2 RACIONES

2 cucharaditas de comino en polvo

1 cucharadita de curri picante en polvo

½ cucharadita de canela en polvo

½ cucharadita de cúrcuma en polvo

sal marina y pimienta negra recién molida

2 cucharadas de aceite vegetal

2 lomos de pescado blanco sin piel (bacalao, merluza o abadejo), de unos 125 g cada uno

PARA EL *SABJI*

aceite de oliva ligero en espray

½ cucharadita de semillas de cilantro

½ cucharadita de semillas de hinojo

250 g de espárragos finos limpios y cortados en trozos de 4 cm

60 ml de agua

el zumo de ½ limón

1 cucharadita de jengibre fresco pelado y rallado muy fino

sal marina y pimienta negra recién molida

100 g de guisantes congelados

PARA LA COBERTURA DE YOGUR

4 cucharadas de yogur natural

un puñado de hojas de menta picadas

Ponga el comino, el curri en polvo, la canela y la cúrcuma en un cuenco pequeño con una pizca de sal y un poco de pimienta negra. Añada el aceite vegetal para formar una pasta.

Adobe el pescado en la pasta anterior durante al menos 15 minutos en la nevera para que los sabores se desarrollen.

Precaliente el horno a 180 °C. Ponga el pescado adobado en una bandeja refractaria forrada con papel aluminio y hornee durante 15-20 minutos, hasta que esté bien cocinado y se desmenuce con facilidad.

Mientras, prepare el *sabji*. Caliente una sartén antiadherente y rocíela con aceite de oliva en espray. Agregue las semillas de cilantro e hinojo. Cuando empiecen a explotar, incorpore los espárragos y saltee durante 1 minuto. Añada el agua, el zumo de limón y el jengibre.

Salpimiente y deje cocer durante 2 minutos a fuego suave. Agregue los guisantes y continúe la cocción 2 minutos más, hasta que casi todo el líquido se haya evaporado y las verduras estén cocidas pero firmes.

Mezcle el yogur con la menta en un cuenco pequeño.

Para emplatar, ponga el *sabji* en el plato donde vaya a servir, coloque encima el pescado y corone con el yogur.

Información nutricional
Los guisantes mejoran la función gastrointestinal y reducen la carga glucémica, lo que significa que facilitan la digestión y mantienen constantes los niveles de azúcar en sangre.

PLATOS PRINCIPALES

POR QUÉ NOS GUSTA

Este intenso adobo con mostaza aporta una perspectiva nueva a cualquier pescado blanco, casi como si se aliñase con los condimentos perfectos desde el principio. El fletán, un delicado pescado muy sencillo de cocinar, representa una gran alternativa cardiosaludable a los habituales filetes de bacalao, aunque este adobo y el método empleado dan buenos resultados con cualquier pescado o carne.

Fletán al horno con mostaza y hierbas

2 RACIONES

- 2 escalonias picadas en trozos no muy pequeños
- 2 dientes de ajo pelados y cortados por la mitad
- 2 cucharadas de mostaza de Dijon
- 2 cucharaditas de hierbas de Provenza secas
- un chorrito de zumo de limón
- 1 cucharadita de vinagre de sidra de manzana
- 1 cucharadita de semillas de mostaza
- sal marina en escamas y pimienta negra recién molida
- 2 filetes de fletán de 150-200 g cada uno, sin piel
- ensalada de berros para servir (opcional)

Ponga las escalonias, los ajos, la mostaza, las hierbas, el zumo de limón y el vinagre de manzana en un robot de cocina y mezcle hasta obtener una pasta homogénea. Asegúrese de que las escalonias estén bien picadas para que se cocinen rápidamente en el horno. Incorpore las semillas de mostaza, salpimiente y remueva.

Ponga el pescado en un plato e imprégnelo con el adobo. Cubra con film transparente y deje marinar en la nevera durante al menos 30 minutos o, preferiblemente, toda la noche para asegurarse de que los sabores se desarrollen.

Ponga el pescado adobado en una bandeja refractaria forrada con papel de aluminio y hornee bajo el grill precalentado durante 3-5 minutos por cada lado, hasta que el pescado esté bien cocinado por dentro y se desmenuce fácilmente (el tiempo dependerá del grosor de los filetes).

Sirva de inmediato con una sencilla ensalada de berros, si lo desea.

Consejo: para pelar las escalonias rápidamente, póngalas en un cuenco con agua hirviendo durante 5 minutos para soltar las pieles. ¡Déjelas enfriar un poco antes de manipularlas!

Información nutricional

El fletán es un exquisito pescado blanco de carne firme que constituye una buena fuente de proteínas, además de proporcionar omega 3, vitaminas del grupo B y los minerales esenciales fósforo y selenio, estupendos para los niveles de energía y para mantener unos huesos y unas articulaciones fuertes.

POR QUÉ NOS GUSTA

Definitivamente, este plato es un poco glamuroso. El nombre procede de nuestra versión sueca de un clásico suizo, el apreciado *rösti*. Utilizamos *gravadlax*, un salmón ahumado nórdico repleto de omega 3, y sustituimos la mitad de las patatas por boniatos para incrementar el contenido en vitamina A. Si deja los boniatos con la piel, aumentará la cantidad de fibra del *rösti* y un elemento tan importante como el crujiente del plato.

Rösti Swish

CON *GRAVADLAX* Y YOGUR AL ENELDO

PARA 6-8 *RÖSTI*

250 g de patatas blancas limpias y cortadas en trozos grandes

250 g de boniatos limpios y cortados en trozos grandes

sal marina en escamas

150 g de *gravadlax* en lonchas

2 cebolletas cortadas en juliana fina

pimienta negra recién molida

2 cucharaditas de aceite de oliva

1 cucharadita de mantequilla

ensalada verde para servir (opcional)

cuñas de limón para servir

PARA EL YOGUR AL ENELDO

4 cucharadas de yogur natural

el zumo de ½ limón

un puñado de eneldo muy picado

Lleve a ebullición las patatas y los boniatos en una cacerola grande con agua hirviendo con sal durante 10 minutos, hasta que empiecen a estar tiernos pero no del todo cocinados. Escurra y deje enfriar. Introdúzcalos en la nevera durante varias horas o toda la noche (o en el congelador durante 15 minutos).

Cuando estén muy fríos, ralle los boniatos y las patatas con el lado grueso del rallador. Corte 100 g del *gravadlax* en tiras.

Mezcle las patatas y los boniatos rallados, las tiras de *gravadlax*, las cebolletas y sal y pimienta en un cuenco grande, con los dedos, hasta que todo esté bien ligado. Tome puñados de la preparación y forme 6-8 *rösti* del tamaño de la palma de la mano. Aplástelos para darles forma; la idea es que queden bastante finos.

Caliente el aceite de oliva y la mantequilla en una sartén grande, incorpore los *rösti* (4 cada vez, aunque dependerá del tamaño de la sartén). Cocínelos a fuego medio durante 10 minutos por cada lado. Aplástelos con una espátula para aplanarlos y asegúrese de que estén crujientes y dorados. Retírelos de la sartén y repita con el resto de *rösti*.

Mientras, mezcle los ingredientes para el yogur al eneldo en un cuenco.

Cuando estén listos, disponga los *rösti* en un plato grande y decórelos con el resto de *gravadlax*. Sirva con el yogur al eneldo, una ensalada verde y cuñas de limón a un lado.

Información nutricional

Las patatas y los boniatos merecen un lugar en nuestra dieta, aunque los boniatos son superestrellas de la vitamina A. Además, tienden a ser más ricos en fitoquímicos beneficiosos, como la antioxidante defensiva.

POR QUÉ NOS GUSTAN

La ensalada de atún y judías es un clásico, un matrimonio armonioso de ingredientes saludables que acechan en la despensa. A los toscanos se los conoce como *mangiafagioli*, «comedores de judías», y el dominio de las judías en su cocina es uno de los motivos por los que la dieta italiana se considera tan sana. Las judías están repletas de beneficios (proteínas, fibra y vitaminas), mientras que el atún y la cebolla roja de la receta clásica aportan sabor al conjunto.

Fagioli clásicos con atún

2 RACIONES

2 tarros de 200 g de judías distintas, por ejemplo alubias rojas, judías blancas, frijoles, etc., o un tarro de 400 g de judías variadas, enjuagadas y escurridas

½ cebolla roja pequeña cortada en rodajas finas

160 g de atún en aceite de oliva, escurrido

un puñado de perejil picado y un poco más para servir

4 cucharadas de aliño para ensaladas (*véase* pág. 33)

ralladura muy fina de limón para servir

Ponga las judías, la cebolla, el atún y el perejil en un cuenco. Añada el aliño, mezcle bien y refrigere en la nevera durante al menos 30 minutos para que los sabores se mezclen y se desarrollen.

Sirva con ralladura de limón y perejil picado por encima.

POR QUÉ NOS GUSTAN

Dado que este es un plato básico, hemos creado una versión alternativa con caballa ahumada a la pimienta, hinojo y eneldo para dar una nueva dimensión a la receta. El aceite de oliva virgen extra del aliño es fundamental en este plato, ya que buscamos la potencia de un aceite herbáceo realmente bueno. También necesitará zumo y ralladura de limón para aportar una nota ácida (y más propiedades antioxidantes).

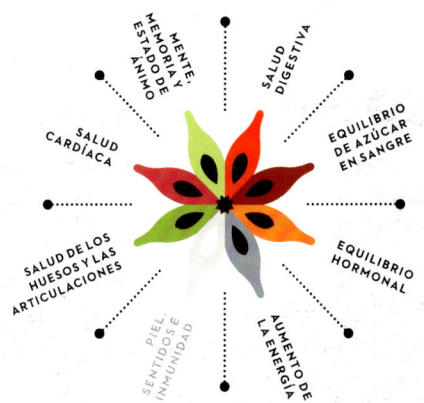

Fagioli con caballa
CON HINOJO Y ENELDO

2 RACIONES

2 tarros de 200 g de judías distintas, por ejemplo alubias rojas, judías blancas, frijoles, etc., o un tarro de 400 g de judías variadas, enjuagadas y escurridas

½ cebolla roja pequeña cortada en rodajas finas

150 g de filetes de caballa ahumados a la pimienta, sin piel, desmenuzados en trozos del tamaño de un bocado

½ bulbo de hinojo pequeño, limpio y cortado en rodajas finas

un puñado de eneldo, y un poco más para servir

4 cucharadas de aliño para ensaladas (véase pág. 33)

cáscara de limón cortada en juliana fina para servir

Ponga las judías, la cebolla, la caballa, el hinojo y el eneldo en un cuenco. Añada el aliño, mezcle bien y refrigere en la nevera durante al menos 30 minutos para que los sabores se mezclen y se desarrollen.

Sirva con la cáscara de limón y el eneldo picado.

Información nutricional
Un estudio realizado en 2009 descubrió que el consumo diario de cebolla mejora la densidad ósea en las mujeres menopáusicas, reduciendo así el riesgo de sufrir una fractura de cadera.

POR QUÉ NOS GUSTAN

Piense que en este aromático plato unos mejillones a la marinera se encuentran con una sopa *tom yum*. Resulta increíblemente sencillo y rápido de preparar, lo que contradice su sofisticado aspecto. Un entrante impresionante para una cena con amigos o un plato único ligero.

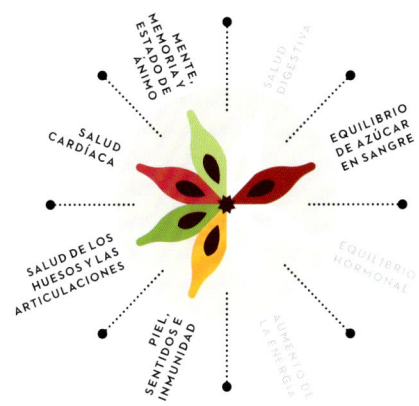

Mejillones Thai

2 RACIONES

- 1 kg de mejillones frescos
- 1 cucharadita de aceite de coco
- 1 pieza de jengibre fresco del tamaño de un pulgar, pelada y rallada muy fina
- 1 pieza de cúrcuma del tamaño de un pulgar, pelada y bien picada
- 4 escalonias cortadas en juliana fina
- 2 dientes de ajo machacados
- 1 tallo de citronela sin las capas exteriores duras, muy picado
- 1 chile rojo grande sin semillas y muy picado, o al gusto
- 500 ml de caldo de pescado o de verduras
- 1 cucharadita de miel clara
- 1 cucharada de salsa Thai de pescado (*nam pla*)
- el zumo de 1 lima
- un puñado pequeño de hojas de cilantro picadas
- un puñado pequeño de hojas de menta picadas

Limpie muy bien los mejillones, retire las barbas y deseche los que estén rotos o abiertos.

Caliente el aceite de coco en una cacerola ancha o un wok, añada el jengibre, la cúrcuma, las escalonias, el ajo, la citronela y el chile, y saltee a fuego suave durante 3 minutos aproximadamente. Incorpore el caldo, la miel y la salsa de pescado, y lleve a ebullición suave.

Agregue los mejillones, cubra y deje cocer durante 5 minutos, o hasta que todos se hayan abierto. Retire los que estén cerrados.

Incorpore el zumo de lima y las hierbas. Listos para comer.

Consejo: si siente el deseo de tomar hidratos de carbono, o si quiere una comida más saciante, este plato queda muy bien con arroz integral añadido al cuenco cuando haya acabado los mejillones, ya que absorberá el delicioso jugo.

Información nutricional
Los mejillones poseen un perfil nutricional impresionante: contienen ácidos grasos de cadena larga, capaces de mejorar la función cerebral y de aliviar enfermedades inflamatorias como la artritis.

POR QUÉ NOS GUSTA

Este es un curri ligero y aromático con la riqueza de los sabores del Sudeste asiático. Nuestra pasta de curri acelera el proceso considerablemente, de modo que aparte del tiempo que se tarda en preparar el pollo, este plato espectacular no le llevará más de 15 minutos.

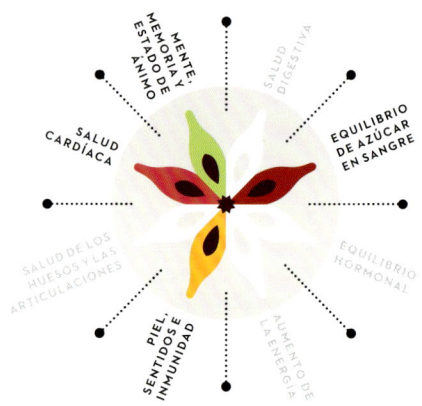

Pollo al curri balinés

4 RACIONES

- 1 cucharada de aceite de coco
- 5 cucharadas de pasta de curri (*véase* pág. 34)
- 2 tallos de citronela golpeados con un rodillo
- 4 hojas de lima *kaffir* machacadas
- 2 cucharaditas de pasta de tamarindo
- 1 kg de pechugas y muslos de pollo, deshuesados y sin piel
- 350 ml de caldo de pollo
- 400 ml de leche de coco
- el zumo de 2 limas
- un puñado grande de hojas de cilantro enteras, para servir
- sal marina en escamas y pimienta blanca recién molida

Caliente el aceite de coco en un wok o una cacerola grande, añada la pasta de curri y fría a fuego fuerte durante 1 minuto, hasta que empiece a desprender su aroma. Baje el fuego, agregue la citronela, las hojas de lima y la pasta de tamarindo, y saltee sin dejar de remover durante 1 minuto más.

Incorpore el pollo y fría un par de minutos por cada lado para darle un poco de color. Vierta el caldo. Lleve a ebullición, baje el fuego, cubra y deje cocer durante 40 minutos, o hasta que el pollo esté bien cocinado.

Añada la leche de coco y el zumo de lima, y deje cocer a fuego suave durante 5 minutos más. Salpimiente y reparta las hojas de cilantro. Sirva. El arroz integral o rojo es una excelente guarnición para este plato, y como ocurre con la mayoría de los curris, está todavía más bueno al día siguiente.

Consejo: si le sobra leche de coco, consérvela en la nevera y utilícela por la mañana con unas gachas con plátano picado, una pizca de sal y unas gotas de sirope de dátiles.

Información nutricional
El tamarindo es una fruta ácida y carnosa con un sabor similar al de los albaricoques, los dátiles y los limones. Aporta un toque agridulce a muchos platos del Sudeste asiático. Proporciona hierro y magnesio, importante para mantener unos músculos sanos (incluido el corazón).

POR QUÉ NOS GUSTA

Este es un ejemplo perfecto de plato único para la mediana edad: muchas proteínas magras, abundantes carbohidratos lentos, muchísimos sabores de hierbas y una sola cacerola que fregar. Convierta este plato en su nuevo asado del domingo y podrá introducirlo en el horno, jugar una partida de tenis o a lo que le apetezca y regresar para disfrutar de una comida familiar completa. Dicho y hecho.

Pollo asado

CON LENTEJAS, PEREJIL, SALVIA, ROMERO Y TOMILLO

4 RACIONES

- 1 cucharada de aceite vegetal
- 2 cebollas picadas
- 4 dientes de ajo pelados y cortados por la mitad
- 2 ramitas de hojas de romero picadas
- 225 g de lentejas rojas escurridas
- un puñado de ramitas de tomillo atadas con cuerda
- 5 hojas de salvia
- 750 ml de caldo de pollo, y un poco más si fuera necesario
- el zumo de 1 limón (conserve las cáscaras)
- 1 pollo de granja mediano, de aproximadamente 1,5-1,8 kg
- 2 cucharaditas de mantequilla ablandada
- sal marina en escamas y pimienta negra recién molida
- un puñado de perejil picado

Precaliente el horno a 180 ºC.

Caliente el aceite en una cacerola grande, añada las cebollas y saltee a fuego medio durante unos minutos, hasta que estén tiernas. Incorpore el ajo y el romero, y saltee durante 3 minutos más. Agregue las lentejas, el tomillo, las hojas de salvia y el caldo. Vierta el zumo de limón y añada también las cáscaras después de haberlas estrujado para extraer su aroma.

Unte el pollo con la mantequilla y salpimiente generosamente. Colóquelo sobre la mezcla de lentejas y lleve a ebullición suave. Páselo al horno y déjelo sin cubrir durante 1 ¼ horas, hasta que esté dorado y los jugos salgan claros cuando pinche la parte más gruesa del muslo con un cuchillo. Compruebe de vez en cuando que las lentejas no estén demasiado secas (si fuera así, vierta un poco más de caldo o de agua hirviendo y remueva). Retire el pollo de la cacerola y deje reposar.

Pruebe las lentejas, retire las cáscaras de limón y agregue los restos pegados de la cacerola y abundante perejil picado. Trinche el pollo y sirva con las lentejas.

Consejo: si le apetece acompañar el plato con algunas verduras de hoja, pruebe con col rizada. Vacíe una bolsa de col rizada en una bandeja de horno, añada 1 o 2 cucharaditas de aceite de oliva y adorece con escamas de sal marina. Hornee 15 minutos antes de que el pollo esté listo.

Información nutricional

Las hierbas ofrecen una maravillosa solución para añadir sabores diversos sin tener que recurrir a la sal, el azúcar o la grasa. Es más: las vitaminas y los antioxidantes de estas hierbas nos benefician en muchos aspectos, incluyendo la función cognitiva.

PLATOS PRINCIPALES

POR QUÉ NOS GUSTA

Si tiene que alimentar a muchas personas, no hay nada como una pierna asada a fuego lento: es el tipo de plato que puede preparar con antelación, dejarlo en el horno a poca temperatura y olvidarse hasta que los aromas le atraigan de nuevo a la cocina para el hurra final. Se trata de un gran plato tradicional de Italia y Oriente Medio basado en el provocativo principio de que la carne cocinada a fuego lento queda maravillosamente tierna (hasta el punto de bastar un pequeño tirón para desmenuzarla). Esta es nuestra versión, con mucho ajo y mezcla de especias. Unos higos asados como guarnición añaden otra dimensión divina a un plato que resulta celestial por sí solo.

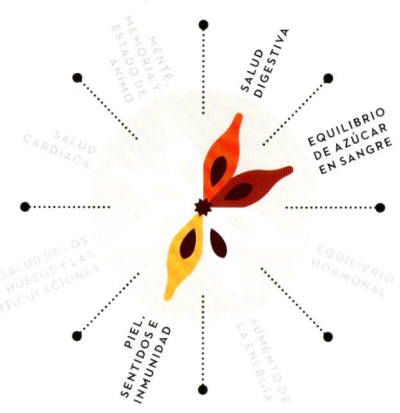

Cordero asado
CON HIGOS JUGOSOS

8 RACIONES

1 pierna grande de cordero (con hueso), de aproximadamente 2,5 kg

el zumo de 1 limón

PARA LA PASTA

75 g de mantequilla ablandada

4 cucharadas de mezcla de especias (véase pág. 24)

1 cucharada de semillas de comino

1 cucharadita de chile en copos

1 cucharadita de cúrcuma en polvo

2 cucharaditas de hierbas secas

5 dientes de ajo machacados

1 cucharada de sal marina en escamas

pimienta negra recién molida

PARA LOS HIGOS

12-16 higos frescos maduros marcados con una cruz

1 cucharada de melaza de granada

1 cucharada de aceite de oliva virgen extra

sal marina en escamas y pimienta negra recién molida

Información nutricional
Los higos contienen prebióticos, un tipo de fibra que pasa por el intestino sin ser digerida y que estimula el desarrollo de bacterias «buenas», lo que supone un beneficio para la salud digestiva.

Precaliente el horno a 150 ºC. Marque el cordero con un cuchillo afilado, con cortes profundos, y póngalo en una bandeja de horno grande. Mezcle los ingredientes de la pasta en un cuenco hasta obtener una manteca especiada. Unte el cordero con la pasta y presione en los cortes.

Áselo durante 4-5 horas (dependerá del cordero e incluso de la temporada). Rocíe el cordero a menudo para mantenerlo húmedo, hasta que la carne esté dorada y viscosa. Retire del horno (no lo apague), coloque el cordero en una bandeja, cúbralo con papel de aluminio sin presionar y déjelo reposar durante 30 minutos.

Aproximadamente 10 minutos antes de servir, suba la temperatura del horno a 200 ºC. Ponga los higos en una bandeja refractaria pequeña, rocíelos con la melaza de granada y el aceite de oliva, y salpimiente. Hornee durante 10 minutos, hasta que los higos estén tiernos y formen ampollas.

Mientras, retire el exceso de aceite de la bandeja donde ha asado el cordero y deje los restos pegados. Ponga la bandeja sobre la cocina y añada el zumo de limón. Remueva y caliente a fuego medio para que se desprendan los restos caramelizados de la base de la bandeja; si requiere más líquido, vierta un poco de agua (se trata de obtener unas cuantas cucharadas de reducción, no una salsa).

Sirva el cordero caliente con los jugos y los higos asados y calientes. Una ensalada verde con semillas de granada es un buen acompañamiento.

POR QUÉ NOS GUSTA

Una de nuestras observaciones es que nuestro apetito por la carne roja ha descendido notablemente. En este plato, las estrellas son las verduras con especias. El resultado es un lecho jugoso de dulces bondades vegetales; los trozos de carne tierna actúan como un capricho complementario. En un orden de cosas más prosaico, este plato ofrece un modo económico de hacer que un solomillo cunda.

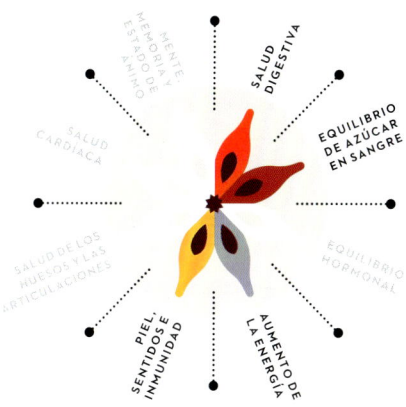

Solomillo con verduras asadas

Y GLASEADO BALSÁMICO CON ESPECIAS

4 RACIONES

300 g de solomillo de unos 2,5 cm de grosor

sal marina en escamas y pimienta negra recién molida

1 cucharadita de aceite vegetal

PARA LAS VERDURAS GLASEADAS

1 cucharada de aceite de oliva

2 cucharaditas de semillas de *nigella*

2 cucharaditas de semillas de mostaza

2 cucharaditas de semillas de cilantro

3 pimientos pequeños (rojo, naranja y amarillo) sin semillas y cortados en trozos

1 calabacín cortado en trozos de 2 cm

1 berenjena pequeña cortada en trozos de 2 cm

4 escalonias peladas y cortadas en mitades

4 dientes de ajo machacados

1 chile rojo sin semillas y cortado en rodajas finas o al gusto

un puñado de hojas de orégano (o la hierba que prefiera)

el zumo de 1 limón

1 cucharada de vinagre balsámico

125 g de hojas de espinacas mini

Precaliente el horno a 180 ºC.

Empiece preparando las verduras glaseadas. Caliente el aceite de oliva en una sartén pequeña, añada la semillas y saltee durante unos minutos, hasta que empiecen a tomar color y a explotar, con cuidado de que no se quemen.

Ponga las verduras, las escalonias, el ajo y el chile en una bandeja refractaria grande, aderece con el aceite especiado caliente e incorpore el orégano, el zumo de limón y el vinagre balsámico. Hornee durante 30 minutos, hasta que las verduras estén tiernas y ligeramente chamuscadas. Agregue las espinacas, vuelva a introducir la bandeja en el horno y continúe con la cocción durante 5 minutos más.

Mientras, salpimiente la carne generosamente. Caliente el aceite vegetal en una sartén pequeña y fríala al gusto: 1 1/2 minuto por cada lado si le gusta poco hecha; 3 minutos por cada lado si la prefiere al punto, y 4 minutos por cada lado para que esté bien hecha. Deje reposar durante al menos 5 minutos y córtela en filetes finos.

Reparta las verduras en 4 cuencos, coloque encima la carne y sirva.

Información nutricional
La carne roja es, por supuesto, una gran fuente de hierro, importante para prevenir la anemia e incrementar la energía. El hierro presente en la carne se denomina hierro hemo; el cuerpo lo absorbe más fácilmente que el hierro de origen vegetal.

PLATOS PRINCIPALES

POR QUÉ NOS GUSTA

Una de las maravillas de escribir un libro de cocina es que se prueba *mucha* comida, por lo general varias veces en una misma sesión, para pulir las recetas. Así nos encontramos dispuestas a probar estas chuletas de cerdo buenísimas una mañana, a las 8.30. Nos las acabamos y preparamos algunas más para *asegurarnos* (un poco como Pooh con sus tarros de miel). La carne no es una de las protagonistas de *The Midlife Kitchen*, de modo que cuando la coma, intente que sea de la mejor calidad posible y trátela como a una reina: con guarniciones maravillosas y dejándola reposar antes de servirla.

Cerdo con *uchucuta*

4 RACIONES

4 chuletas de cerdo gruesas, de unos 250 g cada una

1 ración (aproximadamente 8 cucharadas) de *uchucuta* (véase pág. 226) y un poco más para servir (opcional)

Adobe las chuletas con *uchucuta* durante 2 horas o toda la noche (en la nevera).

Ponga las chuletas con suficiente salsa en una bandeja refractaria forrada con papel de aluminio. Áselas bajo el grill precalentado durante 4-5 minutos por cada lado, hasta que la carne esté bien cocinada y la grasa se haya chamuscado ligeramente. Retire del horno y deje reposar durante 5 minutos.

Sirva las chuletas con los jugos del papel de aluminio y 1 cucharada extra de *uchucuta* a un lado (no utilice salsa sin cocinar que haya estado en contacto con la carne cruda).

Estas chuletas quedarían perfectas con nuestro *broccolini* al limón con *dukkah* y chile (véase pág. 193).

Consejo: estas chuletas también quedan muy bien a la barbacoa. Pruebe un adobo de *uchucuta* con lomo de cerdo (úntelo generosamente y áselo en pocos minutos) o con chuletas de cordero, costillas de cordero o alitas de pollo.

Información nutricional
Las proteínas magras son esenciales para el desarrollo y el mantenimiento de los músculos. Después de los treinta perdemos hasta el 8 % de masa muscular cada diez años, por lo que conviene incluir proteínas (cerdo, pollo, pescado, huevos o legumbres) en el menú diario para prevenir esa pérdida.

POR QUÉ NOS GUSTAN

Básicamente se trata de tortillas finas con espinacas, ideales como burritos verdes para rellenar con lo que nos apetezca. Aquí hemos optado por la sencillez del tomate y el aguacate, pero funcionan igualmente bien con verduras salteadas, queso desmenuzado, salmón ahumado, cebolla caramelizada, guacamole y jalapeños... lo que quiera. Representan una ingeniosa y versátil alternativa al pan o las tortillas de trigo para comer, y huelga decir que como desayuno son excelentes.

Burritos verdes de huevo

PARA 2

2 huevos grandes

un chorrito de agua

sal marina en escamas y pimienta negra recién molida

aceite de oliva ligero en espray

un puñado grande de hojas de espinacas

PARA EL RELLENO

1 tomate maduro cortado en dados

1 aguacate pequeño maduro, pelado, deshuesado y picado

1 cebolleta cortada en rodajas finas

un chorrito de zumo de limón

1 cucharada de mezcla de semillas y especias (véase pág. 26) para servir (opcional)

Ponga los huevos en un cuenco, añada un chorrito de agua y bátalos. Salpimiente.

Caliente una sartén antiadherente mediana y rocíela con un poco de aceite de oliva. Agregue un puñado pequeño de espinacas (unas cuantas hojas en una sola capa) y cocínelas durante 20 segundos, hasta que empiecen a perder firmeza. Vierta la mitad del huevo y mueva la sartén para cubrir la base. Cocine la tortilla hasta que esté dorada (no le llevará más de 1 minuto), dele la vuelta y repita por el otro lado. Retire de la sartén y reserve. Repita el proceso con el resto de huevo y espinacas para elaborar una segunda tortilla.

Rellene las tortillas con el tomate, el aguacate y la cebolleta, y añada un chorrito de zumo de limón para aportar un poco de acidez. Enrolle los burritos, espolvoree con las semillas con especias y sirva.

Información nutricional
Cuando compre espinacas, cuanto más verdes, mejor: indica una mayor cantidad de carotenoides, importantes para la salud ocular y protectores frente a la degeneración macular, una de las principales causas de pérdida de visión en las personas mayores de cincuenta años.

POR QUÉ NOS GUSTAN

Esta es una idea brillante para una comida. Brillante porque utilizamos algas como alternativa saludable de un burrito tradicional de trigo (la nori proporciona fibra, hierro, calcio y otros minerales esenciales, por lo que resulta una excelente opción para proteger el corazón y los huesos). Y todavía más brillante porque se usan las sobras que podamos tener en la nevera. Restos de arroz, quinoa, pollo, langostinos y ensalada combinan a la perfección en estos burritos fáciles de estilo japonés gracias al delicioso aliño de salsa de soja.

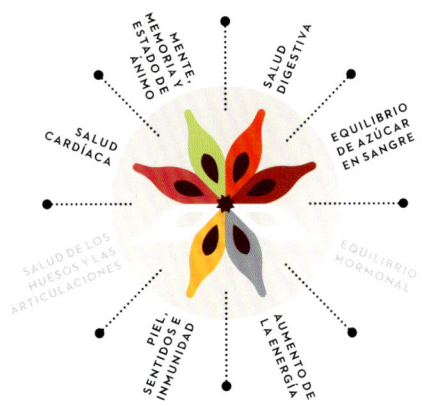

Rollitos de nori con ensalada asiática

2 RACIONES

un puñado pequeño de hojas de cilantro picadas

1 zanahoria pequeña pelada y cortada en juliana muy fina

½ pepino sin semillas y cortado en juliana muy fina

1 cogollo pequeño cortado en juliana muy fina

2 cebolletas cortadas muy finas en diagonal

100 g de pollo cocido, o langostinos, o tofu firme (opcional)

2 cucharadas de aliño de *miso*, sésamo y jengibre (*véase pág.* 119), y un poco más para servir

1 cucharadita de aderezo de sésamo (*véase pág.* 32) o de semillas de sésamo

4 láminas de alga nori seca (de las que se emplean para el sushi)

250 g de arroz o quinoa cocido, o un envase ya cocido de cualquiera de los dos

Ponga el cilantro, las verduras y el pollo, los langostinos o el tofu en un cuenco y mezcle bien. Añada el aliño, espolvoree con el aderezo de sésamo o las semillas y remueva.

Coloque una lámina de nori sobre una tabla de cortar, agregue una capa fina de arroz cocido o quinoa y deje un hueco en el extremo para sellar el burrito. Disponga un puñado pequeño de la preparación de verduras sobre el arroz o la quinoa y enrolle el burrito lo más apretado que pueda sin romper la lámina de nori. Humedezca el borde con un poco de agua o de aliño y acabe el rollito con una forma de puro. Repita con el resto de ingredientes hasta formar 4 burritos.

Corte los burritos por la mitad en diagonal y sirva con más aliño a modo de salsa para mojar.

Información nutricional
Las semillas de sésamo representan una buena fuente de fibra, vitaminas del grupo B y magnesio, que ayuda a mantener una presión sanguínea saludable.

PLATOS PRINCIPALES

POR QUÉ NOS GUSTAN

No conocemos a nadie a quien no le gusten los rollitos de papel de arroz, pero nosotras los comemos solamente en las raras ocasiones que visitamos un restaurante vietnamita (cosa que es una pena, porque son muy fáciles de preparar en casa). Puede utilizar lo que le apetezca como relleno, pero nuestro favorito absoluto es este dúo de cangrejo y aguacate servido con una auténtica salsa agridulce para mojar.

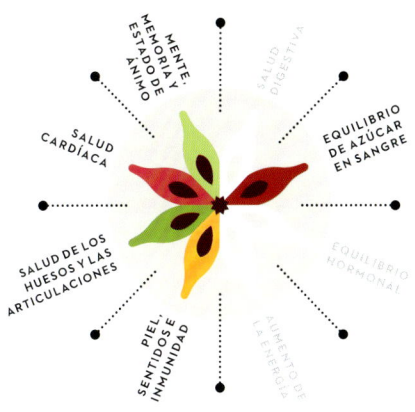

Rollitos vietnamitas de cangrejo y aguacate

CON SALSA AGRIDULCE

PARA 8

8 obleas de papel de arroz

1 zanahoria grande pelada y cortada en juliana muy fina

½ pepino sin semillas y cortado en juliana muy fina

3 cebolletas cortadas en juliana muy fina

PARA EL RELLENO

100 g de carne de cangrejo blanco fresco

la ralladura muy fina y el zumo de 1 lima

1 cucharada de yogur natural

½ aguacate maduro pelado y cortado en cuñas

un puñado de hojas de cilantro picadas

un puñado de hojas de menta picadas

sal marina en escamas y pimienta negra recién molida

PARA LA SALSA

el zumo de 2 limas

2 cucharaditas de miel clara

2 cucharadas de salsa Thai de pescado (*nam pla*)

2 cucharadas de vinagre de arroz

1 cucharada de hojas de cilantro muy picadas

1 diente de ajo machacado

1 chile rojo grande sin semillas y muy picado

Información nutricional

La carne de cangrejo es muy rica en nutrientes esenciales, incluyendo proteínas, grasas saludables, vitaminas del grupo B y minerales importantes como zinc, selenio y yodo. También contiene fósforo, que junto al calcio es un mineral importante para unos huesos fuertes.

Mezcle todos los ingredientes del relleno en un cuenco, cúbralo con film transparente y consérvelo en la nevera.

Incorpore bien los ingredientes de la salsa en otro cuenco, remueva y reserve.

Coloque una oblea de papel de arroz sobre una tabla de cortar. Con un pincel de repostería, humedezca ligeramente la oblea con agua caliente para ablandarla. Ponga unos trozos de zanahoria, pepino y cebolleta en horizontal en la parte superior del rollito; a continuación, reparta 1 cucharada colmada del relleno formando una línea debajo de las verduras de manera que un tercio del papel de arroz quede cubierto.

Tome el borde superior del rollito y dóblelo hacia abajo, sobre el relleno. Doble los bordes desde la izquierda y la derecha hacia el interior, y continúe enrollando y ocultando los bordes a medida que avanza, como si estuviese envolviendo un regalo. Resulta un poco complicado, pero intente crear un cilindro apretado. El papel de arroz es bastante elástico cuando está húmedo, de modo que se puede estirar y manipular con relativa facilidad. Repita con el resto de ingredientes hasta formar 8 rollitos.

Sirva con la salsa aparte.

PLATOS PRINCIPALES

GUARNICIONES Y PICOTEO

POR QUÉ NOS GUSTAN

Las espinacas son la verdura original de la fuerza, las ninjas del cajón de las verduras, repletas de nutrientes y con muy pocas calorías. Sus credenciales saludables están fuera de toda duda, de modo que nos parece estupendo descubrir nuevas formas de prepararlas. Una reconfortante mezcla de espinacas, cebolla y champiñones recibe aquí un toque especial con el eneldo, y el yogur aporta un acabado sedoso. Aunque quedan estupendas como guarnición, también quedarían perfectas sobre una tostada de pan de semillas coronadas con un huevo escalfado.

Espinacas rehogadas
CON CHAMPIÑONES SALTEADOS Y ENELDO

2 RACIONES

250 g de hojas de espinacas

2 cucharadas de agua

1 cucharadita de aceite de oliva virgen extra o mantequilla

1 cebolla roja pequeña picada

1 diente de ajo machacado

250 g de champiñones laminados

un puñado de eneldo picado en trozos no muy pequeños

sal marina en escamas y pimienta negra recién molida

2 cucharadas de yogur natural

1 cucharada de zumo de limón

½ cucharadita de pimentón

Ponga las espinacas en una sartén grande a fuego medio, añada el agua y saltéelas 2-3 minutos, hasta que se ablanden. Páselas por un colador y presiónelas con el dorso de una cuchara para eliminar la humedad, séquelas con papel de cocina y píquelas no muy finas.

Caliente el aceite de oliva o la mantequilla en una sartén pequeña, añada la cebolla y el ajo, y sofría a fuego lento durante 3 minutos aproximadamente, hasta que estén tiernos. Incorpore los champiñones y saltee 3 minutos. Agregue las espinacas y el eneldo, y saltee 3 minutos más. Salpimiente al gusto.

Mezcle el yogur con el zumo de limón y el pimentón en un cuenco pequeño, viértalo sobre las espinacas, caliente todo y sirva.

Información nutricional
Las investigaciones demuestran que los alimentos ricos en vitamina A, como las espinacas, podrían ejercer un leve efecto protector contra el cáncer de mama. Es solo una más de las razones por las que conviene consumir espinacas en abundancia en esta etapa de la vida.

POR QUÉ NOS GUSTAN

Este es un gran plato para preparar con antelación, ya que los sabores se desarrollan cuando se les concede un poco de tiempo para asentarse y mezclarse. Las lentejas de Puy son todo un acierto: con un toque a frutos secos, contundentes, ricas en proteínas e increíblemente fáciles de preparar (sobre todo si, como nosotras, las utiliza ya cocidas).

Lentejas de Puy
CON FETA Y TOMATES ASADOS

4 RACIONES

250 g de lentejas de Puy cocidas, o 200 g de lentejas de Puy secas más 1 l de agua

sal marina en escamas y pimienta negra recién molida

20 tomates cereza con sus ramas

1 cucharadita de aceite de oliva

1 cucharada de vinagre de sidra de manzana

1 diente de ajo muy picado

1 cebolla roja pequeña picada

1 cucharadita de miel clara

1 cucharada de aceite de oliva virgen extra

60 g de queso feta desmenuzado

1 cucharada de zumo de limón

un puñado de hojas de menta picadas

Si utiliza lentejas secas, póngalas en una cacerola con 1 l de agua, lleve a ebullición, baje el fuego y deje cocer hasta que estén tiernas. Escúrralas, salpimiéntelas y resérvelas mientras se enfrían.

Precaliente el horno a 170 ºC.

Ponga los tomates en una bandeja refractaria pequeña, rocíelos con el aceite de oliva y salpimiente. Hornee durante 10-15 minutos, hasta que estén tiernos.

Mientras, ponga el resto de ingredientes en un cuenco de servir con las lentejas y mezcle bien. Añada los tomates asados y los jugos de la bandeja, remueva bien y sirva.

Información nutricional
¡Tome más lentejas! No solo son muy ricas en fibra, proteínas, minerales y vitaminas, sino que además son bajas en calorías y no contienen grasa. Y están riquísimas.

GUARNICIONES Y PICOTEO

POR QUÉ NOS GUSTA

He aquí un básico fresco y aromático de la cocina balinesa que normalmente se sirve como uno de los componentes del *nasi campur*, una mezcla de arroz, carne, ensaladas y sambales. El *urab* es una combinación sencilla pero increíblemente sabrosa de judías verdes y coco fresco, con un toque de chile procedente de nuestra pasta de curry. Si está un poco cansado de las judías verdes, esta receta le resultará todo un descubrimiento.

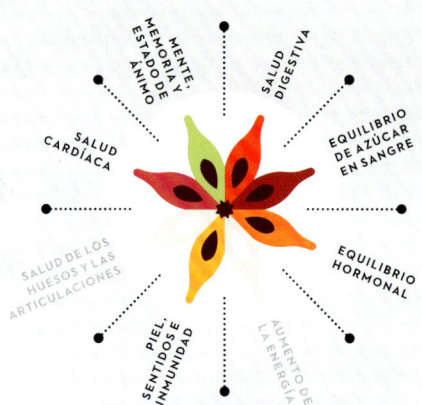

Urab

ENSALADA BALINESA DE JUDÍAS VERDES Y COCO

4 RACIONES

- 300 g de judías verdes finas cortadas por la mitad
- 1 cucharadita de aceite de coco
- 1 cucharada de pasta de curri (véase pág. 34)
- 1 cucharadita de miel clara
- 1 cucharada de agua
- 4 escalonias cortadas en rodajas
- un chorrito de zumo de limón
- 100 g de coco fresco rallado
- 50 g de cacahuetes tostados sin sal, machacados
- una pizca de sal marina en escamas

Cueza las judías verdes en una cacerola con agua hirviendo durante unos minutos, hasta que estén cocidas pero *al dente*. Escúrralas y sumérjalas en un cuenco con agua fría (de este modo conservarán el color y el crujiente). Escurra bien y séquelas con papel de cocina.

Caliente el aceite de coco en una sartén, añada la pasta de curri y la miel, y sofría durante 2-3 minutos. Incorpore el agua y deje cocer unos minutos más. Pase la pasta a un cuenco y deje enfriar ligeramente.

Mezcle las judías, las escalonias, el zumo de limón y el coco rallado en un cuenco para servir, agregue la pasta y remueva bien. Salpimente, esparza los cacahuetes y sirva.

Información nutricional

Las judías verdes contienen una generosa cantidad de folato, una vitamina del grupo B, importante para la producción de serotonina, dopamina y norepinefrina, las hormonas de la felicidad, reguladoras del estado de ánimo, del sueño e incluso del apetito.

GUARNICIONES Y PICOTEO

POR QUÉ NOS GUSTA

Si ordenásemos todas las verduras del mundo en función de su valor nutricional, el brócoli ocuparía el primer puesto. Más allá de su impecable perfil saludable, el brócoli resulta fácil de preparar, barato y versátil (y responde bien a ciertos acompañamientos). Aquí obtenemos valor nutricional añadido de la ralladura de limón, el chile, las semillas de mostaza y nuestro fabuloso *dukkah*, un superalimento por mérito propio. También nos gusta el hecho de que este plato se pueda preparar con antelación. Representa el mensaje de nuestra cocina en un bocado.

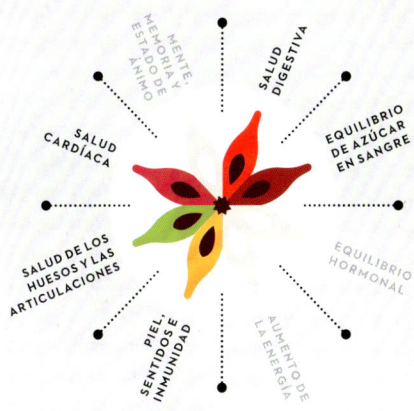

Broccolini al limón
CON *DUKKAH* Y CHILE

4 RACIONES

- 200-250 g de *broccolini* limpio
- un chorrito de aceite de oliva virgen extra
- 2 cucharadas de *dukkah* (*véase pág. 30*)
- 1 cucharadita de semillas de mostaza
- 1 chile rojo pequeño, sin semillas y cortado en rodajas o al gusto
- la ralladura de 1 limón
- sal marina en escamas y pimienta negra recién molida

Cueza el *broccolini* en una cacerola con agua hirviendo durante 2 minutos. Debe estar *al dente*, tenga cuidado de no cocerlo en exceso. Escúrralo y sumérjalo en un cuenco con agua muy fría para conservar el color y el crujiente. Escúrralo bien y séquelo con papel de cocina.

Pase el *broccolini* a un cuenco para servir, rocíe con un poco de aceite de oliva y espolvoree con el *dukkah*, las semillas de mostaza, el chile y la ralladura de limón. Salpimente y sirva a temperatura ambiente.

Información nutricional
Se ha demostrado que una dieta rica en crucíferas como el *broccolini* protege contra diversas enfermedades crónicas relacionadas con el envejecimiento. Además, es una buena fuente de fibra y flavonoles, que pueden reducir el riesgo de padecer cáncer de mama.

GUARNICIONES Y PICOTEO

POR QUÉ NOS GUSTA

Un *dhal makhani* como debe ser es un cuenco contundente y untuoso de lentejas y otras maravillas, y creemos sinceramente que hay ocasiones en las que la versión con mantequilla y nata es justo lo que corresponde. Para un consumo más cotidiano, sin embargo, preferimos una opción más ligera, y por eso aportamos una versión untuosa y una ligera. La receta, en cualquier caso, es suficientemente sabrosa si desea tomarla como plato único, con pan pita integral o una de nuestras *chapatis* fáciles.

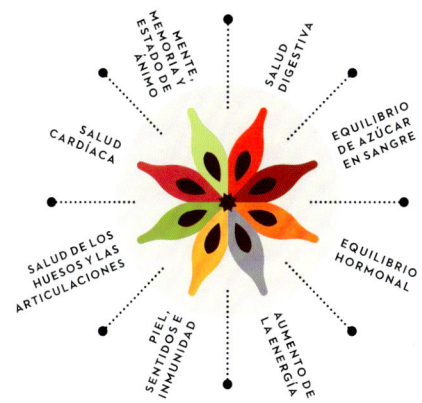

Dhal makhani untuoso o ligero

4 RACIONES

- 400 g de alubias rojas enjuagadas y escurridas
- 40 g de mantequilla (untuoso) o 1 cucharada de aceite de coco (ligero)
- 2 cebollas rojas pequeñas picadas
- 1 chile verde grande, sin semillas y cortado en rodajas
- 1 pieza de jengibre fresco de 2 cm, pelada y rallada muy fina
- 3 dientes de ajo cortados en láminas finas
- ½-1 cucharadita de chile picante en polvo, al gusto
- 2 cucharaditas de cúrcuma en polvo
- 1 cucharada de comino en polvo
- 1 cucharada de cilantro en polvo
- 1 cucharadita de *garam masala*
- 4 vainas de cardamomo machacadas
- 400 ml de caldo de verduras o de pollo
- 2 hojas de laurel
- 250 g de lentejas beluga ya cocidas
- 1 tomate maduro cortado en dados pequeños
- sal marina en escamas y pimienta negra recién molida
- 3 cucharadas de nata para cocinar (untuoso) o 3 cucharadas de yogur natural (ligero)
- un puñado de hojas de cilantro
- *chapatis* fáciles (véase pág. 206) o panes pita integrales para servir

Ponga las alubias en un cuenco y aplástelas ligeramente con un tenedor. Reserve.

Caliente la mantequilla o el aceite de coco en una cacerola, añada las cebollas y el chile y saltee durante 5 minutos a fuego suave, hasta que estén tiernos. Incorpore el jengibre, el ajo, el chile en polvo y las especias, y continúe la cocción 1 o 2 minutos más.

Agregue el agua, las hojas de laurel, las alubias trituradas, las lentejas y el tomate. Lleve a ebullición suave y deje cocer durante 20 minutos aproximadamente, o hasta que la mezcla haya espesado.

Salpimiente, vierta la nata o el yogur y remueva bien. Reparta el cilantro y sirva con *chapatis* o pitas a un lado.

Consejo: merece la pena preparar el doble de cantidad, ya que se puede congelar, o incorporar caldo de verduras para convertirlo en una sopa contundente que solo tendrá que calentar y comer.

Información nutricional

Las alubias rojas son muy ricas en fibra, fundamental para mantener el sistema digestivo en plena forma. Además, su piel roja oscura indica que también son ricas en antioxidantes que protegen las células.

GUARNICIONES Y PICOTEO

POR QUÉ NOS GUSTA

Al asar ajos enteros se suaviza su sabor y se produce una viscosidad untuosa que hace que estén deliciosos untados o como cobertura. Los ajos nuevos dan los mejores resultados.

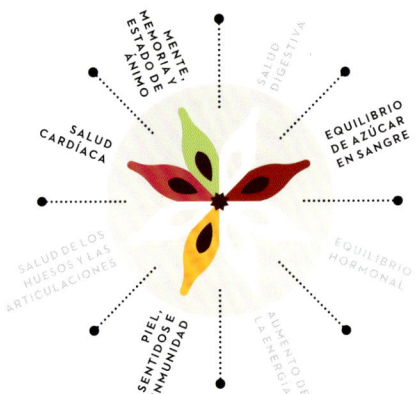

Ajo asado...
Y MÚLTIPLES MANERAS DE UTILIZARLO

PARA 6 CABEZAS

6 cabezas de ajo grandes sin las capas exteriores

1 cucharada de aceite de oliva virgen extra

sal marina en escamas y pimienta negra recién molida

Precaliente el horno a 180 ºC.

Corte la parte superior de los ajos y póngalos en una bandeja refractaria pequeña. Rocíelos con el aceite de oliva, salpimiente y cubra con papel de aluminio. Áselos durante 30-40 minutos, hasta que estén muy tiernos y dorados.

Sírvalos enteros como guarnición o estruje los dientes para liberar la maravilla que llevan dentro.

Pruebe esto...
* Triturados en un aliño para ensaladas para obtener un sabor dulce y delicado.
* Picados en sopas, salsas y guisos para enriquecer el sabor.
* Mezclados con puré de patatas, de boniatos o con puré de judías blancas (*véase pág. 205*).
* Untado como una primera capa en cualquier tostada con aguacate (*véanse págs. 60-65*).
* Con espárragos o judías verdes al vapor.
* Estrujados sobre verduras asadas.
* Mezclados con mantequilla ablandada, con un poco de perejil picado, para obtener una estupenda mantequilla de ajo para carnes o pan.
* Añadidos a yogur natural para conseguir una deliciosa salsa para mojar.
* Frotados en mazorcas de maíz con un poco de mantequilla.

Consejo: merece la pena poner un par de cabezas de ajo en la bandeja cuando ase carne, ya que darán sabor a la salsa de la comida del domingo.

Información nutricional

El ajo es una maravilla para esta etapa de la vida: uno de sus valores es la vitamina B6, que permite que el organismo utilice la energía presente en los alimentos y, por tanto, resulta ideal para mantener los niveles de energía. Además, estimula el sistema inmunológico y ayuda a reducir la presión sanguínea.

GUARNICIONES Y PICOTEO

POR QUÉ NOS GUSTA

Mata sapi significa «ojo de toro», que es como describen los indonesios un huevo frito, aunque este no es un huevo frito cualquiera. El comino destaca en este plato; las aromáticas semillas decoran nuestro ojo de toro y la versión molida aporta sabor al aliño. En conjunto, unos cereales cocidos se convierten en un plato delicioso.

Mata sapi con cereales

2 RACIONES

- 250 g de cereales variados ya cocidos
- un puñado de hojas de cilantro picadas
- un puñado de hojas de menta picadas
- 2 cebolletas cortadas en rodajas
- 50 g de queso feta desmenuzado
- pimienta negra recién molida
- aceite de oliva ligero en espray
- 2 cucharaditas de semillas de comino
- 2 huevos
- 3 cucharadas de yogur natural
- 1 cucharadita de comino en polvo
- 4 cucharadas de guacamole completo (véase pág. 220) o 1 aguacate maduro, pelado, deshuesado y cortado en dados

Ponga los cereales en un cuenco grande y ahuéquelos con un tenedor. Añada las hierbas, las cebolletas y el feta, y aderece generosamente con pimienta (con el feta no es necesario agregar sal).

Caliente una sartén antiadherente grande y rocíela con un poco de aceite de oliva. Agregue las semillas de comino y tuéstelas un par de minutos, hasta que empiecen a tomar color y a explotar, con cuidado de que no se quemen. Retírelas de la sartén. Fría los huevos y espolvoree con las semillas de comino tostadas a medida que vayan estando listas.

Mientras, mezcle el yogur y el comino en polvo en un cuenco pequeño. Incorpórelo a los cereales y remueva bien.

Reparta los cereales en 2 huecos poco profundos, añada 2 cucharadas de guacamole completo o la mitad del aguacate a cada cuenco, y corone con los huevos fritos.

Información nutricional

Los cereales integrales constituyen una parte esencial de una dieta sana. Un estudio con datos de 786 000 individuos concluyó que las personas que tomaban 70 g de cereales integrales a diario tenían un 22 % menos de riesgo de mortalidad en comparación con las que tomaban menos cereales o que no los tomaban.

POR QUÉ NOS GUSTA

Esta es auténtica comida casera: resulta saciante, sabrosa y muy beneficiosa para la salud. Con quinoa precocida tendrá este plato en la mesa en 10 minutos, y se puede tomar caliente o fría, de modo que si sobra servirá como la comida del día siguiente.

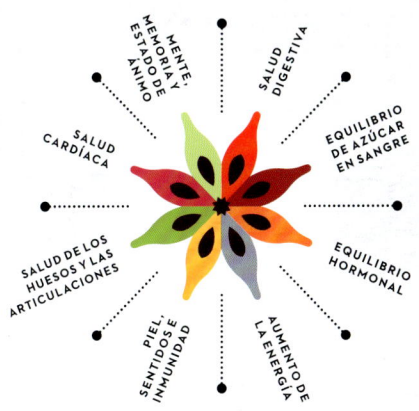

Quinoa roja y blanca
CON CHAMPIÑONES, ACELGAS ROJAS Y PARMESANO

4 RACIONES

- 1 cucharadita de mantequilla
- 1 cucharadita de aceite de oliva
- 200 g de champiñones laminados
- 250 g de quinoa roja y blanca ya cocida
- 100 g de acelgas rojas sin los tallos duros
- un puñado de hojas de menta picadas
- un puñado de perejil picado
- el zumo de ½ limón
- 1 cucharada de yogur natural
- 1 cucharadita de mostaza en grano
- 50 g de queso parmesano rallado, y virutas para servir
- sal marina en escamas y pimienta negra recién molida

Caliente la mantequilla y el aceite de oliva en una sartén grande, añada los champiñones y saltéelos a fuego lento durante unos minutos, hasta que estén tiernos y empiecen a dorarse. Incorpore la quinoa, las acelgas y las hierbas, y deje cocer 3-4 minutos más, hasta que las hojas se ablanden.

Mezcle el zumo de limón, el yogur y la mostaza en un cuenco, y vierta la preparación sobre la quinoa. Retire la sartén del fuego, agregue el parmesano, salpimiente generosamente y sirva con virutas de parmesano por encima.

Información nutricional
No es de extrañar que las quinoas roja y blanca tengan perfiles nutricionales muy parecidos, aunque la roja posee más riboflavina (vitamina B2), un antioxidante que ayuda a prevenir los daños celulares.

GUARNICIONES Y PICOTEO

POR QUÉ NOS GUSTAN

Como cabría esperar, las lentejas beluga reciben su nombre por su parecido con el caviar. Nos encantan por ese color negro tan bonito, por su intenso sabor y por su textura aterciopelada, que funciona a la perfección en este plato de carbohidratos saludables. Como todas las lentejas, son ricas en proteínas y fibra, por lo que son aptas para una comida saciante (sobre todo si se combinan con boniato asado, piñones tostados y este aliño dulce y oscuro).

Lentejas beluga negras
CON BONIATO, ALIÑO BALSÁMICO Y GRANADA

4 RACIONES

1 boniato de unos 250 g, pelado y troceado

1 cucharadita de aceite de oliva

sal marina en escamas y pimienta negra recién molida

250 g de lentejas beluga o de Puy ya cocidas

1 cebolla roja pequeña picada

1 cucharada de piñones tostados

un puñado de semillas de granada

PARA EL ALIÑO

1 cucharada de vinagre balsámico

1 cucharada de melaza de granada

1 cucharada de aceite de oliva virgen extra

1 cucharadita de sirope de dátiles

Precaliente el horno a 200 ºC. Ponga el boniato en una bandeja refractaria pequeña, rocíe con el aceite de oliva y salpimiente. Hornee durante 10 minutos, hasta que empiece a ponerse tierno y a dorarse. Deje enfriar y corte en trozos de 1 cm.

Ponga las lentejas en un cuenco de servir y añada el boniato frío y la cebolla.

Mezcle los ingredientes del aliño en un cuenco y remueva bien. Vierta la mitad sobre las lentejas y remueva.

Reparta los piñones tostados y las semillas de granada sobre las lentejas, y sirva con el resto del aliño aparte.

Consejo: utilice la preparación de lentejas y boniato (sin aliñar) como base para una sopa estupenda. Solo tiene que añadir caldo de verduras, calentarlo y pasarlo por la batidora.

Información nutricional
A diferencia de las lentejas verdes, las negras cuentan con antocianinas, los mismos antioxidantes potentes presentes en bayas oscuras como los arándanos y las moras. Ofrecen una protección añadida frente a enfermedades relacionadas con la edad.

POR QUÉ NOS GUSTAN

Esta superguarnición, casi demasiado bonita para comérsela, lleva el arroz a otro nivel al añadir los verdes y los rosas intensos de las habas, los guisantes, el rábano crujiente y la cebolleta. También nos gusta el nombre… Pruebe con una combinación de arroces (el salvaje y el integral ya cocidos resultan muy prácticos, aunque en general contienen un poco de aceite; pruébelos primero para conseguir el equilibrio adecuado). Corone el plato con pollo desmenuzado si desea una comida más sustanciosa.

Arroces para la mediana edad

4 RACIONES

100 g de habas frescas o congeladas

100 g de guisantes congelados

250 g de arroz integral, salvaje o negro y rojo ya cocido, o 150 g de arroz integral o salvaje cocido en casa y frío

1 aguacate maduro pelado, deshuesado y cortado en cuñas

10 rábanos alargados cortados en rodajas

2 cebolletas cortadas en rodajas finas

un puñado pequeño de perejil picado

sal marina en escamas y pimienta negra recién molida

PARA EL ALIÑO

1 cucharada de aceite de oliva virgen extra

la ralladura muy fina y el zumo de 1 lima

1 cucharadita de chile en copos

1 diente de ajo machacado

sal marina en escamas y pimienta negra recién molida

Prepare las habas y los guisantes en una cacerola con agua hirviendo durante 3 minutos, hasta que estén tiernos. Escurra y pase bajo el grifo. Retire la piel exterior de las habas y póngalas en un cuenco de servir con los guisantes.

Mezcle los ingredientes del aliño en un cuenco y remueva bien.

Añada el resto de ingredientes a los guisantes y las habas, incorpore el aliño y remueva con cuidado. Salpimente y sirva.

Información nutricional
El arroz integral no se muele, lo que significa que conserva gran parte de sus vitaminas del grupo B y sus minerales esenciales, además de abundante fibra y ácidos grasos. Sustituir el arroz blanco en su dieta por una variedad sin refinar resulta beneficioso para el corazón y puede reducir el riesgo de desarrollar diabetes de tipo 2.

POR QUÉ NOS GUSTA

Es de un verde tan intenso y vivo que resulta imposible no pensar que este sublime puré de guisantes y habas está repleto de beneficios. Lo que obtenemos de un poco de esfuerzo (retirar las pieles blancas de las habas) es una maravilla muy versátil: perfecto con chuletas de cordero a la brasa, o frío como ensalada en una barbacoa, funciona igualmente bien como mojo o para untar con *bruschetta* y *crostini* (aunque existe el riesgo de que se lo acabe antes de que llegue a la mesa).

Puré de habas, guisantes y menta

4 RACIONES

150 g de habas frescas o congeladas
150 g de guisantes congelados
sal marina en escamas
1 diente de ajo pequeño, pelado y cortado por la mitad
un puñado de hojas de menta
2 cucharaditas de aceite de oliva virgen extra
un chorrito de zumo de limón
pimienta negra recién molida

Hierva las habas y los guisantes en una cacerola con agua con sal durante 3 minutos, hasta que estén tiernos. Escúrralos y páselos por agua fría. Tómese un momento de relax para retirar las pieles blancas de las habas y acceder al fruto de un verde intenso.

Ponga tres cuartos de los guisantes y las habas en un robot de cocina con el ajo, las hojas de menta, el aceite de oliva y el zumo de limón. Salpimiente y reduzca a una textura irregular similar a la de un pesto.

Pase el puré a un cuenco y añada el resto de guisantes y habas enteros. Sirva caliente o a temperatura ambiente.

Pruebe esto...
* Con piñones o queso feta desmenuzado por encima.
* Con parmesano rallado y copos de chile, una versión más «animada».

Información nutricional
Las habas, con un IG bajo, son una buena fuente de proteínas, fibra y vitaminas A y C. También contienen L-dopa, un producto químico que el cuerpo utiliza para producir dopamina. Por tanto, ¡también nos suben el ánimo!

POR QUÉ NOS GUSTA

Este puré es realmente divino. Está repleto de beneficios y es delicioso. Queda perfecto cuando se sirve caliente con pescado (un trozo de abadejo ahumado hervido por encima sería ideal), frío para mojar, o como cobertura con muchas proteínas de combustión lenta y sabroso con pan con semillas (véase pág. 209). Las variaciones son infinitas; al final de la receta incluimos algunas de las que más nos gustan.

Puré de judías blancas
CON LIMÓN Y SALVIA

2 RACIONES

- 2 cucharadas de aceite de oliva virgen extra
- 3 dientes de ajo machacados
- 10 hojas de salvia cortadas en juliana fina
- 400 g de judías blancas en conserva, enjuagadas y escurridas
- 3 cucharadas de agua
- 2 cucharadas de yogur natural
- un chorrito de zumo de limón
- la ralladura de ½ limón
- sal marina en escamas y pimienta negra recién molida

Información nutricional
Las investigaciones sugieren que la salvia fresca puede ser eficaz contra los síntomas de la menopausia, en especial los sofocos.

Caliente el aceite de oliva, el ajo y la salvia en una cacerola mediana a fuego lento. Saltee durante 1 minuto, aproximadamente, hasta que el ajo empiece a ponerse tierno. Añada las judías y tritúrelas ligeramente con un tenedor.

Incorpore el agua, lleve a ebullición suave y deje cocer durante 3-4 minutos más, hasta que el líquido se haya reducido casi por completo. Retire la cacerola del fuego y reserve.

Mezcle el yogur, el zumo y la ralladura de limón en un cuenco, y salpimiente generosamente (a esta salsa le va muy bien abundante pimienta negra).

Incorpore bien el yogur con las judías y sirva. El puré se conservará en la nevera varios días.

Pruebe esto...

Sustituya el ajo, la salvia y el zumo y la ralladura de limón por:

- 1 cucharadita de comino en polvo, un puñado de cilantro picado y el zumo de 1 lima.
- un puñado de estragón y tomillo picados y 1 cucharadita de mostaza de Dijon a la antigua.
- 1 cucharada de *dukkah* (véase pág. 30) y el zumo de 1 lima.
- un puñado de perejil picado y unos cuantos dientes de ajo asado (véase pág. 196).

POR QUÉ NOS GUSTAN

Nuestro pan plano favorito es este básico de la cocina india: la humilde *chapati*. Por suerte, también es muy fácil de preparar, ya que a ninguna de nosotras se nos da muy bien esto de amasar. Esta receta resulta tan ridículamente simple (un poco de harina, un chorro de agua, 5 minutos de trabajo) que sentirá una satisfacción desproporcionada cuando se disponga a comer estas saludables tortas caseras.

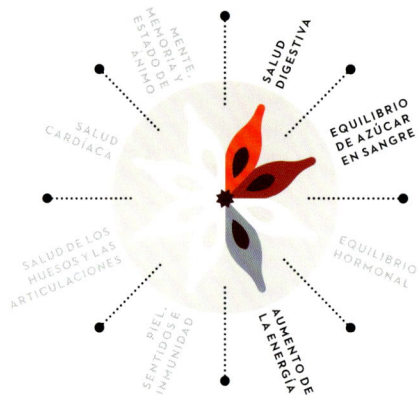

Chapatis fáciles

PARA 4

120 g de harina integral o mitad de centeno y mitad de harina blanca, y un poco más para espolvorear

una pizca de sal marina en escamas

100 ml de agua templada

aceite de oliva ligero en espray

Información nutricional
En general, solemos emplear harina integral porque incluye la nutritiva fibra y el germen del grano del trigo, fuentes de casi todas las vitaminas, minerales y fibra presentes en la harina.

Tamice la harina sobre un cuenco. Añada la fibra que quede en el colador. Agregue la sal y, a continuación, poco a poco, incorpore el agua mientras va formando una masa con las manos. Amase durante 1 o 2 minutos, aproximadamente, sobre una superficie un poco engrasada para obtener una bola uniforme y flexible. Cuanto más tiempo amase, más suaves quedarán las *chapatis*, pero no es necesario prolongar la operación más de un par de minutos. Cubra la masa con un paño húmedo o film transparente y déjela reposar al menos 10 minutos.

Reparta la masa en 4 piezas iguales, forme bolas uniformes y aplástelas de manera que queden planas. Presione los lados de las bolas aplastadas sobre una superficie enharinada (así resulta más fácil) y trabaje cada bola con un rodillo para formar un círculo de 25 cm de diámetro (deben quedar bastante finas, de solo 1 o 2 mm).

Caliente una sartén antiadherente a fuego fuerte y rocíela con aceite de oliva. Ponga una *chapati* en la sartén y rocíe la parte superior con un poco más de aceite.

Cuando empiece a inflarse, dele la vuelta (la parte cocida presentará algunos puntos dorados).

Con una espátula, aplaste ligeramente las zonas hinchadas. Deje cocer 1 minuto más, hasta que la *chapati* tenga puntos dorados por los dos lados. Retire de la sartén y repita con el resto de *chapatis*.

Sirva inmediatamente. Como alternativa, si prepara una tanda mayor, podrá conservarlas durante un par de días en un recipiente hermético en la nevera. No tendrá más que calentarlas en la sartén y servir.

POR QUÉ NOS GUSTA

Nos encantaría ser panaderas de verdad (el aroma de la masa recién horneada, manchadas de harina hasta los codos, rayos de luz entrando por las ventanas de la granja)… La realidad, sin embargo, es que muy pocos de nosotros (y ninguna de nosotras dos) disponemos de tiempo o de la inclinación necesaria para embarcarnos en la elaboración de pan como Dios manda, sobre todo cuando el producto final dura medio día antes de convertirse en una piedra. Así que este es el pan por el que apostamos: un sencillo pan con bicarbonato con nuestro toque de semillas. Este excelente y saludable pan puede estar en la mesa en media hora y, mejor todavía, es imposible meter la pata con él.

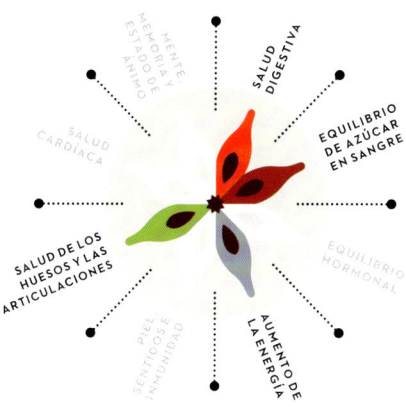

Pan con semillas

PARA 1 HOGAZA

225 g de harina integral, y un poco más para espolvorear

225 g de harina blanca

1 cucharadita de azúcar blanquilla

1 cucharadita de bicarbonato

½ cucharadita de sal marina en escamas

3 cucharadas de mezcla de semillas crudas (*véase pág. 25*), o 2 cucharadas de semillas de girasol y 1 cucharada de semillas de calabaza

200 g de yogur natural

200 ml de leche

2 cucharaditas de copos de avena

Precaliente el horno a 200 ºC. Introduzca una cacerola con tapa en el horno para calentarla.

Ponga todos los ingredientes secos en un cuenco grande y mézclelos. Añada el yogur y la leche para formar una masa suave y flexible. Incorpore a la mezcla las semillas que se escapen.

Trabaje rápidamente. Forme una hogaza redonda y colóquela con cuidado en la cacerola caliente. Espolvoree un poco de harina por encima. Con un cuchillo afilado, marque la parte superior del pan con una cruz y reparta los copos de avena.

Cubra y hornee durante 20 minutos, retire la tapa y continúe la cocción 5 minutos más, hasta que el pan presente un tono marrón claro. Cuando esté listo, debería sonar hueco al darle unos golpes en la base.

Saque el pan de la cacerola y déjelo enfriar ligeramente antes de servir.

Información nutricional
Este pan contiene abundante fibra insoluble, que se desplaza por el organismo casi sin ser digerida. Los alimentos ricos en fibra insoluble no solo nos sacian, sino que además favorecen el tránsito intestinal.

GUARNICIONES Y PICOTEO

POR QUÉ NOS GUSTA

«¡Qué buenoooo!». Eso es lo que piensan nuestras familias de esta sabrosa mezcla. Nos encantan las barritas Snicker, pero las hemos sustituido por esta reinvención infinitamente más saludable. Los sabores familiares a cacahuete y chocolate están ahí, y hemos añadido nueces de Brasil y nueces. El resultado es un picoteo nutritivo y lleno de energía.

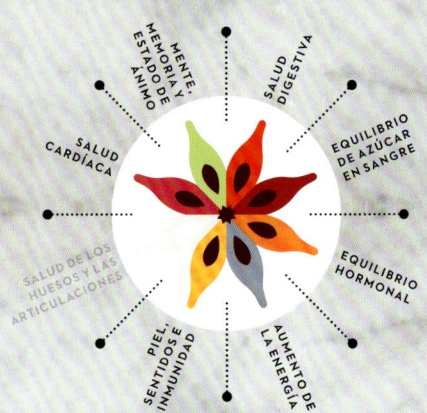

Megamix
CON CACAHUETES Y CHOCOLATE NEGRO

PARA 200 G

75 g de cacahuetes tostados salados

50 g de nueces troceadas

25 g de nueces de Brasil, cada una en 3 trozos

50 g de chips de chocolate negro orgánico

Mezcle todos los ingredientes y consérvelos en un recipiente hermético. La preparación aguantará varias semanas, pero no creemos que dure tanto.

Consejo: compre chips de chocolate «semiamargos» con un 70 % de cacao. Algunos chips de chocolate contienen estabilizantes para que conserven su forma al cocinar, y hacen que tengan un sabor ceroso. Elija los chips con atención.

Información nutricional

Los frutos secos contienen proteínas, fibra y grasas saludables, pero también son muy calóricos (la recomendación es medio puñado al día). Las nueces de Brasil aportan selenio, estupendo para equilibrar el estado de ánimo, ralentizar el envejecimiento de la piel y facilitar la función de la tiroides.

POR QUÉ NOS GUSTA

Como ya habrá notado, somos fans absolutas de los frutos secos. Son nuestro picoteo proteico favorito cuando tenemos un día ajetreado. Un puñado pequeño evita los ataques de hambre y mantiene constantes los niveles de energía y de azúcar en sangre. Esta mezcla resulta igualmente estupenda para el desayuno con un yogur con fruta picada.

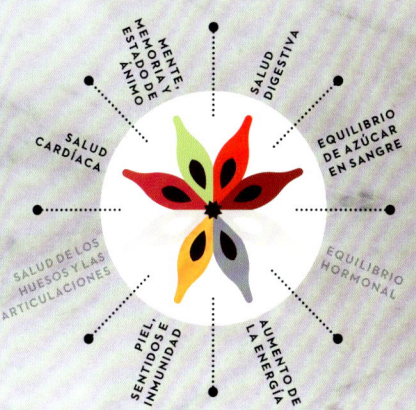

Revuelto tostado

PARA 500 G

300 g de frutos secos pelados, a elegir entre nueces, nueces de Brasil, cacahuetes, anacardos, almendras, avellanas, pistachos y chips de coco

100 g de fruta seca, a elegir entre orejones de albaricoque, higos, pasas, dátiles, piña, mango, pera, manzana, arándanos rojos, bayas de goji, arándanos azules y cerezas

100 g de semillas, a elegir entre calabaza, girasol, sésamo y lino

2 cucharadas de aceite de coco (derretido si está sólido)

2 cucharaditas de canela en polvo

un poco de vaina de vainilla molida (véase consejo) o ½ cucharadita de extracto de vainilla

Información nutricional
Existen pruebas contundentes de que las personas que toman frutos secos y semillas habitualmente presentan menor riesgo de desarrollar cardiopatías, diabetes de tipo 2 y obesidad.

Precaliente el horno a 160 ºC. Forre una bandeja refractaria grande con papel sulfurizado.

Pique los ingredientes más grandes (las nueces de Brasil, las nueces, los orejones y los higos) en trozos de aproximadamente 1 cm.

Ponga los frutos secos, las semillas y la fruta en un cuenco. Añada el aceite de coco, la canela y la vainilla, y mezcle bien. Extienda la preparación en la bandeja y hornee durante 20 minutos, hasta que todo esté crujiente y dorado (dé la vuelta a la mezcla a los 10 minutos de horneado).

Deje enfriar y conserve en un recipiente hermético (hasta 1 semana).

Consejo: normalmente utilizamos un molinillo para la vainilla en lugar de una vaina entera, esencia o extracto. Es el modo más rápido de incorporar vainilla a las gachas, el yogur o los horneados.

GUARNICIONES Y PICOTEO

POR QUÉ NOS GUSTAN

Nuestro eterno dilema es qué comer cuando el hambre ataca. Y buscamos algo dulce, salado, crujiente y especiado… pero sobre todo sano. Aquí cuadramos el círculo cubriendo unas almendras (repletas de proteínas, fibra, vitamina E y minerales y antioxidantes esenciales) con una irresistible combinación de superespecias y un toque de miel. La perfección dorada en el horno.

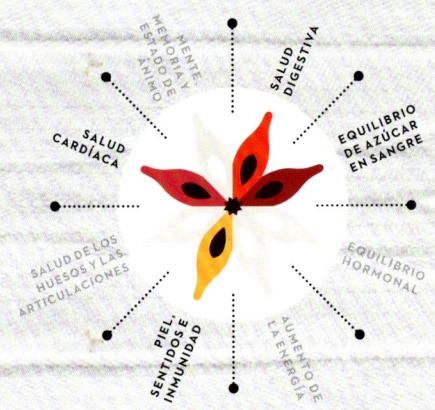

Almendras calientes
CON MIEL Y CANELA

PARA 200 G

aceite de oliva ligero en espray

2 cucharaditas de comino en polvo

1 cucharadita de canela en polvo

¼ de cucharadita de pimienta de cayena, o más al gusto

½ cucharadita de sal marina en escamas

200 g de almendras enteras con la piel

1 cucharada de miel clara

Precaliente el horno a 180 ºC. Forre una bandeja refractaria con papel sulfurizado y rocíe con un poco de aceite de oliva.

Mezcle las especias y la sal en un cuenco. Ponga las almendras en otro cuenco, rocíe con la miel e incorpore bien para asegurarse de que todas estén impregnadas. Añada la preparación de especias y remueva hasta que las almendras estén bien cubiertas.

Extienda las almendras en la bandeja preparada y hornee durante 25 minutos, hasta que estén crujientes y doradas. Deles la vuelta a los 15 minutos, aproximadamente, para evitar que se peguen.

Deje enfriar durante 20 minutos antes de servir, o espere a que estén completamente frías y consérvelas en un recipiente hermético (hasta 1 semana).

Información nutricional
Las almendras enteras, incluida la piel, son muy ricas en flavonoides (nutrientes vegetales fundamentales para mantener un corazón sano y proteger al organismo frente a los efectos del envejecimiento).

POR QUÉ NOS GUSTAN

Si le apetece algo salado y sano para acompañar una buena copa de vino, estas excelentes galletas al queso cumplen el papel. Son mantecosas y crujientes, como corresponde a una galleta de este tipo, pero también contienen una cantidad aceptable de los beneficios de nuestra cocina: desde el aceite de oliva, los pistachos, las almendras y la mostaza hasta las semillas de sésamo, las semillas de comino, el orégano seco y los copos de chile utilizados a modo de cobertura.

Sablés de parmesano, almendras y pistachos

PARA 30

100 g de queso parmesano rallado

50 g de almendras peladas

50 g de pistachos

100 g de mantequilla ablandada

50 ml de aceite de oliva virgen extra

50 g de sémola

100 g de harina de fuerza

1 cucharadita colmada de mostaza inglesa en polvo

sal marina en escamas y pimienta negra recién molida

PARA LAS COBERTURAS

pistachos (machacados)

semillas de sésamo, de amapola y/o de comino

orégano seco y/o chile en copos

Información nutricional
Los colores verdes y morados únicos del pistacho se deben a su contenido en luteína y antocianina. La luteína se conoce como la «vitamina de la vista», ya que ayuda a prevenir problemas oculares (entre otros, la degeneración macular relacionada con el envejecimiento).

Precaliente el horno a 180 ºC. Forre una bandeja grande con papel sulfurizado.

Ponga todos los ingredientes, excepto los de las coberturas, en un robot de cocina y mezcle hasta formar una masa no homogénea. Ponga la masa sobre un trozo de film transparente y forme un churro largo (utilice el film para ayudarse a enrollar la masa). Cierre los extremos del cilindro e introdúzcalo en el congelador durante al menos 30 minutos.

Cuando esté muy frío, corte la masa en círculos de unos 3 mm de grosor con un cuchillo afilado.

Ponga los círculos en la bandeja refractaria preparada y espolvoree con las coberturas que prefiera (un poco de cada queda perfecto). Hornee durante 15 minutos, hasta que estén dorados y crujientes. Pase las galletas a una rejilla y deje enfriar.

Los sablés se conservan hasta 2 días en un recipiente hermético.

Consejo: introduzca el «churro» de masa en el congelador un momento si necesita un picoteo sabroso y rápido para una fiesta.

GUARNICIONES Y PICOTEO

POR QUÉ NOS GUSTA

En realidad, esto no es una receta, sino una buena idea. Pique algunas de sus frutas favoritas, añada unas cuantas bayas y un puñado de dátiles, y conserve todo en el congelador. Después, cuando necesite tomar algo dulce, tendrá a mano pedacitos deliciosos de fruta y sus beneficios. Huelga decir que a los niños también les encanta.

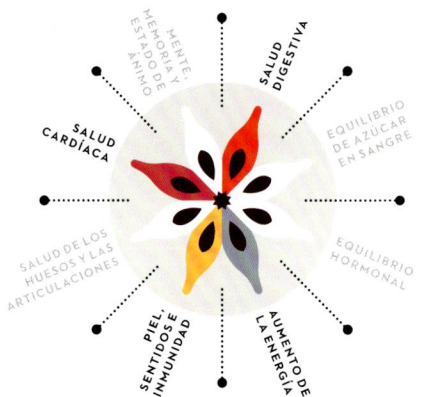

Fruta congelada

¡PREPARE LA CANTIDAD QUE DESEE!

frutas variadas, por ejemplo plátano, mango, papaya, piña y kiwi, cortados en trozos del tamaño de un bocado

frutas enteras variadas, por ejemplo arándanos, frambuesas y uvas

dátiles Medjool deshuesados

Ponga su selección de frutas en un recipiente de plástico y congélelas durante unas horas o toda la noche.

Tómelas cuando las saque del congelador.

Pruebe esto...
* En un *smoothie* de frutas, con yogur natural o agua de coco.

Información nutricional
Algunas personas creen que los azúcares añadidos son perjudiciales, y que lo mismo vale para la fruta. Aunque la fruta *sí* contiene fructosa, también es muy rica en fibra y nutrientes vitales, lo que la convierte en un picoteo natural y saludable.

EXTRAS

POR QUÉ NOS GUSTA

Esta excelente crema realiza la misma función que el hummus, pero con un toque de los nuestros: en lugar de garbanzos, utilizamos judías blancas y espinacas para lograr una textura más ligera. Hemos optado por mantener la receta simple, así podrá prepararla en un momento para tenerla a mano en la nevera. Es perfecta como mojo para verduras crudas y para untar una buena capa sobre una tostada y espolvorearla con un puñado de mezcla de semillas y especias (*véase pág. 26*).

Crema para untar para la mediana edad

PARA 500 G

250 g de espinacas

400 g de judías blancas cocidas, enjuagadas y escurridas

2 cucharadas de aceite de oliva virgen extra

el zumo de ½ limón

un puñado pequeño de perejil picado no muy fino

1 cucharada de mezcla de especias (*véase pág. 24*) o 1 cucharadita de cilantro molido y 1 cucharadita de comino molido

2 cucharadas de yogur natural

1 diente de ajo machacado

sal marina en escamas y pimienta negra recién molida

Lave las espinacas y cocínelas en una sartén grande con el agua que desprendan, a fuego lento, durante 2 minutos. Escúrralas bien y séquelas con papel de cocina para eliminar los restos de humedad.

Ponga las espinacas en un robot de cocina, añada el resto de ingredientes y mezcle hasta obtener una textura casi homogénea.

Puede servir la crema caliente o fría directamente de la nevera, donde se conservará hasta 1 semana en un recipiente hermético.

Información nutricional
Las judías blancas son la estrella de esta receta: proporcionan proteínas, carbohidratos saludables y una cantidad ideal de fibra. Son beneficiosas para los sistemas cardiovascular y digestivo, además de mejorar los niveles de energía.

POR QUÉ NOS GUSTA

Es posible que hayamos creado el *dip* definitivo. Pero no es solo un *dip*, es también una crema, una salsa, un desayuno, una comida y una cena. Como ya sabemos, los aguacates son muy ricos en cosas buenas, pero hemos añadido tantas que *necesita* tener este guacamole en la nevera: semillas, guisantes, *edamame*, menta, zumo de lima, ajo... Toda una lista de excelencia.

Guacamole completo

PARA 500 G

- 100 g de *edamame* congelados
- 100 g de guisantes congelados
- 3 cucharadas de mezcla de semillas crudas (*véase* pág. 25) o de semillas de calabaza
- 2 aguacates maduros
- 2 dientes de ajo machacados
- 2 cebolletas cortadas en aros
- un puñado de hojas de menta picadas
- un puñado de perejil de hoja plana picado
- el zumo de 2 limas
- la ralladura muy fina de 1 lima
- 2 cucharadas de aceite de oliva virgen extra
- ½ cucharadita de sal marina en escamas
- pimienta negra recién molida
- 1 tomate maduro cortado en dados pequeños

Cocine los *edamame* y los guisantes en un cazo con agua hirviendo durante 3 minutos, hasta que estén tiernos. Escúrralos y páselos por agua fría. Elimine las pieles externas de los *edamame* y resérvelos con los guisantes.

Ponga la mezcla de semillas en una sartén pequeña y poco honda, y saltéelas a fuego medio durante unos minutos, hasta que empiecen a tomar color y a explotar, con cuidado de que no se quemen. Deje enfriar unos minutos, póngalas en un molinillo de café o de especias y muélalas pero no del todo. Como alternativa, utilice un mortero.

Pele y deshuese los aguacates, y póngalos en un robot de cocina con las semillas molidas. Añada el resto de ingredientes, excepto el tomate, y reduzca a una textura con tropezones. Agregue el tomate y remueva bien. Ponga el guacamole en un cuenco y consérvelo en la nevera 30 minutos antes de servir.

Pruebe esto...
* Como salsa con pescado frito o croquetas de pescado.
* Como *dip* con pita tostada con queso feta desmenuzado.
* Como base para una tostada con aguacate (*véanse* págs. 60-65).
* Sobre una tortilla francesa.

Consejo: muchos supermercados disponen de *edamame* fresco; solo tendrá que cocerlo unos minutos y estará listo.

Información nutricional
Los estudios demuestran que el consumo de aguacates puede ayudar a reducir los factores de riesgo de cardiopatías, el colesterol y los triglicéridos.

POR QUÉ NOS GUSTA

El hummus es un básico muy socorrido en muchas neveras. Sabemos que es bueno porque está repleto de proteínas vegetales, fibra y un sabor para chuparse los dedos. Sin embargo, las versiones comerciales suelen contener demasiada sal (una investigación reciente descubrió que algunos hummus contienen tanta sal como cuatro bolsas de patatas fritas), y no siempre podemos estar seguros de la calidad del aceite. La solución consiste en preparar el hummus en casa. En esta receta hemos añadido nuestro toque con pimientos rojos asados, almendras y pimentón, y solo la cantidad de sal que usted decida añadir.

Hummus de pimiento rojo asado

CON ALMENDRAS Y PIMENTÓN AHUMADO

PARA 500 G

1 pimiento rojo grande

400 g de garbanzos cocidos, enjuagados y escurridos

2 cucharadas de LSA (véase pág. 27) o de almendras en polvo

2 cucharadas de *tahini*

2 cucharadas de aceite de oliva virgen extra

2 cucharadas de zumo de limón

3 cucharadas de agua caliente

1 diente de ajo machacado

1 cucharadita de pimentón ahumado

sal marina en escamas y pimienta negra recién molida

Ase el pimiento bajo el grill precalentado durante 5 minutos; dele la vuelta de vez en cuando hasta que empiece a estar tierno y ligeramente chamuscado. Deje enfriar un poco, retire el pedúnculo y las semillas, y píquelo en trozos no muy pequeños.

Ponga el pimiento rojo en un robot de cocina, añada el resto de ingredientes y mezcle hasta obtener una pasta espesa (o, si lo prefiere, más homogénea).

El hummus se conservará en la nevera, en un recipiente hermético, hasta 3 días.

Información nutricional
100 g de pimiento rojo contienen más de tres veces la cantidad diaria recomendada de vitamina C, lo que lo convierte en una de las fuentes más ricas de este nutriente esencial para la protección de las células y el sistema inmune.

POR QUÉ NOS GUSTA

Si busca una comida rápida, esta saludable receta «de emergencia» resulta sencillamente deliciosa. El pescado azul proporciona omega 3; incluye vitamina C del eneldo, el zumo y la ralladura de limón, y los excelentes beneficios digestivos del yogur. Si le gusta un toque potente, añada chile en copos. Cuidado, ¡es adictivo!

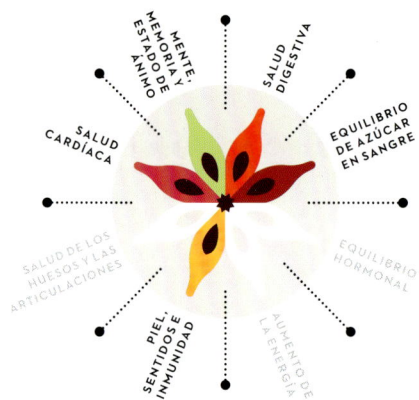

Paté de caballa ahumada y eneldo

2 RACIONES

300 g de filetes de caballa ahumada sin piel

2 cucharadas de yogur griego espeso

la ralladura muy fina y el zumo de ½ limón

1 cebolleta cortada en rodajas finas

un puñado de eneldo picado

sal marina en escamas y pimienta negra recién molida

½ cucharada de chile en copos (opcional)

Ponga los filetes de caballa en un cuenco y aplástelos ligeramente con un tenedor. Añada el resto de ingredientes y mezcle bien. Como alternativa, si prefiere un paté más homogéneo, pase los ingredientes por el robot de cocina.

Introdúzcalo en la nevera al menos 30 minutos antes de servir. Este paté queda muy bien para mojar verduras, sobre una tostada de pan con semillas (*véase pág. 209*) o con tortas de avena.

El paté aguanta varios días en la nevera.

Información nutricional

Nosotras ♥ el pescado azul y, por suerte, al pescado azul le encanta nuestro ♥. Los estudios demuestran que el consumo de pescado azul reduce la presión sanguínea y la acumulación de grasa en las arterias.

POR QUÉ NOS GUSTA

Esta maravilla que se prepara en 5 minutos, repleta de los imprescindibles omega 3, sirve como un estupendo entrante ligero sobre una tostada crujiente y caliente de pan integral, unos *bagels* con semillas o pan de centeno, o como un canapé saludable con tostaditas de centeno. A esta receta le va a la perfección el toque potente del rábano picante fresco; la pimienta negra en una cantidad generosa, los cebollinos picados y la antioxidante ralladura de limón la convierten en un bocado realmente mágico.

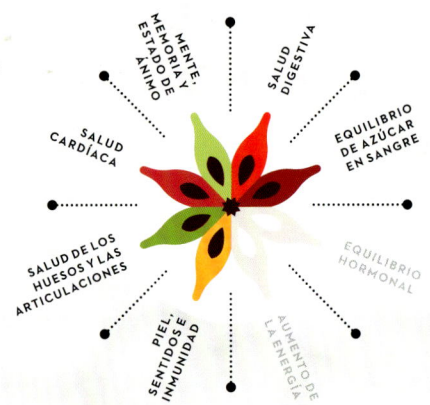

Paté de trucha ahumada

CON LIMÓN Y RÁBANO PICANTE

4 RACIONES

300 g de filetes de trucha ahumada en caliente sin la piel

2 cucharadas de yogur natural

2 cucharaditas de raíz de rábano picante fresco, pelado y rallado, o rábano picante ya rallado en conserva (no salsa de rábano)

la ralladura y el zumo de ½ limón

una pizca de sal marina en escamas

pimienta negra recién molida

1 cucharada de cebollino picado

Ponga 150 g de la trucha en el robot de cocina, añada el yogur, el rábano y el zumo y la ralladura de limón. Salpimiente y mezcle hasta obtener una textura homogénea.

Pase la preparación a un cuenco y desmenuce encima el resto del pescado. Agregue el cebollino y rectifique de sal y pimienta; remueva y sirva.

Consejo: la raíz de rábano fresco, como el jengibre o la cúrcuma, se congela bien. Si tiene problemas para encontrar rábano picante fresco o rallado, utilice mostaza inglesa como sustitutivo.

Información nutricional
El rábano picante es un remedio tradicional para la sinusitis y el resfriado. Investigaciones recientes afirman que posee propiedades antibacterianas que ayudan a luchar contra las infecciones de manera natural. Un estudio de la Universidad de Illinois concluyó que los glucosinolatos del rábano picante podrían incrementar la resistencia al cáncer.

POR QUÉ NOS GUSTA

Si existe un alimento que realmente nos conviene en la mediana edad tiene que ser el pescado azul. Puede que las sardinas no estén de moda, pero desde el punto de vista nutricional son magníficas, casi un «alimento perfecto», con beneficios para todo el organismo. Por tanto, hemos actualizado este pescado ignorado en este sabroso paté, perfecto para una merienda cena, untado generosamente en triángulos de pita tostado y caliente. También es ideal para canapés.

Paté de sardinas

2 RACIONES

- 100 g de sardinas en aceite de oliva (en conserva)
- ½ cebolla roja pequeña cortada en dados muy pequeños
- un puñado pequeño de perejil picado
- 6 aceitunas griegas negras, deshuesadas y bien picadas
- el zumo de ½ limón
- unas gotas de Tabasco, o al gusto
- 20 g de mantequilla derretida
- pimienta negra recién molida

Escurra las sardinas y reserve 1 cucharada del aceite. Ponga el pescado en un cuenco y tritúrelo bien con un tenedor.

Añada la cebolla, el perejil, las aceitunas, el zumo de limón, el Tabasco, el aceite reservado y la mitad de la mantequilla derretida. Aderece con pimienta negra y remueva para mezclar bien todos los ingredientes.

Presione la preparación en 2 moldes y vierta el resto de la mantequilla. Introduzca los moldes en la nevera durante al menos 30 minutos antes de servir. El paté se conservará en el frigorífico hasta 3 días.

Consejo: este plato da mejor resultado con sardinas en conserva, que son un básico económico en nuestra despensa. Busque sardinas en aceite de oliva virgen extra, que aportará sus omega 3 al paté.

Información nutricional
El pescado azul de pequeño tamaño como las sardinas se puede comer entero, ya que así se obtienen los máximos beneficios nutricionales (en especial para los huesos y las articulaciones). Las sardinas son muy ricas en ácidos grasos cardiosaludables, que también benefician al cerebro y el estado de ánimo.

POR QUÉ NOS GUSTA

El *uchucuta* es el equivalente peruano del chimichurri argentino, una salsa con hierbas y ajo que se sirve habitualmente con carne. Este *uchucuta* incluye queso, que da como resultado una salsa más homogénea y más compleja. En Perú se prepara con queso fresco, pero nosotras hemos utilizado feta. Chamuscar los chiles sobre una llama viva lleva un momento y aporta una nota cálida y redonda. El resultado es bastante picante; adapte la cantidad de chile a su nivel de tolerancia (nosotras preferimos retirar las semillas para reducir un poco la intensidad del picante).

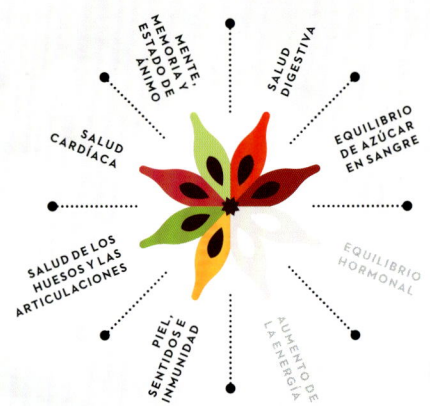

Uchucuta

**5 RACIONES
APROXIMADAMENTE 250 G**

1 jalapeño verde

1 chile rojo Caribe

150 g de queso feta desmenuzado

1 cucharada de aceite de oliva virgen extra

2 cucharadas de yogur natural

un chorrito de zumo de limón o de lima

1 diente de ajo pelado y cortado por la mitad

un puñado de perejil picado fino

un puñado de cilantro (hojas y tallos) picado no muy fino

sal marina en escamas y pimienta negra recién molida

Ase los chiles bajo el grill caliente hasta que estén ligeramente chamuscados y tiernos. Como alternativa, tómelos con unas pinzas y áselos directamente sobre una llama. Deje enfriar y retire el pedúnculo y las semillas si prefiere reducir un poco la intensidad del picante.

Ponga los chiles asados y el resto de ingredientes en un robot de cocina y mezcle hasta obtener una consistencia homogénea. Consérvelo en un recipiente hermético, en la nevera, hasta 3 días.

Pruebe esto...
* Como adobo para un pollo entero.
* Como un mojo fabuloso para chips de maíz.
* Sobre una patata asada.
* Como condimento para aderezar generosamente una barbacoa.
* Para el cerdo con *uchucuta* (véase pág. 178).

Información nutricional
El picante intenso de los chiles procede del alcaloide vegetal capsaicina, con propiedades cardioprotectoras y antiinflamatorias demostradas. Además, ejerce un efecto beneficioso en el sistema gastrointestinal y puede proteger la grasa de la sangre contra los daños provocados por los radicales libres.

POR QUÉ NOS GUSTA

Siempre nos gusta descubrir nuevas recetas sanas, fáciles y que se pueden preparar con antelación, y esta encaja en esa descripción. La *matbucha* es una ensalada de tomate israelí ligeramente especiada y versátil que por lo general se toma a temperatura ambiente como guarnición, untada o para mojar. Los héroes saludables de este plato son los tomates y los pimientos rojos, ambos ricos en licopeno (que protege la piel y el buen funcionamiento del corazón).

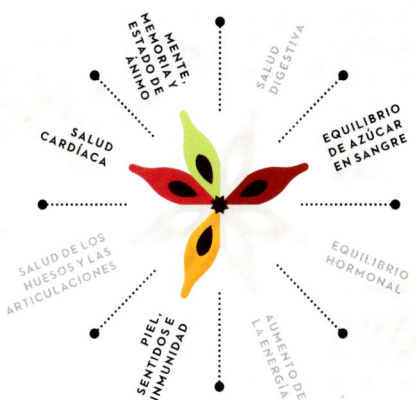

Matbucha

SALSA DE TOMATE CON ESPECIAS ISRAELÍ

10 RACIONES
APROXIMADAMENTE 500 G

1 cucharada de aceite de oliva virgen extra

3 dientes de ajo machacados

2 cucharaditas de mezcla de especias (*véase pág. 24*)

una pizca de pimienta de cayena

5 tomates maduros cortados en dados

1 chile rojo grande sin semillas y cortado en rodajas finas (opcional)

1 pimiento rojo sin semillas y cortado en dados no muy pequeños

sal marina en escamas

Caliente el aceite de oliva en un cazo, añada el ajo y saltee durante 1 minuto a fuego suave. Agregue las especias y saltee 2 minutos más.

Incorpore los tomates, el chile (si lo utiliza) y el pimiento rojo. Cubra la mezcla con agua. Añada una pizca de sal y lleve a ebullición. Baje el fuego al mínimo y deje cocer durante ½ hora, removiendo de vez en cuando y vertiendo más agua si espesa demasiado. La consistencia final debe ser similar a la de una salsa con tropezones.

Recomendamos servir la *matbucha* a temperatura ambiente, aunque se puede conservar en la nevera hasta 3 días.

Véase *fotografía pág. 229*.

Consejo: la *matbucha* es excelente como cobertura para *bruschettas*. Pruébela con una rebanada ligeramente tostada de nuestro pan con semillas (*véase pág. 209*).

Información nutricional
Las primeras pruebas de un extenso estudio realizado en China concluyeron que las personas que consumen habitualmente alimentos especiados, principalmente con chile, presentaban un 14 % menos de riesgo de mortalidad que las que rara vez consumen ese tipo de alimentos.

POR QUÉ NOS GUSTA

Cuando descubrimos el mole verde, pasó a formar parte inmediatamente de nuestros favoritos. Para empezar, se basa en tres ingredientes de primera (brócoli, espárragos y semillas de calabaza), enriquecidos todavía más con los maravillosos beneficios del comino, el aceite de oliva, el chile y un toque de ajo. Sin embargo, es el sabor el que hace que este básico mexicano resulte tan adictivo. Es rico, complejo, dulce y salado, con un toque a frutos secos, y una aportación realmente buena a una comida.

Mole verde

**6 RACIONES
APROXIMADAMENTE 500 G**

6 espárragos gruesos limpios y cortados en trozos no muy pequeños

sal marina en escamas

50 g de semillas de calabaza, y un poco más para servir (opcional)

1 cucharadita de comino molido

una pizca de canela molida

2 cucharadas de aceite de oliva

150 g de brócoli (incluidos los tallos) troceado

1 escalonia alargada o ½ cebolla cortada en dados

225 ml de agua hirviendo

un puñado de cilantro (hojas y tallos) picado no muy fino

1 chile verde pequeño sin semillas y picado no muy fino

1 diente de ajo pelado y cortado por la mitad

pimienta negra recién molida

semillas de comino para servir (opcional)

Introduzca los espárragos en una cacerola con agua hirviendo con sal y cuézalos 1 minuto *al dente*. Escúrralos y sumérjalos en un cuenco con agua fría para que conserven el color. Escúrralos bien y séquelos con papel de cocina.

Ponga las semillas de calabaza, el comino molido y la canela en una sartén grande y poco honda, y saltee a fuego medio durante 2-3 minutos, hasta que las semillas empiecen a tomar color y a explotar (con cuidado de que no se quemen). Pase el contenido de la sartén a un cuenco y reserve.

Caliente el aceite de oliva en la sartén y añada el brócoli, la escalonia o la cebolla y los espárragos, y saltee durante 1 minuto sin dejar de remover. Vierta el agua hirviendo y deje cocer a fuego lento y sin tapar durante 5 minutos. Incorpore el cilantro, el chile, el ajo y las semillas de calabaza con especias, y deje cocer 5 minutos más. Salpimiente al gusto y deje enfriar ligeramente.

Pase la mezcla de verduras por un robot de cocina o una batidora, vierta en un cuenco y consérvelo en la nevera antes de servir. Si no puede esperar, tome el mole caliente directamente del cuenco con unas semillas de calabaza y de comino por encima.

Pruebe esto...
* Para adobar pollo.
* Con carne o langostinos a la plancha.
* Para mojar pan pita tostado.

Consejo: si añade un poco de caldo, obtendrá una sopa sustanciosa, cardiosaludable y muy sabrosa.

Información nutricional
Las semillas (o pipas) de calabaza contienen toda una serie de nutrientes: entre otros, proteínas, hierro, vitamina K, magnesio y zinc, además de fibra y ácidos grasos esenciales que mantienen la salud del corazón. También contienen fitoestrógenos, que ayudan a aliviar los síntomas de la menopausia.

POR QUÉ NOS GUSTA

El espectacular color rosa de esta *raita* aportará brillo a cualquier plato gracias a la abundancia de betacianina, un antioxidante presente en la remolacha. El aromático *garam masala*, la manzana y la menta fresca aportan una extraordinaria profundidad de sabor y todavía más beneficios nutricionales.

Raita de remolacha
CON MANZANA Y *GARAM MASALA*

5 RACIONES
APROXIMADAMENTE 250 G

60 g de remolacha cocida cortada en dados pequeños

150 g de yogur griego

1 cucharadita colmada de *garam masala*

un puñado pequeño de hojas de menta muy picadas, y un poco más para servir

1 cucharadita de zumo de limón

½ manzana rallada

sal marina en escamas y pimienta negra recién molida

Mezcle todos los ingredientes en un cuenco.

Consérvelo en la nevera durante al menos 30 minutos. Reparta la menta picada extra por encima y sirva. La *raita* se mantendrá en la nevera hasta 2 días.

Consejo: un molinillo de *garam masala*, con las especias enteras, aportará un potente toque de sabor fresco cada vez que lo utilice.

Información nutricional

El *garam masala*, una combinación de semillas de comino, canela, pimienta negra, nuez moscada, cardamomo y clavo, se utiliza tradicionalmente en la medicina ayurvédica por sus propiedades saludables. De hecho, algunas pruebas sugieren que facilita la digestión.

POR QUÉ NOS GUSTA

Tomar un básico, como el pesto, y reinventarlo en interés de una salud más robusta es el objetivo de nuestro libro. Para enriquecer nuestro pesto utilizamos nueces, excelentes para el corazón, y berros, un ganador tradicional que aporta un toque nuevo y picante a un viejo favorito.

Pesto de nueces, berros y pecorino

4 RACIONES (CON PASTA)

50 g de nueces troceadas

1 diente de ajo pequeño, pelado y cortado por la mitad

2 cucharadas de aceite de oliva virgen extra

la ralladura y el zumo de ½ limón

150 g de berros lavados

30 g de queso pecorino rallado

una pizca de sal marina en escamas

pimienta negra recién molida

Ponga todos los ingredientes en un robot de cocina y mezcle hasta obtener una consistencia no del todo homogénea.

Recomendamos servirlo con pasta el mismo día de su elaboración, cuando está más fresco.

Información nutricional
Un estudio publicado en el *American Journal of Clinical Nutrition* concluía que el consumo de berros podría relacionarse con un menor riesgo de sufrir cáncer debido a la reducción de daños en el ADN.

POR QUÉ NOS GUSTA

Este gran pesto cuenta con nutrientes muy potentes (calabaza, frutos secos, cítricos y salvia), ricos en vitaminas y antioxidantes que nos protegen contra los resfriados y la gripe. Piense que es como un estimulante de la inmunidad para acompañar un plato de pasta con una maravilla muy beneficiosa para la salud.

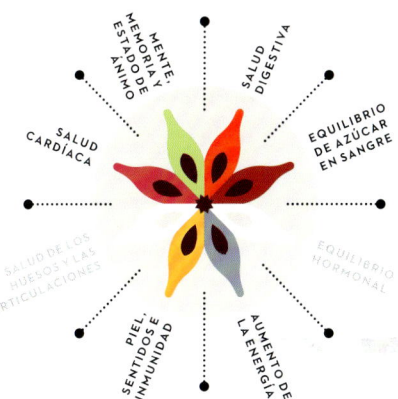

Pesto de calabaza, pacanas y salvia

6 RACIONES (CON PASTA)

50 g de pacanas

50 g de semillas de calabaza

200 g de puré de calabaza en conserva

30 g de queso parmesano rallado

el zumo de 1 limón

1 cucharada de aceite de oliva virgen extra

sal marina en escamas y pimienta negra recién molida

10 hojas de salvia bien picadas

Ponga las pacanas y las semillas de calabaza en el robot de cocina y redúzcalas a una pasta seca irregular. Añada el puré de calabaza, el parmesano, el zumo de limón y el aceite de oliva, y mezcle todo de nuevo.

Pase la preparación a un cuenco, salpimiente y agregue la salvia.

Sirva con su pasta favorita. El pesto se puede conservar en la nevera hasta 2 días.

Pruebe esto...
* Con *linguine* integrales, con parmesano y hierbas por encima.
* Como relleno de raviolis caseros aderezados con mantequilla caliente de salvia.

Información nutricional
Las pacanas, junto con las nueces, contienen el mayor poder antioxidante de todos los frutos secos comestibles y proporcionan grasas saludables para el corazón y el cerebro. Un estudio reciente concluyó que las personas que toman frutos secos a diario tienen un 20 % más de probabilidades de vivir más tiempo (y están más delgadas).

POR QUÉ NOS GUSTA

Si tuviésemos que cerrar los ojos y anotar los mejores ingredientes de *The Midlife Kitchen*, la lista se parecería mucho a... ¡esta receta de salsa verde! El perejil es aquí el protagonista indiscutible, apuntalado por un reparto acompañante de bondades: el vinagre de sidra de manzana, el zumo de limón, las anchoas, la mostaza y el ajo. El resultado es una salsa vistosa y brillante. Los puristas afirman que los ingredientes de la salsa verde deben picarse a mano. Estamos de acuerdo, pero si apremia el tiempo no dude en emplear el robot de cocina: la salsa seguirá siendo auténtica, solo que con una textura un poco más uniforme.

Salsa verde

**4 RACIONES
APROXIMADAMENTE 200 G**

- un puñado grande de perejil
- 4 filetes de anchoa escurridos
- 1 cucharada de alcaparras escurridas
- 1 diente de ajo pelado y cortado en cuartos
- 4 cucharadas de aceite de oliva virgen extra
- 1 cucharada de zumo de limón
- la ralladura de ½ limón
- 1 cucharadita de vinagre de sidra de manzana
- 2 cucharaditas de mostaza de Dijon
- pimienta negra recién molida

Pique el perejil, las anchoas, las alcaparras y el ajo a mano, ya que así la salsa tendrá más textura. Póngalo todo en un cuenco y añada el aceite de oliva, el zumo y la ralladura de limón, el vinagre y la mostaza. Aderece con abundante pimienta.

Como alternativa, pase todos los ingredientes por el robot de cocina. Conviene servir la salsa recién hecha, cuando el color verde es más intenso, aunque se mantiene bien en la nevera durante un par de días.

Pruebe esto...
* Para mojar pan crujiente.
* Sobre un boniato asado.
* Sobre patatas nuevas.
* Con huevos revueltos.
* Al modo italiano clásico, como acompañamiento de pescado a la parrilla o cocido.

Véase *fotografía pág. 237.*

Consejo: también queda bien con otras hierbas tiernas como menta, estragón o albahaca.

Información nutricional
El perejil es una buena fuente de vitaminas A, C y K, y también es rico en folato y hierro: numerosas propiedades que protegen el sistema inmune, los huesos, las articulaciones y la piel. Y hay más: también es muy rico en fitoquímicos, flavonoides y antioxidantes.

POR QUÉ NOS GUSTA

De todas las recetas formidables que hemos descubierto en Bali, esta es nuestra favorita absoluta. Se trata del energizante definitivo para cualquier pieza sencilla, a la plancha, de carne o pescado: una combinación embriagadora de citronela, chile, lima y pasta *terasi* de gambas, el equivalente indonesio a la salsa Thai de pescado (que puede utilizar como sustitutivo si no encuentra *terasi*).

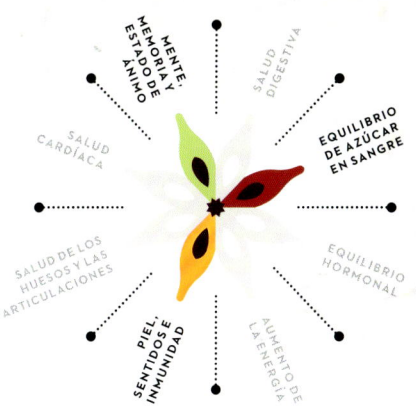

Sambal matah

**3 RACIONES
APROXIMADAMENTE 150 G**

3-4 escalonias peladas y bien picadas

1 cebolleta bien picada

2 chiles rojos pequeños sin semillas y bien picados

2 tallos de citronela sin las capas exteriores duras, bien picados

½ cucharadita de pasta *terasi* de gambas o salsa Thai de pescado (*nam pla*)

2 cucharadas de aceite de oliva

el zumo de 2 limas

una pizca de sal marina en escamas

Mezcle todos los ingredientes en un cuenco. Deje reposar durante 10 minutos, aproximadamente, para que los sabores liguen.

Sirva a temperatura ambiente.

Pruebe esto...
* Con sardinas o cualquier pescado azul a la plancha.
* Con carne a la barbacoa.
* Sobre arroz integral.

Véase *fotografía pág. 237*.

Consejo: el *terasi* seco auténtico (también conocido como *belacan*) se puede encontrar en supermercados asiáticos, y es preciso freírlo antes de utilizarlo. También puede comprar la pasta de gambas en tarro, lista para su uso. Solo tiene que leer bien las instrucciones antes de empezar.

Información nutricional
La citronela, además de poseer un maravilloso aroma, tiene propiedades antibacterianas y antiinflamatorias que pueden ayudar a aliviar toda una serie de problemas de salud: trastornos digestivos, infecciones y reumatismo, por ejemplo.

POR QUÉ NOS GUSTA

Una salsa ligera, brillante y deliciosa que animará una sencilla pieza de pescado a la plancha. Nos encanta con caballa ahumada, sardinas a la plancha o trucha frita.

Salsa de rábano, pepino y hierbas

4 RACIONES
APROXIMADAMENTE 200 G

150 g de rábanos para ensalada bien picados

¼ de pepino bien picado

un puñado de hojas de menta bien picadas

un puñado de hojas de cilantro bien picadas

1 cebolleta bien picada

el zumo de 1 lima

sal marina en escamas y pimienta negra recién molida

Mezcle todos los ingredientes en un cuenco y sirva.

Información nutricional

Como otras hortalizas de la familia *brassica*, los rábanos contienen dos compuestos naturales, el sulforafano y el indol-3-carbinol, que se cree que ejercen un efecto anticancerígeno. Además, proporcionan vitamina C, que estimula las defensas contra las enfermedades.

POR QUÉ NOS GUSTA

¿Quién podría resistirse a algo que lleva la palabra *hug* («abrazo») en el nombre? Esta salsa deliciosa y fresca es original de Yemen, y no cabe duda de que explora los sabores de Oriente Medio. Se tarda unos minutos en prepararla y promete convertir una sencilla pieza de pescado, pollo o carne en algo realmente especial.

Zehug

SALSA DE CILANTRO, CHILE Y TOMATE

5-6 RACIONES APROXIMADAMENTE 250-300 G

- 2 clavos
- 5 vainas de cardamomo machacadas
- 1 diente de ajo machacado
- 3 cucharadas de aceite de oliva virgen extra
- 1 tomate maduro cortado en dados
- 1 chile verde bien picado, incluidas las semillas
- un puñado grande de hojas de cilantro picadas en trozos no muy pequeños
- ½ cucharadita de comino en polvo
- ½ cucharadita de semillas de comino
- sal marina en escamas y pimienta negra recién molida

Ponga los clavos y las semillas de las vainas de cardamomo en un mortero y muélalos para liberar su aroma.

Pase las semillas a un cuenco, añada el resto de ingredientes y salpimiente. Remueva bien, cubra con film transparente y deje reposar en la nevera durante 30 minutos, aproximadamente, antes de servir. Conviene tomar la salsa de inmediato.

Véase *fotografía pág. 237*.

Consejo: si retira las semillas de las vainas de cardamomo, obtendrá un sabor más fresco. Solo tiene que aplastar las vainas para soltar las semillas negras del interior.

Información nutricional
Los estudios demuestran que las hojas de cilantro fresco contienen compuestos que podrían ser beneficiosos contra la enfermedad de Alzheimer debido a sus propiedades de mejora de la memoria y reducción del colesterol.

POR QUÉ NOS GUSTA

La combinación de aguacate y fresas, con sus poderes antioxidantes, se complementa con un toque de chile y cilantro. El resultado es una salsa intensa que encontrará su hueco ideal en una barbacoa veraniega.

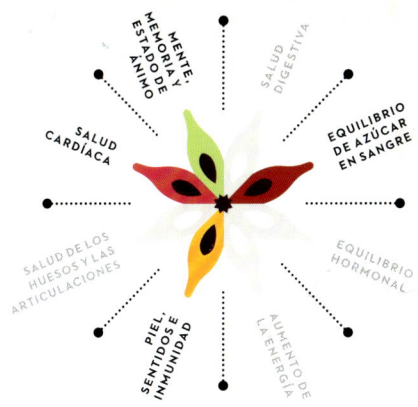

Salsa de fresas
CON AGUACATE Y CHILE VERDE

5-6 RACIONES APROXIMADAMENTE 250-300 G

150 g de fresas limpias laminadas

1 aguacate maduro pelado, deshuesado y cortado en láminas

1 cebolleta bien picada

un puñado de hojas de cilantro picadas en trozos no muy pequeños

1 jalapeño verde sin semillas bien picado

una pizca de sal marina en escamas

pimienta negra recién molida

Mezcle todos los ingredientes en un cuenco y sirva inmediatamente.

Véase *fotografía pág. 237*.

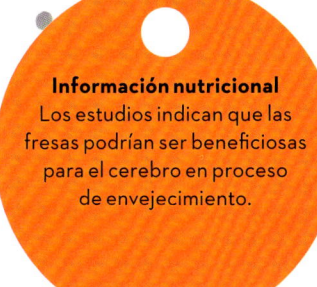

Información nutricional
Los estudios indican que las fresas podrían ser beneficiosas para el cerebro en proceso de envejecimiento.

EXTRAS

POR QUÉ NOS GUSTA

Por algún motivo, tenemos tendencia a tomar lombarda solo en Navidad, cosa que es una pena porque es realmente deliciosa y versátil (como demuestra esta versión fría encurtida). La lombarda y la cebolla roja aportan numerosos beneficios para la salud gracias a sus antioxidantes; el anís estrellado y el cardamomo facilitan la digestión, y nuestra jugada maestra final, el vinagre de sidra de manzana, equilibra los niveles de azúcar en sangre.

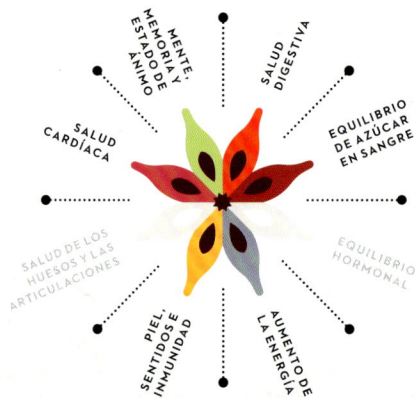

Encurtido de col lombarda con especias

**6 RACIONES
APROXIMADAMENTE 750 G**

1 col lombarda pequeña cortada en juliana fina

1 cebolla roja cortada en rodajas finas

50 g de pasas

50 g de arándanos rojos secos

2 cucharadas de vinagre de sidra de manzana

2 anises estrellados

5 vainas de cardamomo machacadas

200 ml de agua

sal marina en escamas y pimienta negra recién molida

Ponga todos los ingredientes en un cazo grande y lleve a ebullición. Baje el fuego y deje cocer durante 30 minutos, aproximadamente, o hasta que la cebolla y la col estén tiernas y el líquido se haya evaporado casi por completo (tiene que quedar un poco para conservar el encurtido). Deje enfriar e introdúzcalo en la nevera antes de servir.

El encurtido se mantiene en la nevera, en un recipiente hermético, hasta 2 semanas.

Pruebe esto...
* Con cerdo a la barbacoa.
* Con queso y galletas saladas.
* Como base para una ensalada, como la ensalada RVN (véase pág. 106).

Información nutricional
La col lombarda contiene nada menos que 36 antocianinas. No todas se absorben fácilmente, pero con esa abundancia de antioxidantes, no cabe duda de que resulta beneficiosa para nuestra salud.

POR QUÉ NOS GUSTA

Descubrimos esta fantástica salsa en un viaje a Perú, donde están surgiendo muchas corrientes de alimentación saludable. En los puestos callejeros de Lima se elabora con los aromáticos ajíes locales (en abundancia) y se sirve con todo. Los ajíes no son fáciles de encontrar, de modo que los hemos sustituido por jalapeños (añada más o menos cantidad en función de su gusto por el picante). Al salar y lavar las cebollas rojas, y después marinarlas en zumo de lima, se suaviza su sabor. La salsa resultante es tan buena que en muchos lugares la consideran «el nuevo kétchup». Y nos parece muy bien.

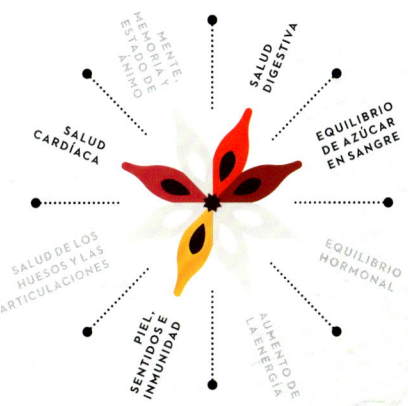

Salsa criolla

SALSA PERUANA DE CEBOLLA ROJA

6 RACIONES
APROXIMADAMENTE 300 G

1 cebolla roja grande, pelada

2 cucharaditas de sal marina en escamas

1 ají o 1 jalapeño sin semillas y cortado en juliana muy fina

un puñado de hojas de menta, perejil o cilantro cortadas en juliana fina

el zumo de 2 limas

1 tira de cáscara de lima cortada en juliana muy fina

1 cucharada de vinagre de sidra

pimienta negra recién molida

Información nutricional
La cebolla roja es especialmente rica en flavonoides, los antioxidantes responsables de su pigmentación. Uno de ellos, la quercetina, reduce la presión sanguínea y el riesgo de infarto y de enfermedades coronarias.

Corte la cebolla roja muy fina, todo lo que pueda, con un cuchillo afilado o una mandolina (los peruanos lo llaman cortar «a la pluma»). Póngala en un cuenco, añada la sal y deje reposar durante 10 minutos.

Lave la cebolla bajo el agua fría y séquela con papel de cocina, a golpecitos. Póngala en un cuenco de un material no reactivo. Añada el resto de ingredientes y deje marinar durante 10 minutos antes de servir.

La salsa se conserva 2 días en la nevera.

Pruebe esto...
* Sobre una hamburguesa o un bistec a la plancha.
* Como guarnición de chile con carne.
* Con nuestras hamburguesas divinas (véase pág. 146), o con los burritos verdes de huevo (véase pág. 180).
* Sobre pan crujiente o en un burrito integral, hummus y tomates.

Consejo: el propanetiol óxido-S, un producto químico irritante, es el causante de que las cebollas nos hagan llorar. Para limitar su efecto, enfríe las cebollas antes de cortarlas y utilice un cuchillo muy afilado, que provocará menos daños a las paredes celulares y, por tanto, se liberarán menos compuestos irritantes. Coloque la mitad cortada sobre la tabla a medida que corta.

POR QUÉ NOS GUSTA

Si las gachas y el yogur son indispensables para el desayuno, como es nuestro caso, esta mermelada que se prepara en 5 minutos representa una ingeniosa manera de animarlos. Una mermelada cruda no es más que fruta fresca o congelada pasada por la batidora con unas cuantas semillas de chía, que aumentan de volumen y proporcionan la textura gelatinosa. Puede utilizar la fruta tierna que tenga a mano y añadir especias o hierbas, lo que le apetezca. Sea creativo.

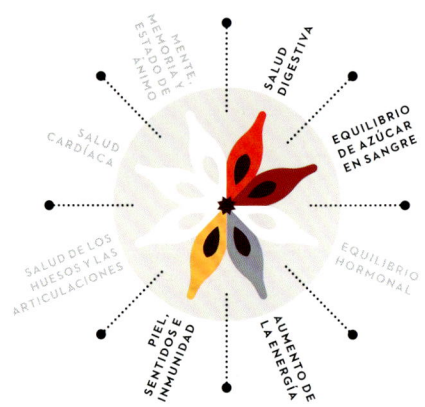

Mermelada rápida

PARA 300 G APROXIMADAMENTE

300 g de fruta tierna fresca o congelada (descongelada), o una mezcla: por ejemplo, fresas limpias, frambuesas, arándanos, moras, mango troceado o kiwi pelado

50 ml de agua o de agua de coco

1 cucharadita de zumo de limón

2 cucharadas de semillas de chía

1-2 cucharadas de sirope de arce al gusto (opcional)

Ponga la fruta, el agua, el zumo de limón y las semillas de chía en un cuenco y tritúrelo todo. Como alternativa, pase la mezcla por el robot de cocina o la batidora hasta conseguir una consistencia espesa. Si la mermelada queda demasiado ácida, añada sirope de arce al gusto.

Deje enfriar en la nevera al menos 1 hora para que las semillas de chía espesen la mermelada y los sabores se desarrollen. La mermelada se puede conservar en la nevera hasta 4 días.

Pruebe esto…
Algunas deliciosas combinaciones:

* 300 g de mango con 1 cucharadita de zumo de lima (que sustituye al zumo de limón de la receta principal), ½ cucharadita de ralladura de lima y ½ cucharadita de extracto de vainilla.
* 300 g de moras y frambuesas con pimienta negra y un poco de sirope de dátiles.
* 300 g de fresas y 1 cucharadita de hojas de menta bien picadas.
* 300 g de arándanos y una pizca de especias variadas.

Información nutricional
Las semillas de chía son ricas en fibra, estupenda para la digestión, y son capaces de absorber hasta diez veces su peso en agua (motivo por el que dan tan buen resultado en la preparación de mermelada cruda).

POR QUÉ NOS GUSTA

Una buena salsa de manzana tradicional es un fantástico endulzante que protagoniza un retorno a nuestra cocina de la mediana edad. Tómela directamente del envase si necesita algo dulce de inmediato, úntela en una *crêpe* o mézclela con gachas o yogur (*véase* nuestro yogur con *strudel* de manzana, pág. 52). El sirope de dátiles aportará un precioso color caramelo oscuro en lugar del verde claro insípido de las salsas de manzana comerciales.

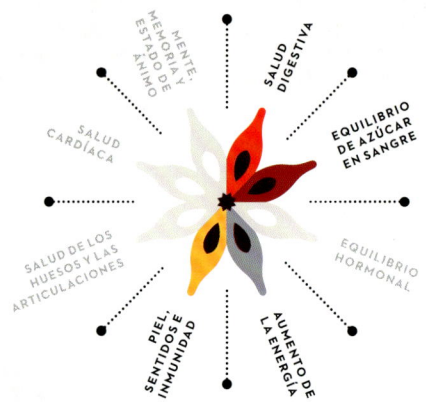

Salsa de manzana

PARA 500 G APROXIMADAMENTE

2 manzanas Bramley, aproximadamente 500 g en total, peladas, sin el corazón y picadas en trozos no muy pequeños

2 cucharadas de agua

1 cucharadita de canela en polvo

2 clavos

2-3 cucharadas de edulcorante casero (*véase* pág. 31), o 2 cucharadas de sirope de dátiles o de arce

Ponga todos los ingredientes en un cazo y lleve a ebullición suave. Remueva. Cuando la mezcla empiece a producir burbujas, baje el fuego y continúe la cocción, removiendo de vez en cuando, hasta que las manzanas se deshagan.

Retire el cazo del fuego y remueva bien para formar una salsa suave; si lo prefiere, déjela con tropezones. Deje enfriar y consérvela en la nevera, donde se mantendrá hasta 1 semana.

Consejo: esta salsa resulta todavía más fácil de elaborar si la prepara en el microondas: basta con 2-3 minutos, cubierta, a potencia máxima. Prepare una tanda, deje enfriar y congélela en una cubitera. Se descongela en unos minutos y tendrá un extra rápido para el desayuno.

Información nutricional

Las manzanas son verdaderas superestrellas de la nutrición. En numerosos estudios epidemiológicos se relacionan con un descenso del riesgo de sufrir enfermedades crónicas, como trastornos cardiovasculares, asma y diabetes, debido a su gran poder antioxidante.

POR QUÉ NOS GUSTA

Nuestra salsa de caramelo aporta toda la viscosidad untuosa de una salsa tradicional de *toffee*, pero (sorprendentemente) sin mantequilla. El azúcar de coco sustituye al azúcar de lustre habitual. Por supuesto, el azúcar es azúcar en cualquier forma, y todos sabemos que el exceso no es bueno, pero el de coco posee un IG más bajo que el azúcar de mesa convencional. Y eso significa que provoca menos picos de azúcar en sangre cuando nos damos un capricho.

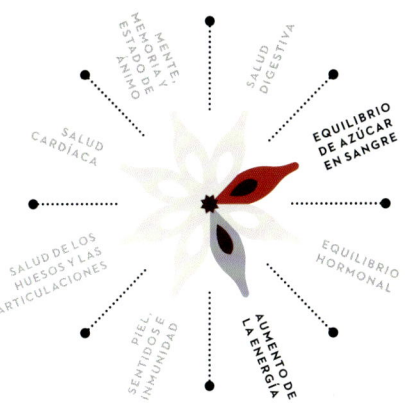

Salsa de caramelo

2 RACIONES

50 g de azúcar de coco

un chorrito de agua

50 ml de leche de coco

½ cucharadita de extracto de vainilla

una pizca de sal marina en escamas (opcional)

Mezcle el azúcar de coco con un chorrito de agua en un cazo pequeño y lleve a ebullición suave. Añada la leche de coco, la vainilla y la sal (si la utiliza); recupere la ebullición y deje cocer durante 10 minutos, removiendo de vez en cuando, hasta que la salsa se haya reducido y oscurecido.

Deje enfriar un poco y consérvela en la nevera (conviene dejarla 30 minutos para que espese antes de servir, aunque también se puede tomar caliente). La salsa se mantendrá en la nevera hasta 1 semana.

Pruebe esto...
* Con nuestros pudines jugosos de *toffee* (véase pág. 262).
* Con gachas.
* Como alternativa al sirope de dátiles para endulzar el yogur con *strudel* de manzana (véase pág. 52).

Información nutricional
El azúcar de coco tiene un sabor similar al del azúcar moreno, pero contiene algunos nutrientes y posee un IG más bajo. Esta salsa resulta ligeramente menos dulce que las salsas de *toffee* convencionales, pero una cucharada cunde mucho...

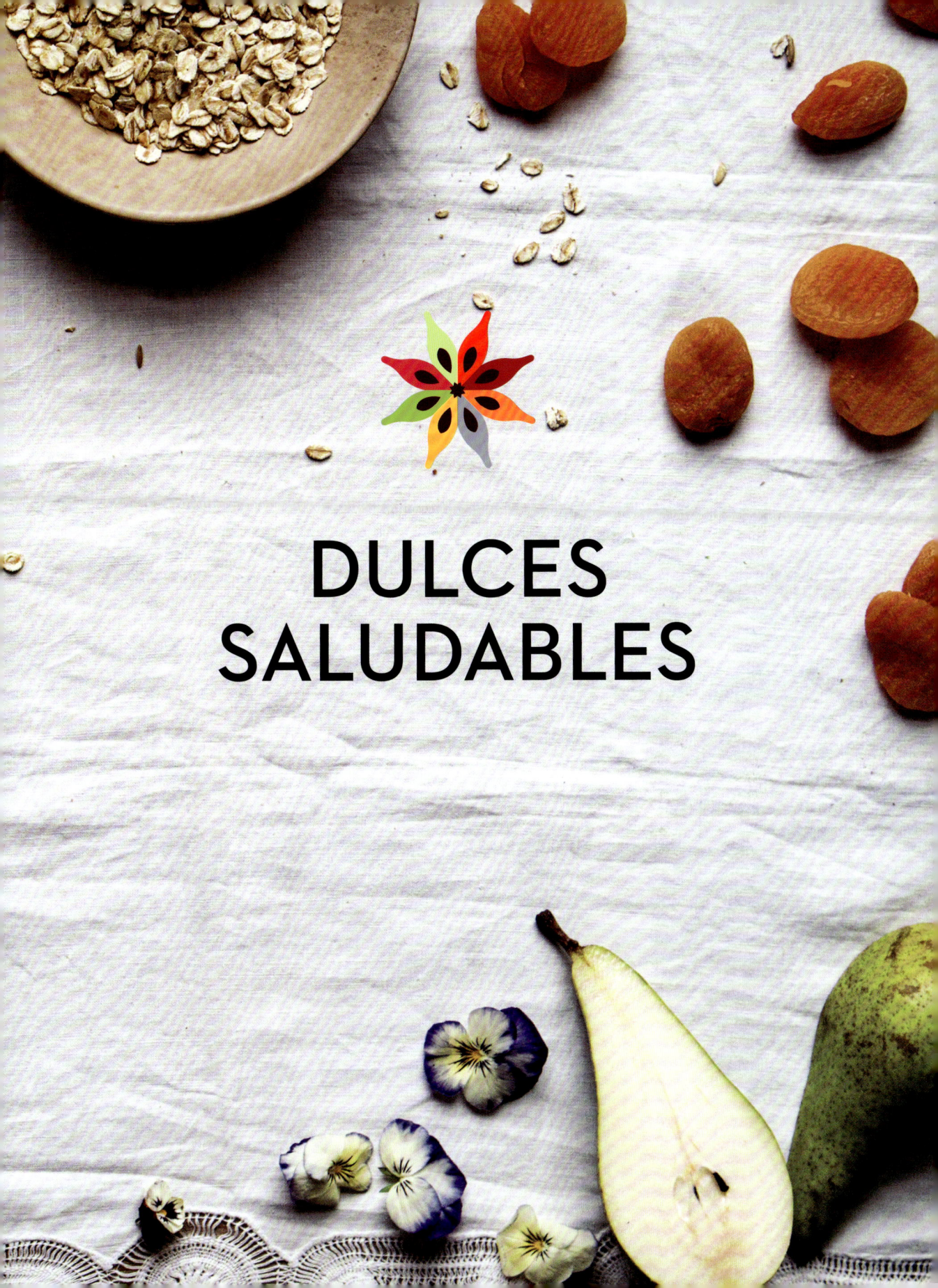

DULCES SALUDABLES

POR QUÉ NOS GUSTA

El maravilloso sirope especiado de esta receta funcionaría bien con cualquier fruta que tenga a mano, pero nos encanta la combinación de frutas blancas y exóticas de un verde claro. Las semillas de cilantro representan una revelación y aportan una explosión aromática a cada bocado. El xilitol es un experimento para nosotras; siempre hemos tenido interés por buscar sustitutivos naturales del azúcar que aporten dulzor sin un regusto químico, y creemos que aquí funciona realmente bien. En caso de duda, utilice una miel clara y ligera (por ejemplo, de acacia).

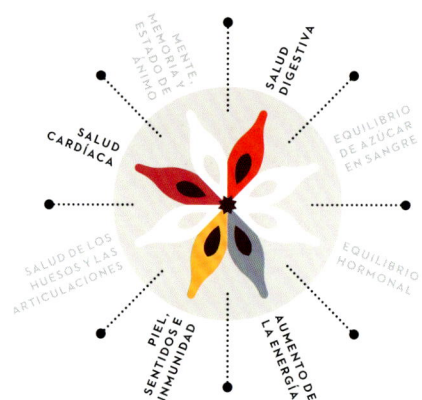

Ensalada de frutas blancas
CON SEMILLAS DE CILANTRO Y SIROPE DE LIMA

4 RACIONES

1 pera nashi

1 manzana

½ pitaya pelada

2 mangostanes pelados y separados en gajos

10 lichis frescos o en conserva

10 uvas blancas sin pepitas

PARA EL SIROPE

el zumo de 2 limas

2 cucharadas de xilitol o de miel de acacia

2 cucharaditas de semillas de cilantro machacadas

2 clavos

un poco de vainilla en polvo (véase pág. 211), o las semillas de una vaina

Ponga todos los ingredientes del sirope en un cazo pequeño, lleve a ebullición suave y deje cocer durante 5 minutos, hasta que reduzca y espese ligeramente. Deje enfriar y conserve en la nevera.

Pele, corte en cuartos y retire el corazón de la pera y la manzana. Corte toda la fruta en trozos del tamaño de un bocado y póngala en cuencos de servir. Aderece generosamente con el sirope aromático frío y sirva.

Consejo: algunas de las frutas que mencionamos pueden ser difíciles de encontrar; sustitúyalas por las que prefiera (por ejemplo, melón o cualquier variedad de pera).

Información nutricional

El xilitol es una sustancia natural que se extrae de la mazorca de maíz o la corteza de abedul. Posee el mismo poder edulcorante que el azúcar, pero un 40 % menos de calorías, un IG más bajo y no daña los dientes. Incluso resulta beneficioso para las bacterias buenas del intestino.

POR QUÉ NOS GUSTA

Gran parte de los ingredientes de esta ensalada de frutas se encuentran en la despensa. Con la adición de ricotta y naranjas se pueden convertir en este delicioso y caprichoso postre en cuestión de minutos. Se trata de una receta «madura»: no muy dulce, especiada y con un aroma oscuro. Diríamos que es como la Navidad en un cuenco.

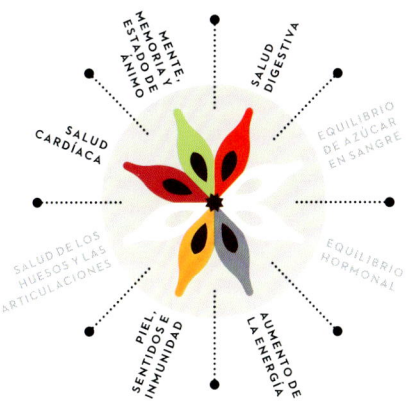

Ensalada caliente de frutas de invierno

CON RICOTTA A LA NARANJA

4-6 RACIONES

- 80 g de orejones de albaricoque
- 80 g de higos secos tiernos
- 60 g de ciruelas pasas tiernas
- 60 g de peras secas
- 60 g de cerezas secas
- 30 g de arándanos rojos secos
- 60 g de castañas cocidas y peladas (comerciales)
- 300 ml de té Earl Grey
- el zumo de 1 naranja
- 2 tiras de cáscara de naranja de unos 7 cm cada una
- 1 rama de canela partida por la mitad
- 2 anises estrellados

PARA EL RICOTTA A LA NARANJA

- 100 g de queso ricotta
- 2 cucharaditas de ralladura de naranja
- 1 cucharada de zumo de naranja recién exprimido

Ponga todos los ingredientes de la ensalada en un cazo grande, lleve a ebullición suave y deje cocer, sin cubrir, durante 10 minutos, o hasta que las frutas aumenten de volumen. Retire la fruta del cazo y reserve.

Vuelva a poner el cazo en el fuego y deje cocer el líquido durante 5 minutos más, hasta que reduzca. Viértalo sobre la fruta y deje enfriar.

Mientras tanto, mezcle los ingredientes del ricotta a la naranja en un cuenco.

Sirva la ensalada de fruta caliente con el ricotta a la naranja aparte.

Consejo: retire el anís estrellado y la ramita de canela y pase la fruta fría por el robot de cocina o la batidora para obtener una estupenda y saludable mermelada que podrá añadir al yogur de la mañana, o un *chutney* para acompañar un buen cheddar fuerte.

Información nutricional
La fruta seca es un gran nutriente y una fuente de fibra excelente para la salud digestiva.

POR QUÉ NOS GUSTAN

Sencillo, fresco, sano e interesante: a estas alturas ya sabrá que este es nuestro lema en *The Midlife Kitchen*. Esta ingeniosa receta lo tiene todo. Incluya cualquier cosa que tenga en el frutero y experimente; los rollitos de primavera quedan estupendos con un toque de chile muy picado, o con hierbas tiernas como menta o albahaca. Frutos secos, semillas y fruta seca añaden otra dimensión.

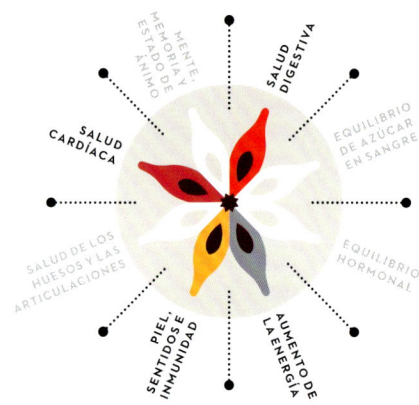

Rollitos de primavera de fruta fresca

PARA 6 ROLLITOS

PARA LOS ROLLITOS

2 o 3 fresas laminadas

½ kiwi pelado y cortado en rodajas

½ plátano pelado y cortado en rodajas

unos trozos de piña picados

unos trozos de mango picados

6 hojas de papel de arroz

agua caliente

unas hojas de menta muy picadas

6 mitades de nueces picadas

3 dátiles Medjool deshuesados y picados

2 cucharaditas de coco deshidratado

1 cucharadita de ralladura fina de lima

PARA LA SALSA

el zumo de 3 limas

1 cucharada de miel clara, sirope de arce o sirope de dátiles

1 anís estrellado

Mezcle todos los ingredientes de la salsa en un cuenco pequeño y reserve.

Seque la fruta preparada con papel de cocina para evitar que los rollitos resbalen demasiado.

Coloque una oblea de papel de arroz sobre una tabla de cortar. Con un pincel de repostería, humedezca la lámina ligeramente con agua caliente para ablandarla. Disponga parte de la fruta en el tercio superior y reparta el resto de ingredientes elegidos (nuestras 3 combinaciones favoritas son mango, piña, coco deshidratado y ralladura de lima; fresa, kiwi y menta, y plátano, nueces y dátiles).

Tome el borde superior del rollito y dóblelo sobre el relleno. Doble los bordes desde la izquierda y la derecha, y continúe formando el rollito y ocultando los bordes a medida que avanza (como si estuviese envolviendo un regalo). Se requiere un poco de práctica, pero intente crear un cilindro bastante apretado. Repita con el resto de ingredientes para obtener 6 rollitos.

Sirva inmediatamente con la salsa para mojar.

Información nutricional
Se recomienda tomar 5 porciones de 80 g de frutas y verduras variadas cada día, ya que constituyen una excelente fuente de vitaminas, minerales y fibra. Estos rollitos de fruta fresca ofrecen un delicioso modo de hacerlo.

POR QUÉ NOS GUSTA

Esta es una receta con un maravilloso sabor a ciruelas y un crujiente semejante a frutos secos. El secreto de un buen *crumble* es una capa superior muy crujiente (garantizada con nuestra granola sin azúcar, que no solo aporta esa característica y permite preparar este postre con rapidez, sino que además está repleta de los beneficios de las nueces de Brasil, las almendras, los anacardos, la avena y el amaranto). Sírvalo con zumo de ciruela caliente y tendrá un verdadero capricho de otoño.

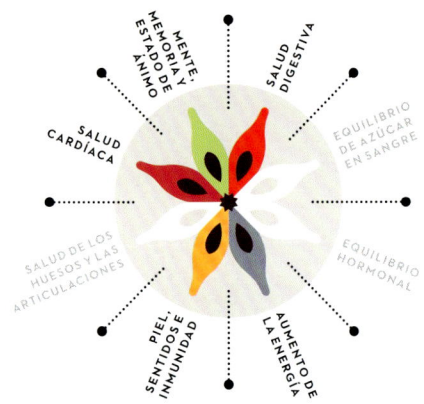

Crumble de ciruela, saúco y granola

2 RACIONES

350 g de ciruelas frescas o congeladas, cortadas por la mitad y deshuesadas

1 cucharada de licor de flor de saúco

1 cucharada de sirope de arce

vainilla en polvo (véase pág. 211) o las semillas de una vaina

4-6 cucharadas de granola sin azúcar (véase pág. 29)

1 cucharada de copos de coco (opcional)

2 cucharaditas de azúcar moreno (opcional)

Precaliente el horno a 180 ºC.

Ponga las ciruelas en un cazo, añada el licor de saúco, el sirope de arce y la vainilla, lleve a ebullición suave y deje cocer durante 5 minutos, hasta que las ciruelas empiecen a ablandarse.

Con una espumadera, reparta las ciruelas calientes en 2 moldes o 2 sartenes pequeñas de cobre (en la imagen). Reserve el jugo extra para servir aparte. Las ciruelas tienen que estar húmedas, pero no nadando en líquido.

Cubra la fruta con la granola y espolvoree con los copos de coco y el azúcar, si los utiliza.

Hornee durante 15 minutos, hasta que la capa superior se dore y esté crujiente, y la fruta borbotee. Sirva con el jugo reservado aparte.

Información nutricional
Gracias a su elevado contenido en vitamina C, las ciruelas refuerzan el sistema inmune (algo muy útil si tenemos en cuenta que el frío comienza más o menos cuando tiene lugar la sobreproducción de ciruelas). La vitamina C, además, favorece la absorción del hierro, que estimula la energía cuando los días son cada vez más cortos.

POR QUÉ NOS GUSTAN

Este delicado postre supone un final ligero perfecto para una comida. Las peras tiernas se disponen sobre un sirope meloso; el jengibre y el cardamomo aportan una discreta nota cálida. Añada un chorrito de chocolate negro derretido si desea un postre más sibarita.

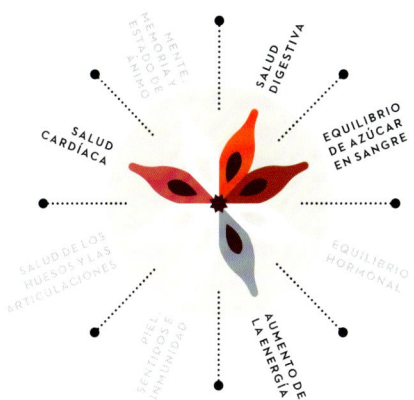

Peras bañadas con cardamomo y jengibre
CON CAPA CRUJIENTE DE *AMARETTI* Y ALMENDRA

4 RACIONES

750 ml de sidra de pera o de manzana

6 vainas de cardamomo machacadas

1 pieza de jengibre fresco del tamaño de un pulgar, pelada y cortada en rodajas

1 ramita de canela partida por la mitad

1 tira de cáscara de limón de unos 6 cm de largo

2 cucharadas de miel clara de acacia

4 peras Comice o Williams, firmes pero maduras

un chorrito de zumo de limón

PARA SERVIR

50 g de chocolate negro derretido (opcional)

un puñado de almendras laminadas con piel

2 galletas Amaretti desmenuzadas

Ponga la sidra, el cardamomo, el jengibre, la canela, la cáscara de limón y la miel en un cazo hondo con tapa. Lleve a ebullición, baje el fuego y deje cocer durante 5-10 minutos. Remueva de vez en cuando.

Mientras tanto, pele las peras (dejando los pedúnculos intactos) y rocíelas con un poco de zumo de limón para impedir que ennegrezcan.

Coloque las peras de lado en el líquido del primer paso, cubra el cazo y deje cocer durante 20-30 minutos (el tiempo dependerá de la variedad de pera y del grado de madurez). Dé la vuelta las peras varias veces hasta que estén bien cocidas y tiernas por todos los lados. La parte más gruesa de cada pera debe estar tierna cuando la pinche con un cuchillo afilado. Retire las peras del cazo, póngalas en un cuenco y deje enfriar. A continuación, consérvelas en la nevera.

Vuelva a poner el cazo en el fuego y lleve a ebullición el líquido de cocción durante 10 minutos, hasta que se reduzca casi a la mitad. Vierta el sirope sobre las peras y deje enfriar. Introdúzcalas en la nevera durante 1 hora, como mínimo.

En el momento de servir, añada un chorro de chocolate negro derretido (si lo utiliza) y esparza las almendras y las galletas desmenuzadas.

Información nutricional
Además de aportar una buena dosis de antioxidantes y potasio, las peras contienen fibra soluble (pectina), que facilita la digestión, reduce el colesterol y contribuye a moderar los niveles de azúcar en sangre.

POR QUÉ NOS GUSTA

«Los arándanos mejoran la memoria en los ancianos»: es un titular muy directo y merece la pena recordarlo la próxima vez que piense en el postre. Una sopa de fruta parece muy anacrónica, pero ¿un gazpacho de arándanos? Irresistible. El toque de pimienta negra realmente funciona (pruébelo), mientras que las flores comestibles son maravillosamente inútiles. Nunca subestime el poder de la belleza.

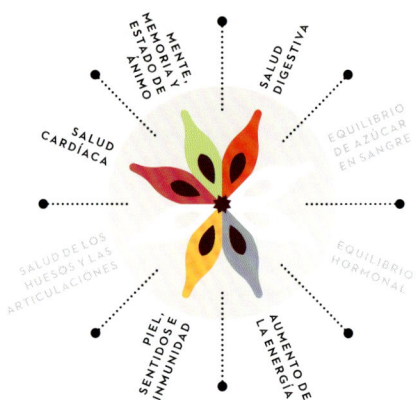

Gazpacho de arándanos

4 RACIONES

300 g de arándanos frescos o congelados

200 g de frambuesas frescas o congeladas

3 cucharadas de sirope de dátiles

un chorrito de agua

zumo de 2 naranjas

la ralladura de 1 naranja

1 cucharada de zumo de limón

vainilla en polvo (véase pág. 211) o las semillas de una vaina

PARA SERVIR (OPCIONAL)

pimienta negra recién molida

flores comestibles

Ponga la mitad de las bayas en un cazo con el sirope de dátiles y un chorrito de agua, lleve a ebullición suave y deje cocer durante 3 minutos, hasta que las bayas se abran y liberen sus jugos. Retire del fuego, deje enfriar y conserve en la nevera.

Ponga el resto de bayas en el robot de cocina o la batidora con el zumo y la ralladura de naranja, el zumo de limón y la vainilla. Procese hasta obtener una consistencia homogénea y mezcle con el resto de bayas cocidas.

Vuelva a introducir las bayas en la nevera. Sirva con un poco de pimienta negra recién molida y flores comestibles.

Consejo: para obtener un sorbete sensacional, ponga el gazpacho en el congelador y remueva de vez en cuando con un tenedor para romper los cristales de hielo. Las fresas y las moras también quedan bien en este gazpacho.

Información nutricional
Un estudio realizado en 2009 concluyó que los arándanos cocidos y abiertos, como en esta receta, aumentan su actividad antioxidante (probablemente, porque se rompen las paredes celulares).

POR QUÉ NOS GUSTA

¿A quién no le gusta la tarta de queso? A Sam le gusta hasta el punto de que su tarta de boda fue de queso, de modo que para nosotras era prioritario encontrar un modo más sano de disfrutar de este postre divino. Nuestra versión se aligera con ricotta y yogur, y se apoya en una base con un toque de frutos secos (con el puré de calabaza, el jengibre fresco y la canela como las mejores cartas de *The Midlife Kitchen*). El resultado es una tarta espectacular y saludable, estupenda para cualquier reunión.

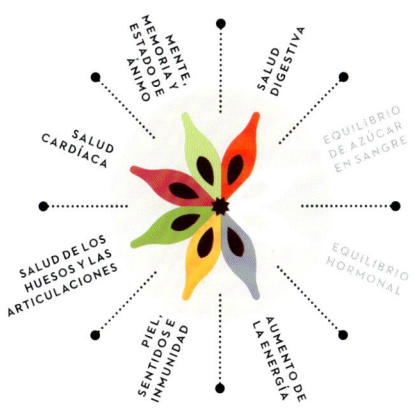

Tarta de queso con calabaza y jengibre

CON MIEL Y FRAMBUESAS FRESCAS

8 RACIONES

125 g de LSA (véase pág. 27) o de almendras en polvo

2 cucharaditas de jengibre en polvo

75 g de dátiles Medjool deshuesados y muy picados

2 cucharadas de aceite de coco (fundido si está sólido)

1 clara de huevo batida ligeramente

un puñado de frambuesas frescas para servir

PARA EL RELLENO

250 g de queso ricotta

150 g de yogur griego espeso

400 g de puré de calabaza en conserva (100 % calabaza)

60 ml de miel clara, y un poco más para servir

2 huevos grandes

2 cucharadas de zumo de limón

2 cucharaditas de canela en polvo

1 cucharada de jengibre fresco pelado y rallado fino

Precaliente el horno a 180 °C. Forre un molde desmontable de 20 cm con papel sulfurizado.

Para preparar la base, mezcle el LSA o las almendras en polvo, el jengibre en polvo, los dátiles y el aceite de coco en un cuenco. Remueva bien con los dedos para obtener una pasta desmenuzable. Asegúrese de que los dátiles estén bien distribuidos. Presione la preparación con firmeza en la base del molde, pincele con clara de huevo (para mantener la base crujiente) y hornee durante 10 minutos. Retire la base del horno y deje enfriar por completo.

Baje la temperatura del horno a 160 °C.

Para preparar el relleno, ponga el ricotta en el robot de cocina o la batidora y redúzcalo a una crema homogénea. Añada el resto de ingredientes del relleno y mezcle bien.

Vierta el relleno sobre la base fría y hornee durante 50 minutos, hasta que la tarta esté bien cocida pero tierna en el centro. Apague el horno y deje la tarta dentro hasta que se enfríe por completo. Pásela a la nevera y déjela al menos 2 horas para que se asiente.

Para servir, retire la tarta del molde, colóquela en una fuente y decórela con las frambuesas. Rocíe con miel justo antes de servir. Esta tarta de queso no es muy dulce; puede poner un poco más de miel aparte para los más golosos.

Información nutricional
Se ha demostrado que la calabaza posee un efecto antidiabético, lo que significa que ayuda a estabilizar y controlar los niveles de glucosa en sangre.

DULCES SALUDABLES

POR QUÉ NOS GUSTAN

Una pequeña maravilla que se prepara en 10 minutos. Estos minipudines no contienen nada de grasa, y el dulzor procede de unos de nuestros favoritos, los dátiles Medjool. La clara de huevo batida es todo un punto, y el resultado es un bocado muy ligero pero maravillosamente pringoso.

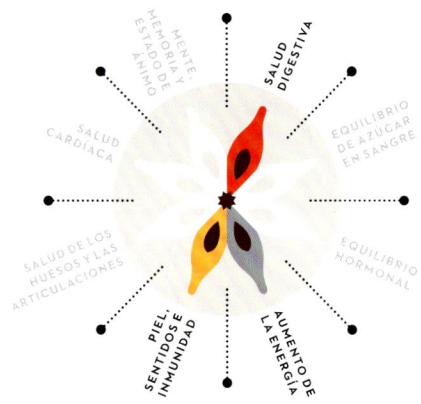

Pudines jugosos de *toffee*

4 RACIONES

- 175 g de dátiles Medjool deshuesados
- 175 ml de agua
- 2 cucharadas de sirope de arce
- 1 cucharadita de extracto de vainilla
- 2 huevos grandes, separadas las claras de las yemas
- 85 g de harina con levadura
- una pizca de sal marina en escamas
- 1 cucharadita de bicarbonato
- 4 cucharadas de sirope de dátiles

Precaliente el horno a 160 ºC.

Ponga los dátiles y el agua en un cazo y lleve a ebullición suave. Deje cocer durante 3-4 minutos, hasta que los dátiles estén tiernos. Cuando se hayan enfriado un poco, páselos al robot de cocina o la batidora, añada el sirope de arce y el extracto de vainilla, y mezcle hasta obtener una consistencia casi homogénea. Vierta la preparación en un cuenco y agregue las yemas de huevo. Incorpore la harina tamizada, la sal y el bicarbonato, y remueva bien.

Bata las claras de huevo a punto de nieve en un cuenco limpio. Incorpórelas bien a la mezcla anterior.

Ponga 1 cucharada de sirope de dátiles en 4 moldes para pudin y reparta la mezcla entre los moldes. Colóquelos en una bandeja refractaria con agua caliente hasta la mitad de los moldes.

Hornee durante 25-30 minutos, o hasta que cuando inserte un palillo en los pudines salga limpio (el tiempo dependerá de la profundidad de los moldes). Pase un cuchillo por el borde de los moldes y deles la vuelta en platos individuales. Sirva inmediatamente.

Estos pudines no requieren ningún edulcorante añadido, pero si desea acompañarlos con una salsa, pruebe con nuestra salsa de caramelo (en la imagen; *véase* pág. 245).

Información nutricional
Un estudio reciente concluyó que el sirope de dátiles resulta prometedor en la lucha contra las infecciones bacterianas. Además, los dátiles constituyen una buena fuente de fibra beneficiosa para el intestino.

POR QUÉ NOS GUSTA

Este es el tipo de postre que se sirve directamente del horno, de modo que los impacientes pueden picar de los bordes mientras esperan. Se trata de una versión del *crumble*, por supuesto, pero este *streusel* se elabora en un plato poco hondo y tiene una cobertura crujiente. El resultado es una capa crujiente sobre otra de fruta negra, un postre que logra nuestro maravilloso objetivo: ser sano y exquisito a partes iguales. Nuestras gachas energéticas llevan el LSA y el salvado de avena a la mesa; los frutos secos y las semillas aportan su granito saludable, y el sirope de dátiles sustituye a gran parte del azúcar de un *crumble* tradicional.

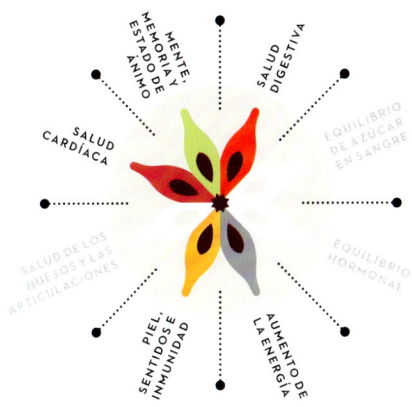

Streusel de bayas negras y azules

8 RACIONES

100 g de mantequilla derretida

75 g de gachas energéticas (véase pág. 28) o de copos de avena

40 g de almendras laminadas

30 g de semillas de girasol

70 g de harina integral

1 cucharadita de canela en polvo

50 g de azúcar moreno ligero

3 cucharadas de sirope de dátiles

300 g de moras frescas o congeladas

200 g de arándanos frescos o congelados

Precaliente el horno a 180 ºC.

Para la capa superior, mezcle todos los ingredientes en un cuenco grande, excepto las bayas.

Ponga las bayas en una sola capa, en un molde de horno poco profundo, y reparta la capa superior por encima. Colóquela en grupos en lugar de intentar cubrir toda la fruta; la idea es formar un patchwork de *streusel* y bayas.

Hornee durante 20-25 minutos, hasta que la fruta esté viscosa y burbujeante, y la capa superior, crujiente.

Consejo: puede preparar este postre con fruta fresca o congelada. Si va a asaltar el congelador, puede añadir un puñado de cerezas, ciruelas negras o grosellas negras para incrementar los beneficios de las bayas.

Información nutricional
Las moras, como todas las bayas oscuras, se encuentran entre las frutas más sanas debido a sus pigmentos vegetales. Un estudio realizado para la Sociedad Americana del Cáncer concluyó que las personas que consumen más bayas tienen menos probabilidades de morir de una enfermedad cardiovascular.

POR QUÉ NOS GUSTA

Deliciosamente exquisita, ¡y sin una gota de nata! Esta *mousse* rápida contiene yogur natural por su cremosidad voluptuosa y claras de huevo batidas para aportar volumen. Sí, hay un poco de azúcar (utilice 3 cucharadas si prefiere un sabor más amargo, o 4 si es goloso). Sirva en cuencos o vasos individuales, ya que es sorprendentemente saciante y satisfará con creces a seis adictos al chocolate.

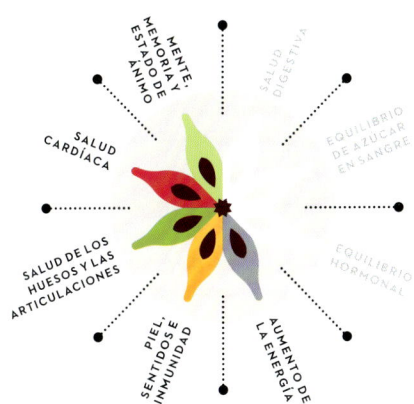

Mousse de chocolate en cinco minutos

6 RACIONES

200 g de chocolate negro (70 % de cacao) desmenuzado

4 claras de huevo

3-4 cucharadas de azúcar de lustre al gusto

150 g de yogur natural

frambuesas frescas para servir

Derrita el chocolate a fuego lento en un cuenco resistente al calor, en un cazo con agua hirviendo. Asegúrese de que el cuenco no entre en contacto con el agua y remueva de vez en cuando. Como alternativa, derrita el chocolate en el microondas. Deje enfriar ligeramente.

Mientras, bata las claras a punto de nieve en un cuenco limpio. Añada el azúcar (una cucharada cada vez).

Mezcle el yogur con el chocolate derretido (empezará a espesar de inmediato, de modo que tiene que proceder con rapidez) y agregue las claras (en tres tandas).

Reparta la *mousse* en 6 cuencos o vasos pequeños y sirva inmediatamente o refrigérela para servirla más tarde (¡le damos 5 minutos!). Sirva con frambuesas frescas y cucharas pequeñas.

Información nutricional
Según un estudio de la Universidad de Copenhague, el chocolate negro resulta mucho más saciante que el chocolate con leche y reduce los antojos de alimentos dulces, salados y grasos.

POR QUÉ NOS GUSTA

Afrontémoslo: existen ocasiones en las que solo vale un pastel. Pero no todos los pasteles son iguales. Con un poco de manipulación, un pastel puede ser un capricho saludable, sobre todo cuando la cantidad de azúcar y harina es limitada y los ingredientes principales son el yogur, el aceite de oliva y las almendras. Este bizcocho almibarado y dorado queda bien como postre, servido caliente con unas cucharadas de yogur, almendras laminadas y gajos de naranja fresca.

Bizcocho de yogur y almendras con almíbar de naranja

PARA 8 BIZCOCHOS PEQUEÑOS O 1 GRANDE

150 g de yogur natural
150 g de almendras en polvo
150 g de harina de fuerza
75 g de azúcar moreno suave
100 ml de aceite de oliva
3 huevos
1 cucharadita de extracto de vainilla
1 cucharada de miel clara
1 cucharadita de hebras de azafrán en remojo en 1 cucharadita de agua hirviendo
ralladura de 1 naranja
2 cucharaditas de levadura en polvo
una pizca de sal marina en escamas
nuez moscada rallada

PARA EL ALMÍBAR

el zumo de 2 naranjas
1 cucharada de miel clara

Información nutricional
Sustituir la mitad de la harina de una receta para un bizcocho cualquiera por almendras en polvo no solo aporta sabor y textura: además, estos pequeños frutos secos aportan proteínas, vitamina E y magnesio.

Precaliente el horno a 170 ºC. Forre con cápsulas de papel un molde de mini *loaf* de 8 porciones o utilice un papel antiadherente en un molde alargado de 450 g.

Mezcle todos los ingredientes con una batidora amasadora o una de mano hasta obtener una masa homogénea. Vierta la preparación en el molde y hornee durante 30 minutos si prepara los bizcochos pequeños, o 40-45 minutos si elabora el grande. Estará listo cuando esté firme y dorado, y al introducir un palillo en el centro salga limpio.

Para prepara el almíbar, caliente el zumo de naranja y la miel en un cazo pequeño a fuego lento.

Retire el bizcocho o los bizcochos del horno, pínchelos varias veces y rocíelos con el almíbar. Deje enfriar en el molde. Sirva caliente o a temperatura ambiente, con una cucharada de yogur, almendras fileteadas o gajos de naranja fresca.

Pruebe esto...
Sustituya el azafrán, la ralladura de naranja y la nuez moscada por:

* Ralladura de 1 limón, 1 cucharadita de semillas de amapola y almíbar de limón y miel.
* 2 cucharadas de pistachos machacados, ralladura de 1 lima, vainilla molida o las semillas de una vaina, y almíbar de lima y miel.

Consejo: si tiene intolerancia al gluten, este bizcocho se puede preparar con 300 g de almendras en polvo. El resultado será más denso.

POR QUÉ NOS GUSTAN

El antídoto perfecto contra esos pastelillos de colores claros y repletos de azúcar que provocan dolor de muelas son estos de jengibre, endemoniadamente oscuros y potentes gracias a su poderoso trío de jengibres: en polvo, fresco y confitado. Un toque de melaza y especias picantes incrementa la intensidad de sabor. Aunque el chile es opcional, merece la pena añadirlo si le gustan los sabores fuertes. El resultado es un pastel muy adulto que conviene tomar en pequeños cuadrados jugosos y suntuosos, tal vez un día de frío con una taza de té fuerte y una sonrisa en los labios.

Pastelitos nada cursis a los tres jengibres

PARA 16 PASTELITOS APROXIMADAMENTE

- 50 g de mantequilla
- 100 g de melaza
- 100 g de sirope de dátiles
- 80 g de azúcar mascabado
- 60 ml de leche
- 60 g de jengibre confitado en trozos no muy pequeños
- 1 huevo batido
- 2 cucharaditas de jengibre fresco pelado y rallado
- 200 g de harina de fuerza
- 5 cucharaditas de jengibre en polvo
- 1 cucharadita de canela en polvo
- 1 cucharadita de pimienta de Jamaica
- 1 cucharadita de chile en polvo, o menos cantidad (al gusto; opcional)
- una pizca de sal marina en escamas
- 1 cucharadita de bicarbonato
- 2 cucharaditas de almíbar de jengibre confitado (del tarro)

Precaliente el horno a 160 ºC. Forre un molde de unos 30 x 30 cm con papel sulfurizado.

Ponga la mantequilla, la melaza, el sirope y el azúcar en un cazo grande y derrítalos a fuego medio. Remueva con cuidado para mezclar los ingredientes. Retire el cazo del fuego y deje enfriar ligeramente.

Incorpore la leche y el jengibre confitado. A continuación, añada el huevo batido y el jengibre rallado. Tamice todos los ingredientes secos sobre la preparación y remueva para ligarlos.

Vierta la mezcla en el molde y hornee durante 30-35 minutos, hasta que la masa esté bien cocida y al pinchar un palillo en el centro salga limpio. Mientras todavía esté caliente y en el molde, pinche el pastel varias veces y vierta por encima el almíbar del jengibre confitado. Deje enfriar.

Corte el pastel en 16 cuadrados para servir. Puede conservarlos en un recipiente hermético hasta 1 semana.

Información nutricional
El gingerol, el principal componente bioactivo del jengibre, posee propiedades que estimulan la inmunidad, antiinflamatorias y antioxidantes. Por ello puede resultar de ayuda para los enfermos de osteoartritis.

POR QUÉ NOS GUSTA

Por supuesto, este libro está dedicado a la alimentación sana en la mediana edad con el objetivo explícito de vivir más años... Pero creemos que no sirve de nada vivir más si no ponemos una tarta en nuestras vidas de vez en cuando. Por tanto, una de nuestras principales preocupaciones en *The Midlife Kitchen* es la de desarrollar recetas para pasteles y tartas deliciosos pero que no vayan acompañados de culpa con cada bocado. Esta tarta jugosa cumple ese objetivo: familiar, reconfortante y sabrosa, pero con la cantidad de mantequilla y azúcar al mínimo. Las manzanas, los arándanos rojos y las especias aportan un feliz toque saludable a la merienda.

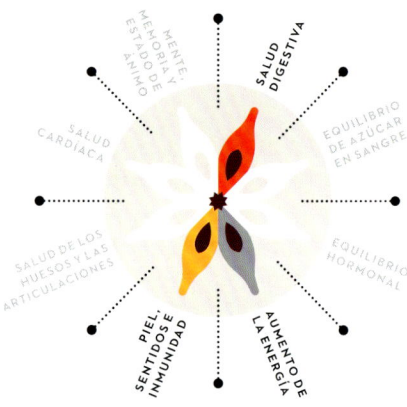

Tarta de manzana y arándanos rojos con especias

PARA 1 TARTA DE 20 CM

- 200 g de harina de fuerza
- 2 cucharaditas de canela en polvo
- nuez moscada rallada
- vainilla en polvo (véase pág. 211) o las semillas de una vaina
- 1 cucharadita de levadura en polvo
- una pizca de sal marina en escamas
- 100 g de mantequilla fría en dados
- 100 g de azúcar moreno suave
- 2 huevos batidos
- 125 ml de leche
- ½ cucharadita de extracto de vainilla
- 225 g de manzanas Bramley peladas, sin el corazón y cortadas en dados de 2 cm
- 80 g de arándanos rojos secos
- 2 cucharadas de semillas de girasol
- 1 cucharadita de azúcar moreno
- salsa de manzana (véase pág. 244) para servir (opcional)

Precaliente el horno a 160 ºC. Forre un molde desmontable de 20 cm de diámetro con papel antiadherente.

Ponga la harina, la canela, la nuez moscada, la vainilla en polvo o las semillas, la levadura y la sal en el robot de cocina. Añada la mantequilla en dados y mezcle hasta obtener una consistencia similar a la del pan rallado fino. Agregue el azúcar moreno suave y vuelva a incorporar.

Bata los huevos, la leche y el extracto de vainilla en una jarra, vierta la preparación al robot de cocina y mezcle hasta obtener una pasta uniforme y espesa. Añada las manzanas troceadas con los arándanos y remueva (sin romper demasiado las manzanas).

Vierta la preparación en el molde y esparza las semillas de girasol y el azúcar moreno. Hornee durante 40 minutos, hasta que la tarta esté dorada y al pinchar un palillo en el centro salga limpio.

Deje enfriar en el molde durante unos minutos. Coloque la tarta sobre una rejilla. Sirva caliente o a temperatura ambiente, con salsa de manzana aparte (opcional). Puede conservarla en un recipiente hermético hasta 3 días.

Consejo: añada un puñado de arándanos rojos congelados a la receta de la salsa de manzana y obtendrá un acompañamiento ácido y rosado para esta tarta.

Información nutricional

Como todos sabemos, las manzanas son muy ricas en fibra, pero también contienen numerosos fitoquímicos potentes (entre otros, quercetina y catequinas). Estudios demuestran que esos dos fitoquímicos pueden desempeñar un papel fundamental en la reducción del riesgo de padecer enfermedades crónicas, en especial cardiovasculares, asma y diabetes de tipo 2.

POR QUÉ NOS GUSTAN

Somos muy poco objetivas ante un pedazo de tarta de zanahoria, pero nuestro entusiasmo decae porque sabemos que no es precisamente sana. Y por eso nos embarcamos en la tarea de crear una tarta de zanahoria realmente saludable, con toda la magia del pastel, pero con el valor nutricional muy mejorado, las grasas saturadas reducidas y controlando las porciones. El uso de las gachas energéticas incluye nuestro LSA en la lista de ingredientes, mientras que la avena, las zanahorias, las nueces y la canela mantienen estas maravillosas galletas en el buen camino de la virtud.

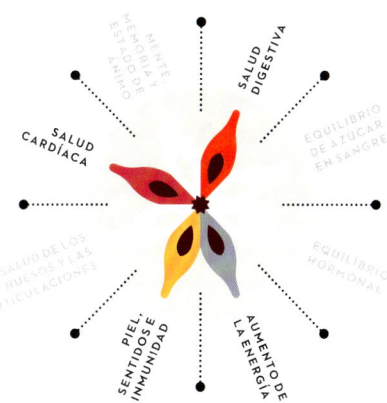

Bocaditos de tarta de zanahoria

PARA 15-20 BOCADITOS

100 g de gachas energéticas (véase pág. 28) o de copos de avena

80 g de harina integral

1 cucharadita de bicarbonato

1 cucharadita colmada de canela en polvo

una pizca de sal marina en escamas

50 g de mantequilla derretida

1 huevo

1 cucharadita de extracto de vainilla

75 ml de sirope de arce o de dátiles

100 g de zanahorias peladas y ralladas

50 g de sultanas

50 g de nueces picadas

pacanas picadas para servir

PARA EL GLASEADO

25 g de queso en crema

1 cucharada de zumo de limón

1 cucharada de sirope de arce

Información nutricional
La luteína, uno de los antioxidantes de las zanahorias, es importante para la salud ocular. Además, las zanahorias son ricas en carotenoides, relacionados con la mejora del sistema inmune y la reducción del riesgo de padecer enfermedades degenerativas.

Mezcle la avena, la harina, el bicarbonato, la canela y la sal en un cuenco. En otro cuenco incorpore la mantequilla derretida, el huevo, el extracto de vainilla y el sirope de arce o de dátiles. Incorpore las zanahorias, las sultanas y las nueces. Añada la preparación de zanahorias a la de harina y avena, y remueva bien para ligarlo todo. Conserve en la nevera durante 30 minutos.

Precaliente el horno a 180 ºC. Forre una bandeja refractaria con papel antiadherente.

Reparta 15-20 cucharadas de la masa en la bandeja, bien separadas, y aplástelas ligeramente con la cuchara. Vuelva a refrigerar durante 5 minutos.

Hornee durante 12-15 minutos, hasta que las galletas estén crujientes y doradas por fuera. Deje enfriar ligeramente en la bandeja y páselas a una rejilla.

Para preparar el glaseado, mezcle el queso en crema, el zumo de limón y el sirope de arce en un cuenco. Remueva bien hasta obtener una consistencia homogénea. Con una cucharilla, rocíe las galletas ya frías con el baño y acabe con pecanas picadas por encima.

Puede conservar las galletas hasta 3 días en un recipiente hermético.

Pruebe esto...

* Para un glaseado más caprichoso puede mezclar 50 g de queso en crema, 25 g de mantequilla ablandada y 2 cucharadas de azúcar de lustre en un cuenco. Ligue bien con una cuchara hasta conseguir una consistencia homogénea. Reparta el glaseado en las galletas frías.

POR QUÉ NOS GUSTA

Hemos descubierto que un pastel realmente sano es un tesoro poco frecuente. Por lo general, el sabor o la textura no son buenos porque se pierde la deliciosa alquimia de grasas y azúcares. Y nos pusimos a pensar para crear algo que realmente funcione y que tenga un sabor divino. Aquí esta: una maravilla de bizcocho repleto de sabor, bajo en grasas y con la textura ideal. Perfecto para merendar.

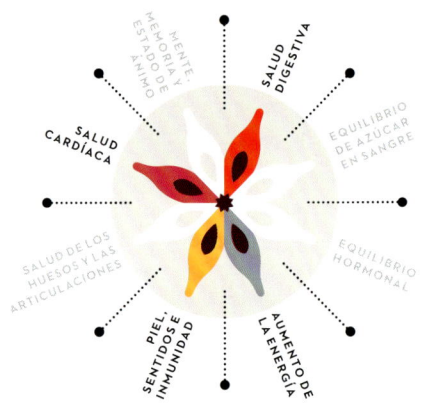

Bizcocho de nueces y plátano

PARA 1 BIZCOCHO

40 g de mantequilla ablandada

150 g de harina integral y un poco más para espolvorear

100 g de azúcar de dátiles o de azúcar moreno suave

1 huevo grande

100 ml de leche

2 ½ cucharaditas de levadura en polvo

2 cucharaditas de especias variadas

2 plátanos maduros ligeramente triturados

30 g de nueces picadas

30 g de dátiles deshuesados y picados

Precaliente el horno a 170 ºC. Forre un molde alargado de 450 g.

Con una batidora de mano o amasadora, mezcle la mantequilla y el azúcar. Incorpore el huevo y la leche. Tamice la harina, la levadura y las especias sobre la preparación, y utilice una cuchara de metal para ligarlo todo. Añada los plátanos, las nueces y los dátiles, y remueva de nuevo.

Vierta la masa en el molde preparado y hornee durante 1 hora, o hasta que al pinchar el centro con un palillo salga limpio. Deje enfriar ligeramente en el molde. Desmolde y ponga el bizcocho sobre una rejilla. Está mejor si se sirve caliente.

Consejo: merece la pena buscar el azúcar de dátiles como alternativa al azúcar normal si prepara muchos productos horneados. Lo encontrará en internet.

Información nutricional
El azúcar de dátiles ocupó el primer lugar en un estudio que clasificaba los 12 endulzantes más populares por su contenido en antioxidantes (cosa que no nos sorprende, ya que este azúcar se compone de dátiles secos enteros y reducidos a polvo).

BOLITAS DE HIGOS, NUECES Y JENGIBRE

BOLITAS DE PASAS, COCO Y CANELA

BOLITAS DE DÁTILES, OREJONES DE ALBARICOQUES Y CARDAMOMO

BOLITAS DE CHOCOLATE, NARANJA Y NUECES DE BRASIL

POR QUÉ NOS GUSTAN

Nos gusta la idea de una «bolita de energía», un modo sano de tomar algo dulce sin demasiado azúcar refinado. Esta es nuestra versión: las deliciosas y nutritivas bolitas sin cocción, perfectas para esos momentos de «necesito algo ahora mismo» (por lo general, a media tarde o después de hacer ejercicio). Combinan a la perfección con una taza de expreso.

Bolitas

Información nutricional
No se desanime ante la idea de que los frutos secos son relativamente ricos en calorías: están repletos de proteínas y fibra que le harán sentirse saciado; lo más probable es que coma menos en conjunto. Los estudios demuestran que las personas que consumen frutos secos tienen menos probabilidades de sufrir sobrepeso.

Ponga todos los ingredientes, excepto las coberturas, en un robot de cocina y mezcle. Si es necesario, raspe las paredes del recipiente con una espátula y vuelva a batir hasta que los ingredientes estén bien ligados y la masa tenga tropezones, o bien quede homogénea, como prefiera (a nosotras nos gusta con algunos tropezones). Si la mezcla queda demasiado seca, añada más agua; si parece excesivamente húmeda, agregue más LSA o almendras en polvo. Tiene que quedar suave, pero no demasiado pegajosa.

Tome 1 cucharadita colmada de la preparación y forme una galleta de unos 3-4 cm de diámetro. Cubra con los ingredientes de la cobertura. Deje que se enfríen durante 15 minutos para que se asienten (adquieren una textura deliciosa).

Podrá conservarlas en la nevera, en un recipiente hermético, hasta 1 semana, ¡pero le aseguramos que no durarán tanto!

Véanse *fotografías págs. 278-279*.

DE HIGOS, NUECES Y JENGIBRE

PARA 10-12

2 cucharadas de LSA (véase pág. 27) o de almendras en polvo

200 g de higos secos tiernos

2 cucharadas de agua fría

el zumo de 1 lima

50 g de nueces machacadas

1 cucharadita de jengibre fresco pelado y rallado fino

1 cucharadita de canela en polvo

una pizca de sal marina en escamas

PARA LA COBERTURA

2 cucharadas de LSA (véase pág. 27) o de almendras en polvo

DE CHOCOLATE, NARANJA Y NUECES DE BRASIL

PARA 10-12

200 g de dátiles Medjool deshuesados

2 cucharadas de zumo de naranja recién exprimido

1 cucharadita de ralladura de naranja

6 nueces de Brasil bien picadas

2 cucharadas de LSA (véase pág. 27) o de almendras molidas

una pizca de sal marina en escamas

PARA LA COBERTURA

2 cucharadas de cacao en polvo sin azúcar

DE PASAS, COCO Y CANELA

PARA 10-12

2 cucharadas de coco deshidratado

150 g de pasas

2 cucharadas de agua fría

un chorrito de zumo de limón

2 cucharadas de mantequilla de almendras

3 cucharadas de LSA (véase pág. 27) o de almendras molidas

1 cucharadita de canela molida

PARA LA COBERTURA

2 cucharadas de coco deshidratado

DE DÁTILES, OREJONES DE ALBARICOQUE Y CARDAMOMO

PARA 10-12

10-15 vainas de cardamomo al gusto

150 g de dátiles Medjool deshuesados

50 g de orejones de albaricoque picados

2-3 cucharadas de agua

ralladura muy fina de 1 limón

3 cucharadas de LSA (véase pág. 27) o de almendras en polvo

2 cucharadas de coco deshidratado

PARA LA COBERTURA

2 cucharadas de pistachos bien picados

DULCES SALUDABLES

BEBIDAS

POR QUÉ NOS GUSTA

Es una infusión refrescante y estimulante para empezar el día. Es muy sencilla; nadie quiere liarse con muchos ingredientes a primera hora. La miel es opcional si prefiere comenzar la jornada sin azúcar.

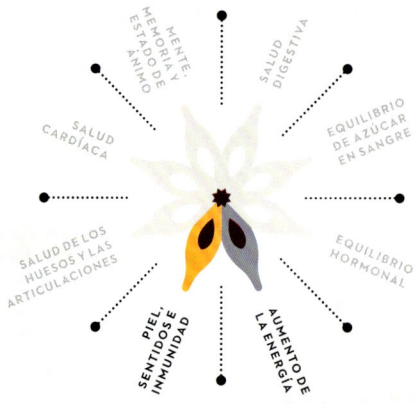

Infusión del amanecer

1 RACIÓN

2 tallos de citronela

un puñado pequeño de hojas de menta

1 cucharadita de miel clara

Aplaste la citronela con un rodillo de cocina y póngala en una taza. Añada la menta y la miel, y cubra con agua hirviendo.

Infusione durante 5 minutos, removiendo de vez en cuando con los tallos de citronela.

Consejo: los tallos de citronela son huecos y, por tanto, estupendos como pajitas naturales para beber.

Información nutricional
El mentol que aporta a la menta su característico aroma estimula la zona del hipocampo, que controla la claridad mental y la memoria. ¡Lo primero, el trabajo!

POR QUÉ NOS GUSTA

Todo un curso de repaso de vitaminas, minerales y antioxidantes, este tónico hidratante es una auténtica revelación: ¿quién sabía que el simple apio tiene tantos beneficios para la salud? Nos encanta el delicado color verde que se obtiene al mezclar apio, pepino y manzana. Lo único que tiene que hacer es licuar los ingredientes.

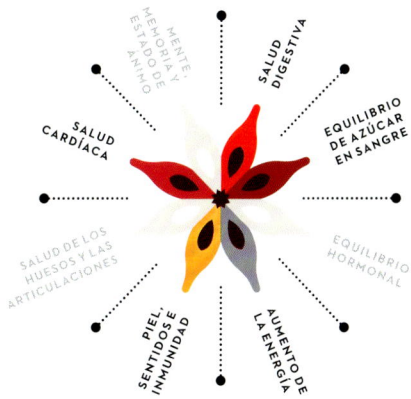

Tónico despertador

2 RACIONES

½ pepino pelado y picado en trozos no muy pequeños

2 tallos de apio sin las partes más duras picadas en trozos no muy pequeños

1 manzana pelada y cortada en cuartos, sin el corazón

el zumo de 1 lima

300 ml de agua de coco muy fría

Ponga todos los ingredientes en la batidora y mezcle bien. Reparta en 2 vasos y sirva inmediatamente (si transcurre mucho tiempo, se formarán capas).

Consejo: en nuestro libro no somos muy exigentes en cuanto a equipo especializado, pero nos encantan nuestros «extractores» NutriBullet porque son capaces de triturar casi todas las frutas y verduras sin pelarlas ni retirar el corazón, lo que significa más valor nutricional, más fibra… y muchas menos cosas para fregar.

Información nutricional
El apio es un gran antioxidante y antiinflamatorio, además de proporcionar abundante fibra. Puede ayudar a regular la presión sanguínea gracias a su contenido en potasio. Y la cumarina, un antioxidante, mejora la actividad de los glóbulos blancos.

POR QUÉ NOS GUSTA

El *jamu* es una parte intrínseca de la vida balinesa, un ritual diario para combatir la falta de salud gracias a sus maravillosas propiedades antibacterianas y antiinflamatorias de su principal ingrediente: la cúrcuma. Cuesta un poco acostumbrarse al sabor, de modo que para hacerlo más asequible hemos añadido el toque cítrico familiar del zumo de lima y naranja, que además incrementa el contenido en vitamina C. Está ante todo un elixir estimulante del sistema inmunitario.

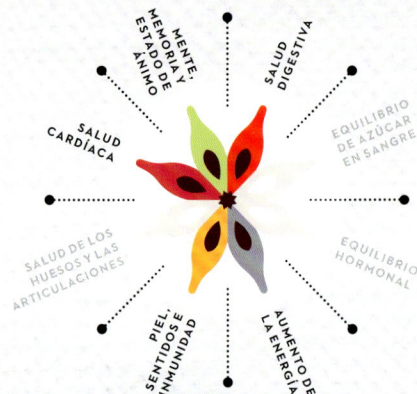

Jamu

ZUMO INDONESIO DE CÚRCUMA

2 RACIONES

- 50 g de raíz de cúrcuma fresca pelada y troceada
- 25 g de jengibre fresco pelado y troceado
- el zumo de 1 lima
- el zumo de 1 naranja
- 150 ml de agua de coco muy fría
- 1 cucharadita de miel clara
- sal marina en escamas y pimienta negra recién molida
- cubitos de hielo para servir (opcional)

Ponga todos los ingredientes en la batidora con una pizca de sal y otra de pimienta. Mezcle durante 1 minuto.

Cuele el zumo con un colador fino sobre 2 vasos y sirva (si lo prefiere, con hielo).

Consejo: una buena idea consiste en utilizar film transparente para proteger los dedos de la cúrcuma cuando la pele y la corte, ya que las manchas son difíciles de eliminar.

Información nutricional
Los estudios demuestran que la curcumina presente en la cúrcuma podría ayudar a combatir las infecciones y ciertos tipos de cáncer, además de reducir la inflamación y aliviar los problemas digestivos. La adición de pimienta negra, que contiene piperina, incrementa la capacidad del cuerpo para absorber la curcumina.

POR QUÉ NOS GUSTA

Un batido denso puede no parecer muy saludable, y por eso nos divertimos tanto con esta receta. Tiene un sabor exquisito, pero cada ingrediente hace maravillas: los plátanos, por el potasio y la energía; el aguacate, por sus grasas saludables, y la canela por su protección antioxidante.

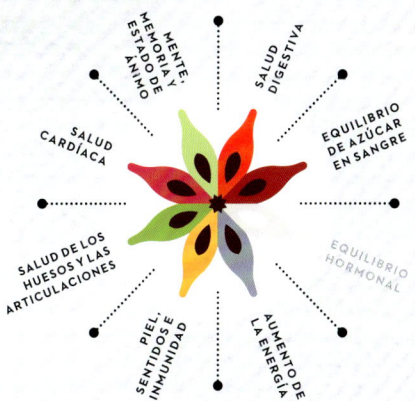

Batido Bananacate

1-2 RACIONES

1 plátano pelado, troceado y congelado

½ aguacate maduro troceado

100 ml de leche semidesnatada o leche de almendras sin azúcar (véase pág. 296)

½ cucharadita de canela en polvo

Ponga todos los ingredientes en la batidora y mezcle durante 1-2 minutos, hasta que el plátano esté completamente ligado.

Vierta en 1 vaso grande o 2 más pequeños y sirva inmediatamente.

Consejo: si tiene plátanos pasados, pélelos y congélelos. Los tendrá listos para preparar batidos y *smoothies*.

Información nutricional
Los plátanos no solo son baratos y están al alcance de todos; además, representan una excelente fuente de energía durante la práctica de ejercicio.

POR QUÉ NOS GUSTA

Este zumo oscuro y delicioso parece muy sibarita (y así tiene sabor), pero se prepara en solo unos minutos. Obtendrá minerales vitales de la remolacha, potentes fitonutrientes de las bayas y una nota especiada antioxidante de la pizca de canela. Todavía mejor, la remolacha y las bayas poseen un dulzor natural que nos permite prescindir de añadidos. Si utiliza bayas congeladas, obtendrá un granizado; con un poco menos de zumo de manzana, podrá tomarlo con cuchara (o congelarlo durante un par de horas para disfrutar del sorbete perfecto).

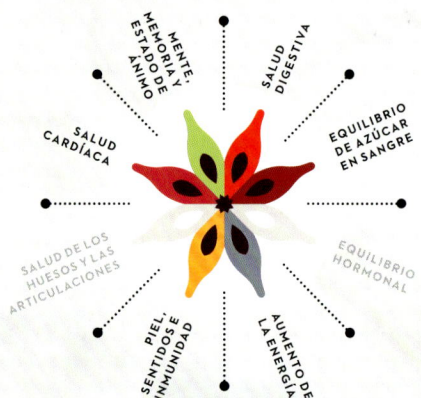

Zumo de remolacha y bayas

2 RACIONES

- 2 remolachas cocidas troceadas
- 150 g de moras frescas o congeladas
- 100 g de arándanos azules frescos o congelados
- 300 ml de zumo de manzana sin azúcar o de agua fría
- ½ cucharadita de canela en polvo

Mezcle todos los ingredientes con la batidora hasta conseguir una consistencia homogénea, reparta el zumo en 2 vasos y sirva.

Consejo: no es necesario asar ni pelar remolacha fresca para obtener todos sus beneficios. Cómprela ya cocida (no en vinagre), sáquela de la nevera, lávela y lista.

Información nutricional
Si necesita levantar el ánimo, tómese un vaso de zumo de remolacha. La remolacha contiene betaína, un compuesto que incrementa la producción de serotonina (la hormona natural del organismo que levanta el ánimo).

POR QUÉ NOS GUSTA

Sabemos que insistimos mucho con las bayas, pero es que realmente son indispensables para cualquiera interesado en disfrutar de buena salud en esta etapa de la vida. Y los arándanos rojos forman parte de los campeones por la impresionante variedad de beneficios que ofrecen. El problema es que rara vez los consumimos crudos. Los zumos de arándanos rojos envasados están muy procesados y contienen casi siempre tanto azúcar como los refrescos. Nuestra respuesta es este maravilloso refresco rubí, con el toque ácido de los arándanos congelados, moderado por el dulzor de la sandía, la menta fresca y una gotas de miel.

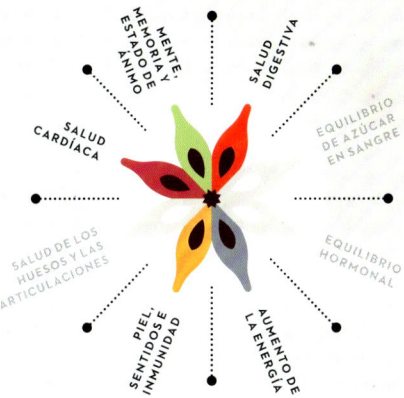

Refresco rubí

2 RACIONES

100 g de arándanos rojos congelados

100 g de sandía sin semillas

6 hojas de menta

200 ml de agua fría

1 cucharadita de miel clara de acacia

PARA SERVIR

cubitos de hielo

aproximadamente 300 ml de agua con gas

Ponga todos los ingredientes, excepto el hielo y el agua con gas, en la batidora y mezcle hasta obtener una consistencia homogénea.

Vierta el zumo en 2 vasos con hielo y complete con el agua con gas. Sirva inmediatamente.

Información nutricional

Los arándanos rojos, ricos en vitaminas, ofrecen toda una serie de beneficios: mejoran la salud del intestino, el cerebro y el tracto urinario; ayudan a equilibrar los niveles de azúcar en sangre y reducen los factores de riesgo de las enfermedades cardíacas.

POR QUÉ NOS GUSTA

Se cree que la infusión de hibisco fue la bebida de los faraones. Seguramente, habrían entendido que el hibisco aporta muchas vitaminas y contribuye a reducir la presión sanguínea y el colesterol. Conocidas como *karkade* en árabe, las flores de hibisco infusionadas producen una bebida deliciosamente refrescante y astringente perfecta para una tarde soleada. Los métodos tradicionales requieren cocción, pero la infusión en frío también funciona bien y conserva más vitaminas esenciales.

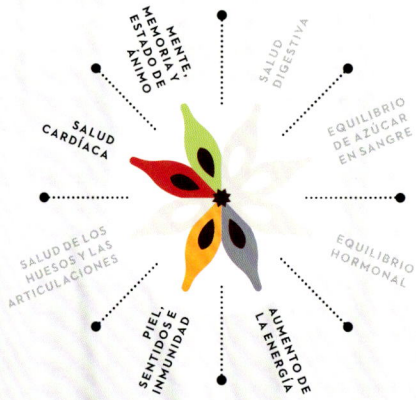

Karkade
TÉ HELADO DE HIBISCO

2 RACIONES

1 cucharada de flores de hibisco secas

500 ml de agua fría

un chorrito de zumo de limón o de lima

2 cucharaditas de miel clara de acacia

hielo picado para servir

Mezcle todos los ingredientes en una botella o un tarro, incorpore bien y refrigere en la nevera durante al menos 1 hora o toda la noche.

Para servir, cuele el té con un colador fino sobre 2 vasos con hielo picado. Este té se conserva en la nevera hasta 1 semana.

Pruebe esto...
Ideas de extras opcionales para su té:

* 1 cucharadita de jengibre fresco rallado.
* 2 cucharaditas de agua de azahar o de rosas.
* Una pizca de vainilla en polvo y un puñado pequeño de hojas de menta.
* Clavos y canela molida.

Información nutricional
El té de hibisco figura como la «bebida número uno» por su contenido en antioxidantes (más que el té verde). Además, contiene vitamina C, lo que probablemente explica su uso tradicional como remedio herbal para combatir resfriados e infecciones (por su capacidad para reforzar el sistema inmune).

POR QUÉ NOS GUSTA

Se trata de un té con limón, verde y herbáceo, suavizado con un toque de miel. Parece muy sencillo, pero no se deje engañar: el té verde *matcha* es un potente polvo que estimula el metabolismo, incrementa la combustión de grasas, ayuda a proteger el cerebro y reduce el riesgo de desarrollar diabetes de tipo 2. Elija el mejor *matcha* que pueda permitirse; es caro, pero cunde mucho. Persevere con este té; su sabor no es convencional, pero cuando se acostumbre, ya no prescindirá de él.

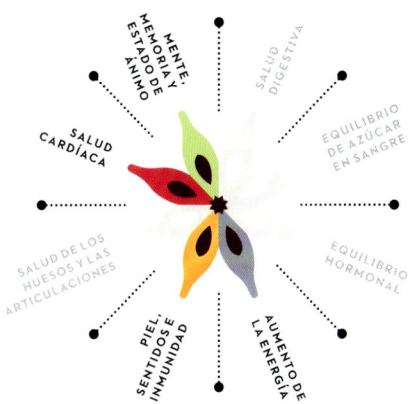

Té *matcha* helado con limón

2 RACIONES

2 cucharadas de agua hirviendo

1 cucharadita de *matcha* en polvo de primera calidad

500 ml de agua fría

el zumo de ½ limón

1 cucharadita de miel clara de acacia

cubitos de hielo para servir (opcional)

Vierta el agua hirviendo sobre el *matcha* en polvo y remueva bien para eliminar los grumos.

Incorpore el agua fría, el zumo de limón y la miel, y conserve en la nevera hasta el momento de servirlo.

Para servir, remueva bien el té y repártalo en 2 vasos.

Consejo: también está muy bueno caliente, un gran estimulante verde para los días muy fríos, cuando la temporada de gripe nos acecha.

Información nutricional
El *matcha* contiene potentes polifenoles (sobre todo las EGCG). Los estudios demuestran que las mujeres que toman té verde de manera habitual presentan un 22 % menos de riesgo de desarrollar cáncer de mama, mientras que entre los hombres se reduce el riesgo de padecer cáncer de próstata en un 48 %.

POR QUÉ NOS GUSTA

Esta limonada para adultos incluye un poco de miel y un ligero toque de jengibre y menta. Realmente cumple su cometido cuando necesitamos hidratarnos pero nos apetece algo más interesante que el agua. Perfecto para acompañar esas barbacoas de verano.

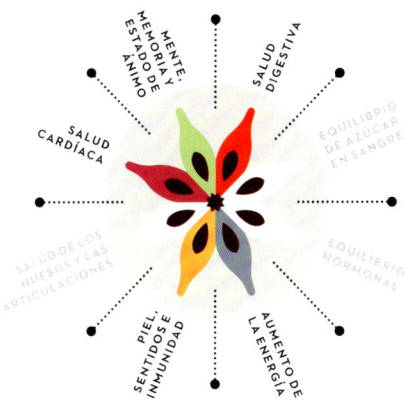

Limonada con jengibre y menta

4 RACIONES

50 g de hojas de menta picadas, y un poco más para servir

100 g de jengibre fresco lavado y cortado fino (no es necesario pelarlo)

2 cucharadas de miel clara de acacia

el zumo de 2 limones

1 l de agua hirviendo

PARA SERVIR

cubitos de hielo

rodajas de limón

Ponga la menta, el jengibre, la miel y el zumo de limón en una jarra grande resistente al calor y añada el agua hirviendo. Remueva bien y deje reposar durante 30 minutos. Cuele el líquido en una jarra limpia y conserve el zumo en la nevera hasta que esté muy frío.

Sirva con hielo, hojas de menta y rodajas de limón. Se mantendrá varios días en la nevera.

Información nutricional
Como sabemos, la miel ejerce un efecto inhibitorio en 60 tipos de bacterias, lo que le otorga su fama como uno de los antibióticos de la naturaleza.

POR QUÉ NOS GUSTA

Esta bebida está de moda, aunque el *switchel* se remonta a las colonias americanas del siglo XIX, cuando al parecer era un favorito entre los agricultores. Recientemente se ha recuperado porque empezamos a reconocer las credenciales saludables del vinagre de sidra de manzana, sobre todo sus beneficios para la función de la insulina. La idea de una bebida a base de vinagre puede parecer poco atractiva, pero es cuestión de equilibrio: con la miel, el limón y el jengibre (otros tres ingredientes fundamentales de *The Midlife Kitchen*) se obtiene una bebida excepcionalmente deliciosa y refrescante.

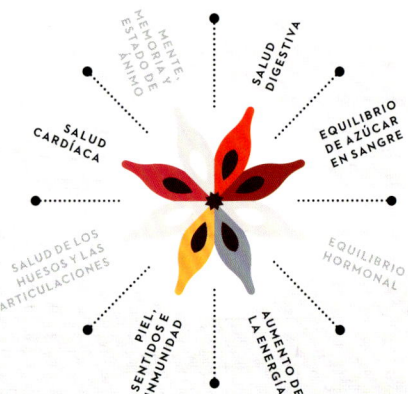

Switchel

2 RACIONES

500 ml de zumo de manzana sin filtrar sin azúcar o de agua fría

1 pieza de jengibre fresco de 6 cm, pelada y rallada

2 cucharadas de vinagre de sidra de manzana

1 cucharada de miel clara de acacia

1 cucharada de zumo de limón

cubitos de hielo para servir

Caliente todos los ingredientes en un cazo y deje cocer a fuego suave durante 2 minutos. Remueva de vez en cuando.

Cuele el *switchel* con un colador fino sobre 2 vasos o tazas resistentes al calor y sirva inmediatamente. También puede enfriarlo durante 1 hora o más y servirlo con hielo.

Consejo: pruebe a añadir albahaca, tomillo limón o menta para obtener un *switchel* herbáceo, o una ramita de canela si prefiere un toque especiado.

Información nutricional
El vinagre de sidra de manzana es una fuente de compuestos vegetales prebióticos, beneficiosos para el intestino. Se ha demostrado que contribuye a controlar los niveles de azúcar en sangre.

POR QUÉ NOS GUSTA

Si es adicto al café (como nosotras), sabrá lo estupendo que resulta disponer de una bebida caliente alternativa que realmente le gusta y que, como en este caso, es muy beneficiosa para la salud. Esta sencilla y aromática infusión es como un reseteado de todo el sistema en una taza (si inhala el vapor, también le despejará la cabeza). Perfecto y refrescante para empezar el día, o como bebida depurativa antes de dormir.

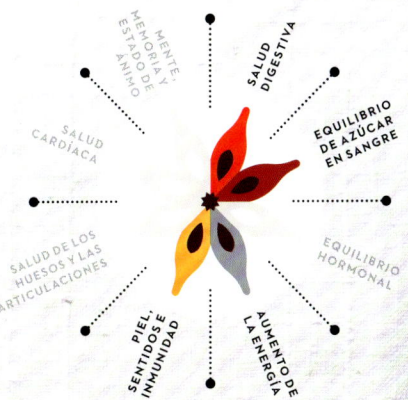

Té de limón, jengibre y anís estrellado

1 RACIÓN

1 pieza de jengibre de 5 cm, lavada y cortada (no es necesario pelarla)
2 rodajas de limón
1 anís estrellado

Ponga el jengibre, las rodajas de limón y el anís estrellado en una taza y añada agua hirviendo. Deje reposar durante 5 minutos antes de degustarlo.

Información nutricional
El anís estrellado, emblema de *The Midlife Kitchen*, se utiliza tradicionalmente en la medicina china para estimular el sistema inmunitario. Estudios científicos recientes confirman que contiene cuatro compuestos fundamentales con propiedades antibacterianas.

POR QUÉ NOS GUSTA

Un abrazo de buenas noches en una taza, este suave té chai está repleto de beneficios que nos ayudan a conciliar el sueño. Las almendras constituyen un gran alimento para consumir por la noche, ya que contienen triptófano (un aminoácido esencial necesario para sintetizar la serotonina, la «hormona de la felicidad», y la melatonina, la del sueño). El toque de sirope de dátiles aporta una ligera inyección de insulina para ayudar al triptófano a atravesar la barrera hematoencefálica; las almendras y la nuez moscada proporcionan magnesio, que facilita la conversión del triptófano… Pero no se preocupe ahora de esto. Es hora de dormir.

Chai para antes de dormir

2 RACIONES

1 ración de leche de almendra (véase derecha) o 500 ml de leche de almendra comercial sin azúcar (véase consejo)

4 vainas de cardamomo machacadas

½ cucharadita de canela en polvo

nuez moscada rallada

vainilla en polvo (véase pág. 211)

1 cucharada de edulcorante casero (véase pág. 31) o de sirope de dátiles

2 bolsitas de té chai

PARA LA LECHE DE ALMENDRA

200 g de almendras enteras con piel

600 ml de agua fría, y un poco más para el remojo

sal marina en escamas (opcional)

Para preparar la leche de almendra, póngalas en remojo toda la noche (este paso es importante, ya que se obtiene una leche más suave y cremosa, y además se activan enzimas que incrementan el valor nutritivo de la leche).

Al día siguiente, escurra y enjuague las almendras. Póngalas en la batidora con los 600 ml de agua fría y mezcle durante 3 minutos para obtener un líquido opaco. Cuele el líquido empleando una muselina, un colador de tela o una bolsa especial para leche de frutos secos colocados sobre una jarra limpia; presione para extraer la máxima cantidad posible de leche. Añada una pizca de sal si la utiliza. La leche se conservará en la nevera hasta 2 días.

Para preparar el chai, vierta 500 ml de leche de almendra en un cazo pequeño y lleve a ebullición suave. Añada las especias, la vainilla y el edulcorante casero o el sirope de dátiles, y deje cocer durante 1 minuto, aproximadamente. Retire el cazo del fuego, agregue las bolsitas de chai y deje infusionar durante 2-3 minutos.

Retire las bolsitas antes de servir y utilice un espumador de leche si le apetece un té con espuma.

Consejo: algunas leches de almendra comerciales llevan muy pocas almendras (un 2 %) e incluyen azúcar añadido, espesantes y emulsionantes (por ejemplo, carragenato). Si utiliza leche de almendra comercial sin azúcar, busque una marca con un contenido mínimo en almendras del 7 %.

Información nutricional

Un estudio publicado en el *Journal of Orthomolecular Medicine* concluyó que cuando los niveles de magnesio son demasiado bajos, resulta más difícil dormir. Consumir almendras y nuez moscada, ricas en magnesio (y consideradas tradicionalmente como curas contra el insomnio), debería ayudarle a disfrutar de un sueño reparador.

ÍNDICE

A

aceite de oliva 21, 33, 268
aceitunas 102-103, 154, 225
acelgas rojas 199
achicoria roja 92-93
aderezo de sésamo 32
aguacate 17
    arroces para la mediana edad 202-203
    batido Bananacate 287
    burritos verdes de huevo 180
    ensalada con especias de Ubud 116
    ensalada RVN 106-107
    guacamole completo 220
    mata sapi con cereales 198
    rollitos vietnamitas de cangrejo y aguacate 185
    salsa de aguacate 70-71
    salsa de fresas 239
    tostadas con aguacate y queso fundido 61-65
    y cúrcuma 118
aguadito 120-121
ajo 17, 142, 194-195, 196-197, 205
    asado 196-197
albahaca 20, 88, 154
albaricoques
    bolitas de dátiles, orejones de albaricoque y cardamomo 279-281
    ensalada de frutas 80-81, 250-251
    revuelto tostado 211
    tajín de garbanzos 138
alcaparras 109, 234
algas 86-87, 182-183
aliño para ensaladas 33
almendras 19
    calientes 212
    bizcocho de yogur y almendras con almíbar de naranja 268-269
    gachas saladas con almendras 43, 46
    hummus de pimiento rojo asado 221
    leche de almendra 296
    sablés de parmesano, almendras y pistacho 213
    tostada con aguacate, frutos secos y queso 60, 62

alubias rojas 166, 167, 194-195
anacardos 19, 86-87
anchoas 109, 154, 234
anís estrellado 9-11, 21, 295
apio 120-121, 141, 285
arándanos azules 14, 55
    ensalada de remolacha 96-97
    ensalada variada 104
    fruta congelada 214
    gazpacho de arándanos 258-259
    mermelada rápida 242
    smoothie Bali Beach 82-83
    streusel de bayas negras y azules 265-266
    yogur con salsa de bayas caliente 55
    zumo de remolacha y bayas 288
arándanos rojos 105, 240, 250-251, 272-273, 289
arroces para la madiana edad 202
arroz 19
    arroces para la mediana edad 202-203
    arroz negro balinés dulce y salado 38-39
    ensalada RVN 106-107
    kitchri de lentejas y caballa ahumada 152-153
    rollitos de nori con ensalada asiática 182-183
asado de calabaza, judías blancas y cebolla roja 142-143
atún, *fagioli* clásico con 166
avena 19
    avena Selva Negra preparada la noche anterior 56-57
    bircher nutritivo 58-59
    crumble de ciruela, saúco y granola 29, 254-255
    streusel de bayas negras y azules 265
    véase gachas

B

Barrio Sésamo, tostada con aguacate 64
batido Bananacate 287
bayas 16, 265-266, 289

berenjena 138, 177
berros 17, 96-97, 126-127, 232
bicarbonato, pan 208-209
bircher 58-59
    nutritivo 58-59
bizcocho 268-269, 276-277
    de nueces y plátano 276-277
    de yogur y almendras con almíbar de naranja 268-269
bocaditos de tarta de zanahoria 274-275
bolitas 278-281
boniatos
    asado de calabaza, judías blancas y cebolla roja 142
    lentejas beluga negras 200-201
    rösti Swish 164-165
broccolini al limón 193
brócoli 17
    broccolini al limón 193
    ensalada brillante de brócoli 105
    mole verde 228-229
    sopa verde 122-123
    soto Ayam 130, 132
brotes de soja 90-91, 148-149
burritos
    de The Yoga Barn 68-69
    verdes de huevo 180-181

C

caballa 152-153, 157, 167, 222-223
cacahuetes 91, 148, 192, 210
calabacín 47, 90-91, 122-123, 177
calabaza 17
    asada 145
    gachas con calabaza y especias 43, 45
    pesto de calabaza, pacanas y salvia 233
    semillas 19, 145, 228-229, 233
    tarta de queso con calabaza y jengibre 260-261
calabaza cacahuete 142-143, 146
calabaza y lentejas hamburguesas divinas 146-147
canela 21, 261, 271, 272, 275, 281, 287

cangrejo, rollitos vietnamitas de cangrejo y aguacate 185
cardamomo 21, 195, 238, 240, 257, 281
castañas 250-251
cebolla roja 17, 167
    asado de calabaza, judías blancas y cebolla roja 142-143
    calabaza asada 145
    dahl makhani untuoso o ligero 194-195
    encurtido de col lombarda con especias 240
    ensalada Fenneloumi 100-101
    espinacas rehogadas 188
    fagioli clásicos con atún 166, 167
    remolacha asada 144
    salsa criolla 241
cebolletas
    arroces para la mediana edad 202-203
    burritos verdes de huevo 180
    ensalada con especias de Ubud 116
    ensalada Hijuki 86-87
    mata sapi con cereales 198
    pad Thai crudo 90-91
    rollitos de nori con ensalada asiática 182
    rollitos vietnamitas de cangrejo y aguacate 185
    sopa de *miso* con salmón 135
cerdo con *uchucuta* 178-179
cerezas
    avena Selva Negra preparada la noche anterior 57
    ensalada caliente de frutas de invierno 250-251
    gachas con cerezas y chocolate 42, 48
    gachas saladas con almendras 46
    yogur con salsa de bayas caliente 55
chai para antes de dormir, té 296-297
champiñones 135, 188-189, 199
chapatis 206-207
    fáciles 206-207

298 ÍNDICE

chía, semillas de 19
   avena Selva Negra preparada
      la noche anterior 57
   gachas saladas con almendras
      46
   mermelada rápida 242-243
   smoothie Bali Beach 82-83
   vasitos de chía 66-67
chiles 17
   broccolini al limón 193
   dhal makhani untuoso o ligero
      195
   ensalada de judías verdes
      y espárragos 112
   matbucha 227
   mole verde 228-229
   pad Thai crudo 90-91
   pastelitos nada cursis
      a los tres jengibres 271
   salsa agridulce 185
   salsa criolla 241
   salsa de fresas 239
   sambal matah 235
   uchucuta 226
   y hierbas 119
   zehug 238
chocolate negro 21
   bolitas de chocolate, naranja
      y nueces de Brasil 279-281
   gachas con cerezas
      y chocolate 42, 48
   megamix 210
   mousse de chocolate en cinco
      minutos 266-267
   peras bañadas con
      cardamomo y jengibre 257
   tortitas de plátano sin harina
      76
cilantro 20, 238
   aguadito 120-121
   aliño de chile y hierbas 119
   calabaza asada 145
   dhal makhani 195
   ensalada de melocotón 88
   gado gado 148
   la madre de todas las
      ensaladas griegas 102-103
   mata sapi con cereales 198
   mole verde 228-229
   pad Thai crudo 90-91
   pollo al curry balinés 170
   rape con hinojo 154
   revuelto de judías negras 141

rollitos de nori con ensalada
   asiática 182
rollitos vietnamitas de
   cangrejo y aguacate 185
salsa de rábano, pepino
   y hierbas 236
soto ayam 130, 132
trucha crujiente 157
Ubud, ensalada con especias
   de 116
uchucuta 226
zehug 238
ciruelas 40-41, 254-255
   pasas 250-251
citronela 235, 284
coco
   agua de 58, 285
   azúcar de 245
   bolitas de pasas, coco
      y canela 280-291
   ensalada Hijuki 86-87
   leche de 38-39, 170
   smoothie Bali Beach 82-83
   urab 192
   yogur tropical 54
col
   gado gado 148
   lombarda 17, 90-91, 106,
      114-115, 240
   rizada (*kale*) 17, 108-109,
      122-123
comino 21, 118, 195, 198
cordero asado 174-175
crema para untar para la
   mediana edad 218-219
crumble de ciruela, saúco
   y granola 254-255
cúrcuma 21
   aguacate y cúrcuma, aliño de
      118
   dhal makhani untuoso o ligero
      195
   mejillones Thai 169
   sopa verde 122-123
   trucha crujiente 157
   zumo (*jamu*) 286
cuscús, tajín de garbanzos 138

D
dátiles 16
   bircher nutritivo 58
   bizcocho de nueces y plátano
      276

bolitas de orejones de
   albaricoque y cardamomo
   279-281
edulcorante casero 31, 271
fruta congelada 214
pudines jugosos de *toffee*
   262-263
rollitos de primavera de fruta
   fresca 252
tarta de queso con calabaza
   y jengibre 260-261
dhal makhani untuoso o ligero
   194-195
dips y salsas 218, 220, 221,
   226, 228-229
dukkah 30, 146, 151, 193

E
edamame 220
edulcorante casero 31
encurtido de col lombarda
   con especias 106, 240
encurtidos
   de col lombarda con especias
      106, 240
   jengibre 68
   pepino de Nicky 135
endivias rojas 92-93, 94-95
   con nueces 94-95
eneldo 20, 115, 154, 165, 167,
   188
ensalada
   aliños 33, 118-119, 200
   arroces 202-203
   brillante de brócoli 105
   caliente de frutas de invierno
      250-251
   carpaccio de hinojo 110-111
   César, nuestra ensalada
      108-109
   con especias de Ubud
      116-117
   de col lombarda 114-115
   de frutas blancas 248-249
   de frutas matutina 80-81
   de judías verdes y espárragos
      112-113
   de melocotón 88-89
   de remolacha 96-97
   endivias rojas con nueces
      94-95
   Fenneloumi 100-101
   frutas 80-81, 248, 250-251

Hijuki 86-87
la madre de todas las
   ensaladas griegas 102-103
pad Thai crudo 90-91
Pom Pom 98-99
roja, verde y negra (RVN)
   106-107
rosa 92-93
urab 192
variada 104
escalonias, *sambal matah* 235
espárragos 17, 112-113, 160-161,
   228-229
especias 21
espinacas 17, 138, 145, 180, 188,
   218
   rehogadas 188-189

F
fagioli 166, 167
   clásicos con atún 166
   con caballa 167
falafel 150-151
   rápido 150-151
feta
   asado de calabaza, judías
      blancas y cebolla roja
      142
   con lentejas de Puy 190-191
   la madre de todas las
      ensaladas griegas
      102-102
   mata sapi con cereales 198
   tostada con aguacate, frutos
      secos y queso 60, 62
   uchucuta 226
fletán al horno con mostaza
   y hierbas 162-163
frambuesas 214, 242, 258-259,
   260-261, 267
fresas 82-83, 239, 242, 252
fruta 16
   congelada 214-215
   ensalada 80-81, 248-249,
      250-251
   mermelada rápida 242
   rollitos de primavera de fruta
      fresca 252-253
   smoothie Bali Beach 82-83
fruta de la pasión, *bircher*
   nutritivo 58
frutos secos 19, 30, 210, 211
   véanse frutos individuales

ÍNDICE **299**

ÍNDICE

G
gachas
  bocaditos de tarta de zanahoria 275
  con calabaza y especias 45
  con cerezas y chocolate 42, 48
  de tarta de zanahoria 42, 44
  energéticas 28
  especiadas 40-41
  saladas con almendras 46
  streusel de bayas negras y azules 265
  supergachas verdes 43, 47
gado gado 148-149
gambas/langostinos 158-159, 182
garam masala 230
garbanzos 18
  falafel rápido 150-151
  hummus de pimiento rojo asado 221
  nuestra ensalada César 109
  sopa de garbanzos, puerros y parmesano 124-125
  tajín de 138-139
gazpacho de arándanos 258-259
girasol, semillas de 19, 265, 272
granada 16
  asado de calabaza, judías blancas y cebolla roja 142
  ensalada de melocotón 88-89
  ensalada Pom Pom 98-99
  ensalada rosa 92-93
  lentejas beluga negras 200-201
  melaza 49, 50, 55, 93, 174
granola sin azúcar 29, 82-83, 254-255
gravadlax, *rösti Swish* 164-165
guacamole 220
  completo 220
guisantes 90-91, 112, 120, 158-159, 161, 202, 204, 220
  tirabeques 132, 148-149, 158

H
habas 202-203, 204
hamburguesas divinas 146-147

hierbas 20, 104, 119, 162
higos 16
  bolitas de higos, nueces y jengibre 278, 280-281
  cordero asado 174-175
  ensalada caliente de frutas de invierno 250-251
  ensalada de col lombarda 115
  ensalada rosa 92-93
  gachas especiadas 40-41
  revuelto tostado 211
  yogur con higos y melaza de granada 49, 50
hinojo 18
  carpaccio de 110-111
  ensalada Fenneloumi 100-101
  ensalada Pom Pom 98-99
  fagioli con caballa 167
  rape con 154-155
huevos 20
  burritos de The Yoga Barn 68-69
  burritos verdes de huevo 180-181
  gado gado 148
  mata sapi con cereales 198
  muffins de huevo 70-71
  muffins de salvado para el desayuno 75
  pastelitos de ángel con ricotta 78-79
  revuelto de judías blancas 140-141
  shakshouka 72-73
  tortitas de plátano sin harina 76-77
hummus de pimiento rojo asado 221

I
infusión del amanecer 284

J
jalapeño 65
jamu 286
jengibre 21
  aliño de *miso*, sésamo y jengibre 119
  bolitas de higos, nueces y jengibre 278, 280-281

dhal makhani untuoso o ligero 195
encurtido 68, 158
ensalada de frutas matutina 81
limonada con jengibre y menta 292-293
pastelitos nada cursis a los tres jengibres 270-271
peras bañadas con cardamomo y jengibre 257
salsa asiática 157
sopa verde 122-123
switchel 294
tarta de queso con calabaza y jengibre 260-261
té de limón, jengibre y anís estrellado 295
judías
  blancas 142-143, 166-167, 205, 218
  en tostada (con aguacate) 63, 65
  negras 140-141
  verdes 112-113, 148-149, 192

K
karkade 290
kitchri de lentejas rojas y caballa ahumada 152-153
kiwi 214, 242, 252

L
labneh 145
langostinos con *miso* 158-159
lechuga 100-101, 102-103, 108-109, 182
lentejas 18
  beluga negras 200-201
  de Puy 190-191
  dhal makhani 194-195
  ensalada Fenneloumi 100-101
  hamburguesas divinas 146-147
  kitchri de lentejas rojas y caballa ahumado 152-153
  pollo asado 173
  sopa sol 133
lichis, ensalada de frutas blancas 248
lima
  aliño de *tahini*, lima y comino 118

burritos vietnamitas de cangrejo y aguacate 185
guacamole completo 220
rollitos de primavera de fruta fresca 252
salsa criolla 241
sopa verde 122-123
tónico despertador 285
limonada con jengibre y menta 292-293
limones 16
LSA 27

M
madre de todas las ensaladas griegas, la 102-103
maíz dulce mini 148-149
mango
  bircher nutritivo 58
  ensalada con especias de Ubud 116
  ensalada de frutas matutina 80-81
  fruta congelada 214
  mermelada rápida 242
  rollitos de primavera de fruta fresca 252
  yogur tropical 54
mangostán 248
manzanas 16
  bircher nutritivo 58
  ensalada de frutas blancas 248
  salsa de 244
  switchel 294
  tarta de manzana y arándanos rojos con especias 272-273
  raita de remolacha 230-231
  sopa de remolacha y manzana 128-129
  tónico despertador 285
  yogur con *strudel* de manzana 50, 52
mata sapi con cereales 198
matbucha 227, 229
matcha 21, 47, 291
megamix 210
mejillones Thai 168-169
melocotón 80-81, 88-89
melón 58, 80-81
menta 20

calabaza asada 145
carpaccio de hinojo 110-111
guacamole completo 220
infusión del amanecer 284
la madre de todas las
   ensaladas griegas 102-103
lentejas de Puy 191
limonada con jengibre
   y menta 292-293
mata sapi con cereales 198
pad Thai crudo 90-91
puré de habas, guisantes
   y menta 204
rollitos vietnamitas de
   cangrejo y aguacate
   185
salsa de rábano, pepino
   y hierbas 236
smoothie Bali Beach 82
mermelada rápida 242-243
mezcla
   de especias 24
   de semillas crudas 25
   de semillas y especias 26
miso 86, 119, 134-135, 158
mole verde 228-229
moras
   gachas especiadas 40-41
   mermelada rápida 242
   smoothie Bali Beach 82-83
   streusel de bayas negras
      y azules 264-265
   yogur con salsa de bayas
      caliente 55
   zumo de remolacha y bayas
      288
mousse de chocolate en cinco
   minutos 266-267
mozzarella, ensalada de
   melocotón 88-89
muffins 70-71, 74-75
   de huevo 70-71
   de salvado para
      el desayuno 74-75

N
naranja
   bizcocho de yogur
      y almendras con almíbar
      de naranja 268-269
   bolitas de chocolate, naranja
      y nueces de Brasil 279,
      280-281

ensalada caliente de frutas
   de invierno 251
ensalada de frutas matutina
   80-81
gazpacho de arándanos
   258-259
remolacha asada 144
tajín de garbanzos 138
yogur de san Clemente 51,
   53
nectarinas 80-81
nueces 19, 233
   bizcocho de nueces
      y plátano 276
   bocaditos de tarta de
      zanahoria 274-275
   bolitas de higos, nueces
      y jengibre 278, 280-281
   calabaza asada 145
   endivias rojas con nueces
      94-95
   ensalada rosa 92-93
   megamix 210
   pesto de nueces, berros
      y pecorino 232
   revuelto tostado 211
nueces de Brasil 19, 210, 211,
   279, 280-281
nuestra ensalada César 108-109

P
pacanas 19, 233, 275
pad Thai crudo 90-91
pak choi 135
pan con semillas 208-209
papaya 54, 58, 80-81, 214
parmesano 109, 110, 124, 199,
   213, 233
pasta de curri 34, 170-171
pastelitos 270-271
   de ángel con ricotta 78-79
   nada cursis a los tres
      jengibres 270-271
patatas 126-127, 164-165
paté
   de caballa ahumada y eneldo
      222-223
   de pescado 222-223, 224,
      225
   de sardinas 225
   de trucha ahumada 224
pecorino, pesto de nueces,
   berros y 232

pepino
   encurtido de Nicky 135
   ensalada Hijuki 86-87
   la madre de todas las
      ensaladas griegas
      102-103
   rollitos de nori con ensalada
      asiática 182-183
   rollitos vietnamitas de
      cangrejo y aguacate 185
   tónico despertador 285
peras 92-93, 100-101, 248,
   250-251, 256-257
   bañadas con cardamomo
      y jengibre 256-257
perejil 20
   aliño de chile y hierbas 119
   crema para untar 218
   fagioli clásicos con atún 166
   guacamole completo 220
   pollo asado 173
   revuelto de judías negras
      141
   salsa verde 234
   sopa verde 122-123
   tajín de garbanzos 138
   uchucuta 226
pescado 157, 160-161
   a las especias indias 160-161
pesto 88, 232, 233
   de calabaza, pacanas y salvia
      233
piel, sentidos e inmunidad 11
pimiento
   rojo 18, 72, 91, 141, 177, 221
   verde, la madre de todas
      las ensaladas griegas
      102-103
piña 58, 75, 214, 252
piñones 142, 200
pistachos 88, 213
pitaya, ensalada de frutas
   blancas 248
plátanos
   batido Bananacate 287
   bizcocho de nueces y plátano
      276-277
   fruta congelada 214
   muffins de salvado para
      el desayuno 75
   rollitos de primavera
      de fruta fresca 252
   smoothie Bali Beach 82-83

supergachas verdes 47
tortitas de plátano sin harina
   76-77
vasitos de chía 66-67
pollo
   aguadito 120-121
   al curri balinés 170-171
   asado 172-173
   rollitos de nori con ensalada
      asiática 182-183
   soto Ayam 130, 132
Pom Pom, ensalada 98-99
pomelo 53, 80-81, 98-99
   ensalada Pom Pom 98
pudines jugosos de *toffee*
   262-263
puerros 124-125, 126-127
puré de habas, guisantes
   y menta 204
puré de judías blancas 205

Q
queso
   de cabra 96-97, 144
   halloumi, ensalada
      Fenneloumi 100-101
quinoa 19
   aguadito 120-121
   burritos de nori con ensalada
      asiática 182-183
   calabaza asada 145
   ensalada brillante de brócoli
      105
   hamburguesas divinas
      146
   roja y blanca 199

R
rábano picante 224
rábanos 106-107, 115, 116,
   202-203, 236-237
raita de remolacha 230-231
rape con hinojo 154-155
ras el hanout 144
refresco rubí 289
remolacha 18, 115
   asada 144
   ensalada de 96-97
   raita de 230-231
   sopa de remolacha y manzana
      128-129
   zumo de remolacha y bayas
      288

ÍNDICE

revuelto de judías negras 140-141
revuelto tostado 211
Rice, Sam 6, 12, 304
ricotta 78-79, 251, 260-261
rollitos de nori con ensalada asiática 182-183
rollitos de primavera de fruta fresca 252-253
rollitos vietnamitas de cangrejo y aguacate 184-185
romero 20, 173
roquefort, aliño caliente de 94-95
rösti Swish 164-165
rúcula, ensalada RVN 106-107

S

sabji con guisantes 160-161
sablés de parmesano, almendras y pistachos 213
salsa
  asiática 157
  criolla 241
  de aguacate 70-71
  de bayas caliente 55
  de caramelo 245
  de fresas 239
  de manzana 244
  de rábano, pepino y hierbas 236-237
  gado gado 148
  matbucha 227-228
  para mojar 185, 252
  uchucuta 226, 229
  verde 234
salvia 20, 173, 205, 233
sambal matah 235
san Clemente, yogur de 51, 53
semillas 19
  de lino 19, 109
  dukkah 30
  LSA 27
  mezcla de semillas crudas 25
  mezcla de semillas y especias 26
  pan con semillas 208-209
  revuelto tostado 211
  tortitas de plátano sin harina 76
sésamo, aderezo de 32

sésamo, semillas de 19
  aderezo de 32, 182
  aliño de miso, sésamo y jengibre 119
  ensalada con especias de Ubud 116
  langostinos con miso 158
  sopa de miso con salmón 135
  sopa sol 133
  tostada con aguacate Barrio Sésamo 63, 64
shakshouka 72-73
smoothies 214, 285
  Bali Beach 82-83
soja 18
solomillo con verduras asadas 176-177
sopa
  aguadito 120-121
  contundente de berros 126-127
  de garbanzos, puerros y parmesano 124-125
  de miso con salmón 134-135
  de remolacha y manzana 128-129
  gazpacho de arándanos 258-259
  sol 133
  soto Ayam 130, 132
  verde 122-123
Spencer, Mimi 6, 12, 304
stilton, ensalada rosa 93
streusel de bayas negras y azules 264-265
sultanas 75, 275
supergachas verdes 47
switchel 294

T

tahini 64, 91, 118, 221
tajín de garbanzos 138-139
tamarindo 170
tarta 260-261, 272-273
  de manzana y arándanos rojos con especias 272-273
  de queso con calabaza y jengibre 260-261
té/infusiones
  chai para antes de dormir 296-297
  infusión del amanecer 284

  matcha helado con limón 291
  té de limón, jengibre y anís estrellado 295
  té helado de hibisco 290
  verde 21, 47, 291
tempeh, ensalada con especias de Ubud 116
ternera, solomillo con verduras asadas 176-177
toffee de 262-263
tofu 63, 64, 91, 146-147, 182
tomates 18
  burritos verdes de huevo 180
  calabaza asada 145
  ensalada con especias de Ubud 116
  judías en tostada (con aguacate) 63, 65
  la madre de todas las ensaladas griegas 102-103
  lentejas de Puy 190-191
  matbucha 227, 229
  rape con hinojo 154
  shakshouka 72-73
  sopa sol 133
  tajín de garbanzos 138
  zehug 238
tónico despertador 285
tortitas 76-77, 78-79
  de plátano sin harina 76-77
tostada
  con aguacate, frutos secos y queso 60
  con aguacate y queso fundido 61
trucha 156-157, 224
  crujiente 156-157

U

Ubud, ensalada con especias de 116
uchucuta 178-179, 226, 229
urab 192
uvas 214, 248
  pasas 76, 211, 240, 278, 280-281

V

vasitos de chía 67
vinagre de sidra de manzana 21, 33, 294

Y

yogur 20, 35
  a la menta 133
  al eneldo 165
  bizcocho de yogur y almendras con almíbar de naranja 268-269
  carpaccio de hinojo 110-111
  con higos y melaza de granada 49-50
  con salsa de bayas caliente 51, 55
  con strudel de manzana 50, 52
  crema para untar para la mediana edad 218
  de san Clemente 51, 53
  elaborado en casa 35
  ensalada de col lombarda 115
  mousse de chocolate en cinco minutos 267
  muffins de salvado para el desayuno 75
  smoothie de Bali Beach 82-83
  smoothie de fruta congelada 214
  tajín de garbanzos 138
  tarta de queso con calabaza y jengibre 260-261
  tropical 54

Z

zanahorias 18
  bocaditos de tarta de zanahoria 274-275
  ensalada Hijuki 86-87
  falafel rápido 151
  gachas de tarta de zanahoria 42, 44
  gado gado 148-149
  pad Thai crudo 90-91
  remolacha asada 144
  rollitos de nori con ensalada asiática 182
  rollitos vietnamitas de cangrejo y aguacate 185
  sopa de miso con salmón 135
  sopa sol 133
  tajín de garbanzos 138
  zehug 238
  zumo de remolacha y bayas 288

AGRADECIMIENTOS DE LAS AUTORAS

The Midlife Kitchen ha sido la culminación de nuestro prolongado deseo de trabajar juntas (y ha sido tan divertido como esperábamos). Por supuesto, crear un libro de recetas es una tarea que ocupa mucho tiempo, de modo que dedicamos nuestro amor y nuestro agradecimiento a nuestros maridos e hijos, un apoyo siempre presente: Paul, Lily y Ned (Mimi), y Rich, Rufus y Roxana (Sam).

Hemos tenido la suerte de rodearnos de un equipo con un enorme talento: nuestro brillante y sabio agente, Antony Topping, de Greene & Heaton; nuestra editora, Alison Starling, que compartió nuestra idea desde el principio y dirigió nuestro equipo de ensueño en Octopus (Johatan Christie, Sybella Stephens, Caroline Brown, Matt Grindon y Saskia Sidey). Nos sentimos muy orgullosas de todas las fotografías: un gracias enorme al equipo (Issy Croker, Natalie Thomson, Linda Berlin, Stephanie McLeod y Nikky Richman) por dar vida a nuestras creaciones.

Gracias también a nuestra asesora, la doctora Sarah Schenker, que se aseguró de que todo lo que escribíamos fuese sólido desde el punto de vista nutricional.

El concepto original del anís estrellado como símbolo de *The Midlife Kitchen* ha sido maravillosamente diseñado por Rachel Holtman, de Surface Design. www.surfacedesignconsultancy.com

Asimismo, deseamos expresar nuestro agradecimiento a todos los amigos y los establecimientos que nos han proporcionado ideas e inspiración durante el proceso: Nicola Williams, Michaela Van Nes, Debbie Spencer-Jones, Alex Hadfield, Avara Yaron, Chris Salans, del Mozaic Restaurant Group; The Yoga Barn Café, Café Batujimbar, Locavore, y el resto de locales estupendos de Bali en los que hemos comido y que nos han dado ideas para este libro.

Por último, nuestro agradecimiento especial a nuestras madres, Julie y Stephanie, auténticas fuentes de inspiración. Porque nunca se expresa suficiente agradecimiento a una madre (¿habéis oído, niños?).

Título original *The Midlife Kitchen*

Asesoramiento nutricional
Dra. Sarah Schenker
Edición Alison Starling, Sybella Stephens, Jo Murray
Dirección creativa Jonathan Christie
Fotografía Issy Crocker, Stephanie McLeod
Estilismo gastronómico Natalie Thomson
Estilismo Linda Berlin
Traducción Remedios Diéguez Diéguez
Revisión de la edición en lengua española
Eneida García Odriozola
Cocinera profesional (Centro de formación de cocineros y pasteleros de Barcelona Bell Art). Especialista en temas culinarios
Coordinación de la edición en lengua española Cristina Rodríguez Fischer

Primera edición en lengua española 2018

© 2018 Naturart, S.A. Editado por BLUME
Carrer de les Alberes, 52, 2.º, Vallvidrera
08017 Barcelona
Tel. 93 205 40 00 e-mail: info@blume.net
© 2017 Mitchell Beazley, Octopus Publishing Group Ltd, Londres
© 2017 del texto Mimi Spencer y Sam Rice
© 2017 de la fotografía Issy Crocker

I.S.B.N.: 978-84-16965-76-2

Impreso en China

Todos los derechos reservados. Queda prohibida la reproducción total o parcial de esta obra, sea por medios mecánicos o electrónicos, sin la debida autorización por escrito del editor.

WWW.BLUME.NET

Este libro se ha impreso sobre papel manufacturado con materia prima procedente de bosques de gestión responsable. En la producción de nuestros libros procuramos, con el máximo empeño, cumplir con los requisitos medioambientales que promueven la conservación y el uso responsable de los bosques, en especial de los bosques primarios. Asimismo, en nuestra preocupación por el planeta, intentamos emplear al máximo materiales reciclados, y solicitamos a nuestros proveedores que usen materiales de manufactura cuya fabricación esté libre de cloro elemental (ECF) o de metales pesados, entre otros.

MIMI SPENCER

Mimi Spencer es conocida sobre todo por ser la coautora de *La dieta de los dos días*, un bestseller publicado originalmente en 2012, junto al doctor Michael Mosley. En el libro dieron a conocer al mundo el concepto del ayuno intermitente 5:2. *La dieta de los dos días* ha vendido más de un millón de ejemplares en todo el mundo y se ha traducido a más de treinta idiomas (entre ellos, árabe, hebreo y taiwanés).

Posteriormente, Mimi escribió *Las recetas de la dieta de los dos días* y *Fast Cook*. Con esos libros desarrolló su interés por la nutrición y la salud, sobre todo en lo que respecta a las necesidades cambiantes a medida que transcurren los años (una de las principales motivaciones que dieron lugar a *The Midlife Kitchen*).

Mimi se formó como periodista de estilo de vida. Comenzó en Londres como redactora de moda para *Vogue*, *Evening Standard* y, posteriormente, como editora de *ES Magazine*. Más tarde colaboró como columnista con *You Magazine (Mail on Sunday)*, *Observer Food Monthly* y *Waitrose Kitchen*. Y ello sin dejar de escribir sobre estilo de vida, moda y alimentación para *The Times* y numerosas revistas.

Mimi tiene 49 años y vive en Brighton, en la costa sur de Inglaterra, con su marido, dos hijos adolescentes y un perro siempre hambriento.

SAM RICE

Sam comenzó su carrera como consultora de dirección, pero en los últimos veinte años se ha dedicado a dirigir la empresa de viajes Ski Safari con su marido, Richard. En 2013 obtuvo su Diploma en Enología de la WSET y se trasladó a Indonesia, donde comenzó a escribir sobre vino para la revista *Inspired Bali*.

Tras la muerte prematura de su hermano menor, que padecía diabetes de tipo 1, Sam decidió revisar su dieta para tratar de llevar una vida más longeva y más sana. Escribió sobre ese proceso en *The Happy Eater, 4 Weeks to a Better Relationship with Food*.

Sam tiene 47 años y vive en Sanur, en el este de Bali, con su marido y sus dos hijos. Comer de forma saludable es algo intrínseco para los balineses, y esa hermosa isla le ha proporcionado una fuente de inspiración gastronómica inagotable y un campo muy fértil para la búsqueda de recetas.

Mimi y Sam se conocieron en el colegio, y desde entonces son amigas. Siempre habían deseado trabajar juntas. *The Midlife Kitchen* representa la colaboración perfecta, basada en su interés por la buena comida saludable.

La doctora Sarah Schenker, asesora en nutrición para este libro, es una de las dietistas más importantes de Reino Unido. Además, es dietista deportiva titulada y nutricionista de Salud Pública. Sarah posee una amplia experiencia como escritora y comunicadora sobre salud. Colabora de forma habitual con publicaciones tan diversas como *The Daily Mail*, *The Times*, *Men's Health*, *Cosmopolitan*, *Glamour* y *Top Santé*. Asimismo, participa y asesora en programas de televisión como *This Morning*, *Live with Gabby*, *Watchdog* y *Sky News*, y de BBC Radio. Sarah trabajó con Mimi Spencer en el bestseller internacional *Las recetas de la dieta de los dos días*. Es miembro de la Association for Nutrition, The Nutrition Society y el Guild of Health Writers, y ha participado en comités profesionales y gubernamentales.